湖南大学出版社·长沙

HUNAN UNIVERSITY PRESS

积极教育丛书 · 主编 王玉玺

积极教育

在龙华的先行探索与实践

王玉玺　袁再旺　朱美健　等编著

内 容 简 介

　　本书在全面介绍深圳市龙华区实施积极教育的背景、路径及基本经验的基础上，以学校、师生的鲜活案例展示了龙华区在积极德育、积极课程与教学、积极家校共育、积极师生培养、积极评价等方面的做法及取得的成果。

图书在版编目（CIP）数据

　　积极教育在龙华的先行探索与实践/王玉玺等编著. —长沙：湖南大学出版社，2021.5
　　ISBN 978-7-5667-2179-2

　　Ⅰ.①积⋯　Ⅱ.①王⋯　Ⅲ.①教育工作　Ⅳ.①G51

　　中国版本图书馆 CIP 数据核字（2021）第 080764 号

积极教育在龙华的先行探索与实践
JIJI JIAOYU ZAI LONGHUA DE XIANXING TANSUO YU SHIJIAN

编　　著：王玉玺　袁再旺　朱美健　等
责任编辑：邓素平
印　　装：长沙市宏发印刷有限公司
开　　本：710 mm×1000 mm　1/16　　印张：16.5　字数：279 千
版　　次：2021 年 5 月第 1 版　印次：2021 年 5 月第 1 次印刷
书　　号：ISBN 978-7-5667-2179-2
定　　价：68.00 元

出 版 人：李文邦
出版发行：湖南大学出版社
社　　址：湖南·长沙·岳麓山　　　邮　　编：410082
电　　话：0731-88822559(营销部)，88820008(编辑室)，88821006(出版部)
传　　真：0731-88822264(总编室)
网　　址：http://www.hnupress.com
电子邮箱：susie_press@126.com

积极教育是一种有价值的理想。

——[美]马丁·塞利格曼

积极教育丛书编委会

主　　编：王玉玺

副 主 编：谌叶春　段先清　张学斌　袁再旺

编　　委：胡学安　朱美健　黄仕则　席春玲
　　　　　刘洪翔　林日福　刘丽芳　祝铨云

序

2017 年 1 月，刚挂牌成立的深圳市龙华区教育局提出以"践行积极教育，打造幸福龙华"为主线开始龙华教育的新征程。同年，发展积极教育列入龙华区教育发展"十三五"规划。

积极教育的提出、推广、实践对龙华教育的发展产生了深远影响，不仅为龙华教育的重新上路注入了蓬勃的精神动力，同时也深刻影响了龙华教育改革与发展的顶层设计、结构调整与内涵建设。2018 年 11 月，由龙华区教育局主要领导主持的龙华区教育科学"十三五"规划攻关课题"积极教育理论引领区域教育内涵发展实践研究"开题。以此为引领，积极教育在龙华区得到了全方位的理解、践行，产生了全方位的影响。

1. 龙华对积极教育的理解是全方位的

随着积极教育理论研究与教育实践的全面展开，龙华区对积极教育的理解逐步深入。2020 年，龙华区教育科学研究院理论工作者们，对积极教育的概念、内涵、特征进行了全面论述，同时借鉴积极心理学、中国传统文化思想、中国特色社会主义教育思想以及后现代课程论等理论成果，形成了具有时代风貌、龙华特色的积极教育学理论基础体系，回答了积极教育在实践过程中遇到的、提出的一系列深层次教育问题，建构了积极教育理念引领下的师生关系模式、德育价值体系、课程实施体系，为龙华教育改革与发展提供了全方位的理论引领。

2. 积极教育在龙华的践行是全方位的

在龙华，积极教育是旗帜，是引领，是全区教育工作者的行动指南。局机关、区教科院创造性地开展各类管理工作、科研工作、培训工作，创新打造"5+"教师队伍建设新范式，率先派驻"第一书记"打造民办教育党建新范式先后在 2019 年、2020 年深圳教育改革创新论坛暨颁奖典礼中被评为年度最受欢迎的教育实事。各级各类学校以积极教育为引领，着力打造办学特色，形成了新生活教育、汉字德育等一批具有全国影响力的办学特色。全体师生全面践行积极教育，夯实美德基石，锚定自身优势，着力全面发展，走出了李晓桃、邵子洺等一批德才兼备的优秀教师。学生核心素养全面提升，在中、高考成绩不断提升的同时，优势个性得到充分发展。积极向上的家庭教育观日益得到家长的认可、接受与实践，为龙华教育的发展、学生素质的提高创设了良好的家庭教育氛围。

3. 积极教育在龙华的影响是全方位的

在龙华，积极教育的全面推行，引发了教育观、课程观、教学观、教师观、学生观等一系列教育观念的演变，推动了德育建设、课程建设、师资建设以及教育评价的深刻变革。在龙华，师生"双主体"日益为更多教师所接受，教师是教的主体，学生是学的主体，主体间互动成为师生交往的主要模式。对话与实践成为龙华课程实施的主要范畴，项目式、体验式、探究式日益成为主要学习方式。一批如"共生语文""生长数学"等具有一定区域影响力的学科特色日益成型。由龙华区首创的"班主任节"正被更多的区域复制、推广。在全国范围内率先启动国际视野下县（区）域义务教育质量深度监测项目，率先建立以积极性因素为主要内容的教育质量监测指标体系，以更为主动的教育评价改革推动区域教育改革与发展。

2020年7月，广东龙华、广东紫金、广西凤山、广西东兰、西藏察隅等一区四县共同发起成立了"积极教育研究联盟"。以此为依托，积极教育将在更大区域内形成深远影响，成为推动中国教育改革的重要力量之一。

习近平总书记在深圳经济特区建立40周年庆祝大会上发表重要讲话，鼓励特区人民永葆"闯"的精神、"创"的劲头、"干"的作风，努力续写更多"春天的故事"。未来，龙华教育人将牢记总书记的嘱托，积极有为，创新务实，敢闯敢干，努力续写龙华教育的"春天的故事"。

愿龙华教育的未来灿烂如锦，辉煌似霞。

是以为序。

王玉玺

2021 年 2 月

目　次

中编　姹紫嫣红：积极教育在校园

下编　春风化雨：积极教育在现场

上　编

鱼龙变化：积极教育在龙华

践行积极教育，打造幸福龙华。

2017 年 1 月，龙华区挂牌成立。是年，龙华提出"践行积极教育，打造幸福龙华"的教育发展方略。四年来，在这一顶层设计的指引下，龙华教育人筚路蓝缕，披荆斩棘，创造了从跟跑到并跑，以至部分领域领跑的区域教育跨越式发展的龙华样本。

从背景到整体架构，从积极德育到积极课程，从积极教师到积极评价，本编将全景式展示龙华教育四年鱼龙变化，探索龙华样本的成长密码。

第一章　积极，龙华教育的全新选择

不忘初心，方得始终。

2019年6月27日，第一届全国积极教育大会在北京召开。

"龙华区积极教育主动承接世界教育浪潮，从本区实际出发，从学校实际出发，从师生的全面发展与终身幸福出发，充分发挥教育政策的导向作用，激活学校、教师、学生的主动性、创造性，积极探索，勠力前行，与全国教育同仁一道共同推动积极教育的创新与发展。"

三个"出发"，道出了龙华积极教育的初心与使命。

第一节　背景与选择

积极教育之于龙华，与其说是一种选择，不如说是一种置之死地而后生的绝地反击。

现实没有给龙华教育转圜的余地。

一、背景——除了积极应对，龙华别无选择

龙华区，位于深圳地理中心和城市发展中轴，辖区总面积175.6平方千米，下辖龙华、民治、大浪、观澜、观湖、福城6个街道。2017年常住人口160.37万人，地区生产总值（GDP）2130.16亿元，人均GDP为13.51万元，按照2017年平均汇率折算约为2万美元。①

与这一亮丽的经济数据相比，同年的教育数据却不尽如人意，与当年经济

———————————
① 《深圳市龙华区2017年国民经济和社会发展统计公报》。

社会发展情况很不相称。

2017 年，龙华区学校总数为 259 所，比去年增加 9 所。各类学校中，高级中学 1 所，完全中学 2 所，初级中学 3 所，九年一贯制学校 28 所，十二年一贯制学校 3 所，小学 28 所，幼儿园 194 所。在校生 21.57 万人，增长 8.4%。各类学校教职工总数 1.78 万人，增长 11.9%。专任教师 1.21 万人，增长 11.2%。①

在这看似体量巨大的 259 所学校中，中小学校仅 65 所。其中，公办学校 30 所；民办学校 35 所，占比达 53.8%，绝大部分属于低收费民办学校。与中小学校相比，幼儿园情况更不容乐观，全区公办园仅 3 所，其余均为收费性村办园、民办园。

在龙华区挂牌成立的 2017 年 1 月——龙华教育发展的起始之时，拥有近 160 万人口的龙华区中小学校仅 56 所，其中，民办学校 35 所（新增均为公办学校），占比高达 62.5%。与优质学位建设严重滞后形成鲜明对比的是学生人数的增长。数据显示，仅 2017 年，在校生人数增长 8.4%。

而这并不是问题的全部。与学位不足相比，长期边缘化办学、教育投入的长期不足，带来的教育内涵、教育品质、师资队伍建设的长期滞后同样难以令人满意，严重影响了龙华教育的可持续发展。

（我们）清醒地看到，龙华区教育的历史欠账较多，我们的工作还有很多不足，还面临不少考验，可以概括为"三大问题""三大挑战"和"三个不相适应"。②

在 2017 年 8 月 26 日召开的 2017—2018 学年开学工作会议上，王玉玺局长直言龙华教育存在"三大问题""三大挑战"和"三个不相适应"。

"三大问题"：一是发展不均衡问题突出。民办学校整体水平不高，"公少民多""公强民弱"和"南强北弱"态势明显。二是办学整体实力不强。名校

---

① 《深圳市龙华区 2017 年国民经济和社会发展统计公报》。
② 王玉玺《在区中小学校 2017—2018 学年开学工作会议上的讲话》。

长、名教师、特级教师数量偏少，办学特色不鲜明，能够在全市叫得响的品牌学校不多。三是教育体系存在短板。学前教育粗放式大规模扩张，缺乏知名品牌高中学校，高等教育、职业教育仍为空白。

"三大挑战"：一是学位供需矛盾日益突出。龙华单独设区后，人口增长迅猛，加上二孩政策放开、部分民办学校陆续停止办学，学位缺口将不断加大，"上学难"问题非常突出。二是教育人才引进难度加大。受外部经济环境、高房价和地处原关外地区的影响，龙华对人才的吸引力正在逐步下降，加上全市各区对人才的竞争日趋激烈，引进优秀教师已越来越难。三是教育行政管理面临挑战。教育系统点多、线长、面广，加上人员配备不足，"小马拉大车"问题突出，安全监管和依法行政压力巨大。

"三个不相适应"：一是教育资源供给的总量、速度和质量增长不快，与市民日益增长的教育需求不相适应；二是教育服务经济的能力不强，与建设创新型现代化国际化中轴新城的要求不相适应；三是教育信息化、国际化、现代化水平不高，与龙华经济发展的地位和影响力不相适应。

学位供给空前紧张，师资建设严重滞后，教育内涵乏善可陈。教育，已然成为龙华经济社会发展的痛点、难点与薄弱环节。一定程度上讲，教育成为阻碍年轻的龙华区实现"中轴崛起"这一大战略的绊脚石、拦路虎。

龙华教育，退无可退，除了奋起一搏，别无选择。

> 站在新的历史起点，我们必须主动融入"建设现代化国际化创新型中轴新城"的发展大局，主动对接人民群众的需求，以更宽广的视野、更高的目标追求、更清晰的思路、更有力的措施，大手笔规划教育发展，大气魄推进改革创新，加快教育现代化步伐，努力开创龙华教育改革发展新局面。[①]

龙华教育面对困境，不能再因循守旧，必须积极面对；不能再畏葸不前，必须奋起直追。

---

① 王玉玺《在区中小学校 2017—2018 学年开学工作会议上的讲话》。

二、构想，双重重压下的整体架构

谋定而后动。2016 年 12 月，龙华区教育局早于行政区 1 个月挂牌成立。以王玉玺为班长的教育局领导班子同步成立。成立后，领导班子于第一时间下沉一线，走进学校，走近师生，走入教育现场，用眼看，用耳听，用心记。在掌握大量一手材料，形成了对龙华教育直观而又深入、感性而又整体的认识后，龙华区教育历程中最重要的会议之一——龙华区 2017—2018 学年开学工作会议召开。龙华区教育局局长王玉玺以《凝心聚力谋发展，勤思善为谱新篇》为题发表重要讲话。在全面总结了前期工作经验，全面分析了存在的问题以及面临的挑战后，王玉玺局长全面阐述了"积极教育"原理，明确提出了到 2020 年底前龙华教育发展总体思路：

> 围绕区委区政府提出的"一城四区"的目标要求，以"践行积极教育，建设幸福龙华"为主线，实施"促均衡、保优质、创特色"三大战略，着力补缺口、提质量、优结构，加快构建均衡、优质、多元的现代教育体系，全面提升教育现代化水平，实现深圳中轴教育崛起，跻身全省教育强区和全国学习型城区行列。

2020 年，龙华教育八项发展任务、十项重点工程同步发布。"大力推进中小学积极教育"位列其中。是年，龙华教育史上第一个五年发展规划制定、发布，八项发展任务、十项重点工程列入其中，成为引领龙华教育未来几年发展的路线图。

至此，"践行积极教育，打造幸福龙华"成为龙华教育主旋律。积极教育，作为龙华教育发展的核心理念，逐步成为龙华教育人攻坚克难、勠力前行的旗帜与指引，成为促进龙华教育发展的澎湃动力。

旗帜亮出，任务明确，怎么干成为关键。龙华教育面临的压力是双重的，不仅要尽快补齐欠账，补足短板，加大学位建设，实现优质学位的快速扩张，解决"有书读"的问题，还要加大教育改革与创新力度，夯实教育内涵，提升教育品质，解决"读好书"的问题。

双重压力带来双重动力。双重动力催发双线作战、双驱互动的战略决

策——着力"补齐短板",推动"创新发展"。积极作为,双驱互动;致力十年发展,奠基百年大业。(图1.1)

四年来,随着"促均衡、保优质、创特色"三大战略、八项发展任务、十项重点工程的深入开展,龙华区"积极教育理论引领下的区域教育改革与发展"整体框架渐次成型。

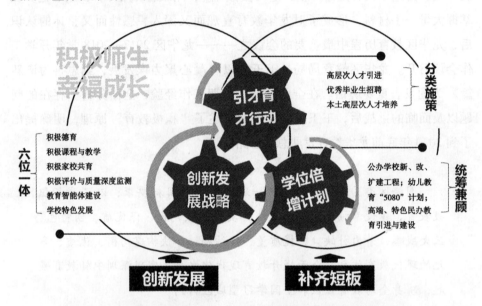

图1.1 龙华区积极教育理论引领区域教育改革与发展的整体框架

(1)直面困境,积极作为是龙华教育的唯一选择。面对经济社会的快速发展,面对人民群众对优质学位、美好生活的期待和向往,面对日益激烈的区域教育竞争,龙华教育退无可退,唯有奋力一搏。这是龙华积极教育政策的现实基础。

(2)补齐短板,尤其是学位建设、人才建设的短板是龙华教育从低谷走向腾飞的基础,是龙华教育必须优先解决的问题。但时不我待,一日千里的教育创新与发展,使龙华教育不得不双线作战,在补齐短板的同时,推动教育创新,使龙华的德育建设、课程建设走出低位徘徊的尴尬局面,实现教育质量、教育品质的全面提升,满足社会经济发展以及人民群众对优质教育的需要。

(3)优质学位的严重不足不仅是教育痛点,也是民生痛点。龙华以壮士断腕的魄力,加大财政投入力度,实施公办学位倍增计划,积极开展公办学校新、改、扩建工程,力争在2025年彻底解决这一问题。同时,为适应形势发展的需要，龙华积极推动幼儿教育"5080"计划的实施，扩大优质学位供给；引进一批高端民办学校，推动民办学校特色化转型发展，丰富学位选择。

（4）百年大计，教育为本；教育大计，教师为本。对于教育发展而言，人才是核心，是关键。教育人才建设对于龙华教育而言，既是补齐短板的重要举措，也是撬动龙华教育创新发展的支点，更是促进教育创新发展的动力之源。引才、育才，对于龙华教育而言，刻不容缓。龙华教育必须以超常规的手段引进一批高层次人才，建成龙华教育领军人才方阵；必须以超常规的手段培育一批本土骨干人才，形成龙华教育发展的中坚力量；必须以超常规的手段招聘一批国内外知名院校的优秀毕业生，改善龙华教育的人才结构。

（5）教育内涵建设起点是人才，引领是德育，主体是课程。龙华教育创新，一是引才、育才、用才机制的创新。二是育人方式的创新。以积极教育的理念重构德育体系，打造积极德育特色是龙华教育创新的基本内容之一。三是课程建设的创新。课程是学校教育的核心，是教育创新的主阵地。倡导、构建积极课程与教学体系，是龙华教育创新的主体与重点。

（6）评价创新既是教育创新的内容，也是推动德育创新、课程与教学创新的指挥棒。以积极评价为导向，以教育质量深度监测为手段推动教育创新是龙华教育的理性选择。

（7）教育场域是教育展开的场所与境域。以积极家校共育推动人际场域重组，以教育智能体建设推动技术场域更新，以特色建设推动文化场域、环境场域提升是龙华教育创新发展的重要支撑。

第二节 实践与成效

时不我待。龙华教育，要让理论的美好变成现实的灿烂，唯有秉持积极的态度，采取积极的行动。

一、积极履职，学位建设按下加速键

善教者得民心。积极教育就是聚心教育，就是民心工程。2017年以来，区委区政府坚持以人民为中心，做到民呼我应，民求我答，积极履行政府教育职责，为学位建设按下加速键。"十三五"期间，龙华先后投入 160 个亿，累计完成新、改、扩建学校 25 所，新增幼儿园 80 所，新增公办学位超 4.7 万个、幼儿园学位 2.9 万个，实现义务教育学位翻番，学位增幅连续五年位居全市前列。2020 年 12 月 18 日，龙华区举行了教科院附属幼教集团、实验幼教集团暨百所转型公办园集中揭牌仪式，标志着"5080"计划圆满完成。同日，全市首家艺术高中开学，首家综合性特殊教育学校落地。2020 年 12 月 25 日，龙华高级中学教育集团观澜教育联盟挂牌成立，"1+6+N"集团化、联盟式办学顶层设计稳步推进。① 规范、优化民办教育，在引进诺德安达学校、厚德书院等一批高端化、国际化民办学校的同时，撤并、退出一批低收费民办学校。电子科技大学（深圳）高等研究院顺利落户，实现龙华高等教育零的突破。

截至 2020 年 12 月，办学体量已经位居深圳市第三，现有办学单位 342 家，其中公办中小学 59 所（含 3 所市直属）、民办中小学 32 所、幼儿园 251 所，在校学生共计 26.6 万人，专任教师 16231 名。较 2017 年初，在短短四年的时间内，不仅实现了办学规模的持续扩张，也彻底扭转了公、民办学校的倒挂局面，民办学校占比由 62.5% 下降为 35.1%。

未来五年，龙华区还将高质量、高标准、高水平建设一批优质学校，新增义务教育学校 56 所，提供学位 9.6 万个；新增幼儿园 56 所，提供学位 1.88 万个；新增高中 6 所，提供学位 1.25 万个。龙华区力争到 2025 年实现优质学位的充足供给，彻底解决学位不足的问题，彻底改变教育发展落后于社会需要的被动局面。

二、创新有为，人才建设跃上高平台

致天下之治者在人才。教育同样如此。四年来，龙华区大胆施策，超常规引进高层次人才，超规格招揽国内外著名高校的青年才俊，打了一场漂亮的人才抢位战、破局战，一举补足了短板，实现了人才建设在短时间之内的高速跃升。创新实施教育人才"5+"战略②，行政区成立以来至 2020 年 7 月，共引

---

① "1+6+N"集团化、联盟式办学顶层设计是龙华区教育治理体制改革的重要内容。1 是指教育集团；"6"是指六大教育联盟，分别为外国语、实验、行知、未来、教科院附属、百年老校六大学校联盟系列；"N"是指集团、联盟外的学校。
② 教育人才"5+"战略指"人才+机制"待遇引才、"人才+高校"合作聚才、"人才+培训"发展育才、"人才+平台"事业留才、"人才+服务"文化储才等五项重要举措。

进高层次人才 95 名，其中，享受国务院特殊津贴者专家 3 人、正高级教师 37 人、省级名校长 11 人、特级教师 46 人、博士 8 人。本土培养出正高级教师 8 人、特级教师 4 人、区级以上高层次人才 30 人。招聘优秀应届毕业生 1888 人，占现有在编教师 35%，其中研究生及以上学历 1420 人，占比 75.2%。在 2020 年秋季校园招聘中，龙华区又签约了各校才俊 602 人，进一步充实了人才储备，逐步形成了"塔尖闪亮、塔腰坚实、塔基稳固"的"人才金字塔"体系。"深圳市龙华区高薪聘请中小学教师"引起全民热议，成为现象级新闻热点，得到人民日报、央广总台、新华社等中央媒体的关注与肯定。

重储才，更重育才、用才。一是给有志者点灯。积极构建培训基地浸润、教科院集中培训、学校跟岗实践和团队自修的"四维"成长助推器；举行新教师入职仪式，增强荣誉感；扎实开展岗前、岗中、岗后培训，助推新教师快速成长。四年来，获市级以上奖项的新教师达 220 人次。在全市率先启动未来教育家工程，选拔有志、有能、有为者试行担任学校行政、部门干事，畅通成长通道。讨论制定高层次人才培养计划，启动本土高层次人才培养行动，计划于"十四五"期间培养本土高层次人才 100 名。二是让有为者有位。大胆启用近年引进的高层次人才担任龙华区新建校校长。鼓励高层次人才组建名校长工作室、名师工作室，立足本位，辐射全区，发挥鲶鱼效应，加快全区教育改革进程，激发全区教师成长热情。

三、主体唤醒，积极德育触发新活力

以积极德育重构育人路径，是龙华教育内涵重建的重要内容。在这一过程中，龙华区从优化顶层设计入手，以全员参与的体验性活动唤醒师生两个主体的成长热情。

1. 班主任节激发育人热情

设立班主任节是龙华区的创新举措。该节以"闪亮的日子"为主题，由讲述班主任教育故事，评选"闪亮班主任"，开展汇智大赛、嘉年华等活动组成。其中"闪亮班主任"的评比一改少数人评少数人的传统做法，结合各队、各人在汇智大赛中的表现，由专家团队和在场观众共同选出。评选方式的革新使真正有热情、有才华的班主任脱颖而出，推动了正能量在全区班主任队伍中的传递。

全员参与是龙华班主任队伍建设的主要特色，不管是班主任培训，还是班主任节，皆是如此。这一节日的各项活动要求各校同步举行，各项区级比赛都建立在学校初赛的基础上，使它成为所有班主任的共同节日。每个人都身处其间，一同体验学生的尊重、智慧的碰撞、成长的欢欣。它的深入开展淘洗了班主任队伍的精神生命，激发了班主任队伍的育人热情。正如第一届"闪亮班主任"获得者李霞所说："班主任节让我们共享职业荣光、共筑职业梦想。在这，我不仅看到了老班主任的坚守，也看到了新班主任的热情。"

2."最美少年"评选激活成长动力

这一评比设立"美德好少年""创新好少年""智慧好少年""才艺好少年""活力好少年""自强好少年"6个类别，引导全区中小学生在成长过程中，关注自身的性格优势，走多元化成长之路。这一评比活动要求各校组织好校级初选，让更多的学生参与其中，发现自我，催发生长。

与此相应的，是丰富多彩的区域性文体竞赛、活动的开展。中小学生运动会、信息技术技能比赛、科技创新大赛、艺术展演、读书月等活动，为"最美少年"们搭建了一座座成长平台。与"最美少年"评比一样，这些活动是全区联动的，体育节、艺术节、读书节、科技节是全区各校标配。加上各校结合本校实际创造性开展的各项活动，如玉龙学校的君子七节、龙澜学校的亲水文化节等，让全体学生在多样化的活动中找到多元化表现的舞台，让自身建设性力量真实地展现，激活成长动力。

四、厚积薄发，课程建设迈上新起点

四年来，龙华区教育科学研究院各科教研员围绕核心素养的形成与培育，积极探索、推进深度学习，推动国家课程区本化、校本化实施。[①]

小学语文教学提出"通过组织深度学习，积极开展充分、科学、有梯度的语文实践活动，推动学生语文核心素养的提升"的核心导向，推动小学语文教学改革。

小学数学教学努力建构"问题—思考—探讨"型教学形态：以学生为主体，教师精心创设情境，提出大问题，学生独立思考、主动探究、合作交流，

---

① 以下内容由龙华区教育科学研究院路成书、吴贞旺、张丽红提供。

教师适时、适当引导、归纳、梳理。学生充分经历学习的过程，理解和掌握基本的数学知识与技能，积累基本的数学活动经验，感悟数学思想和方法，形成数学核心素养。

小学英语教学致力于打造单元整体教学的学科特色，以整体教学理论为指导，强调在语境中语言学习的整体性、循环性和递进性，通过构建"单元整体教学设计策略"和"单元整体教学实施策略"，以单元为基本单位，依托语境将听、说、读、写等多种技能的教学融为一体，实现"整体功能大于部分功能之和"的设计目标，促进学生英语学科核心素养的形成与发展。

初、高中各学科在各科教研员的带领下，努力突破传统教学方式的束缚，打通课改之路，涌现了如"共生语文""生长数学"和"三味物理"的学科教学改革探索。①

建立"对话"（dialogue），强调"实践"（practice），注重"匹配"（match），关注"素养"（accomplishment），在努力构建具有龙华特色的积极课程与教学"表达式"的同时，龙华区积极推进校本课程建设。四年来，全区 54 门课程获评深圳市中小学"好课程"，拥有 60 余项市级以上特色教育项目、10 余项省级特色学校建设成果奖及基础教育成果奖，其中省级一等奖 5 项。民顺小学"汉字德育"入选 2019 年广东省教育创新十大案例，龙华中心小学的综合运动干预实施方案获评为国家社科基金重大项目优秀方案。

四年课程改革，四年厚积薄发。2017 年，龙华区承办广东省中小学特色课程建设展示暨优秀成果交流会。2020 年抗疫期间在线教学，总课数、使用率均位居全省首位，全省十大金课独占九席，再次获得人民日报等媒体的关注。2020 年 6 月，龙华区获批为"广东省基础教育课程改革先行示范区"，"广东省基础教育未来课程研究中心"落户龙华。2020 年 10 月，龙华与教育部基础教育课程教材发展中心、课程教材研究所签约共建"基础教育课程改革实验区"。省、部级课程改革项目先后落户龙华，龙华课程建设换挡提速，实现了从"跟跑""并跑"到部分领域"领跑"的跨越式发展。

五、面向未来，智慧教育驶入快车道

积极教育是面向未来的教育。当前，以 5G、人工智能、大数据为核心的

---

① 详见本书第三章第二节。

未来科技时代已经来临，必将深刻改变未来社会形态。教育，作为未来社会的引领者，自然不能置身事外。近年来，龙华教育直面未来，高标准谋划、实施教育智能体建设，提出"三龙五校一中心"的未来教育计划，与腾讯、华为、科大讯飞、中国联通、中国农业银行等领军企业深度合作，先行先试构建"教育智能体"，引领"智能+"时代教育创新。目前，已完成万兆到校、千兆到桌面的主网建设，5G无线网络基本实现校校通，物联网建设顺利启动。三网合一后，将有力地推动教育生态的重塑，实现学校技术场域、人际场域和文化场域的重组与融合。未来已来，积极教育所倡导的建立与性格优势相匹配的教育教学方式，将在未来教育技术构建的大数据信息场域的支持下，逐步从理想走向现实。泛在化学习环境下的个性定制将逐步成为龙华教育的主流形态。

2020年抗疫期间，正是凭借着"三龙"计划构建的扎实的网络系统，龙华区才得以从容不迫地开展在线教学，开设龙华云校，制作在线课程。由龙华区提供的近千节在线课程，不仅满足了龙华区自身的需要，也为全省在线教学提供了有力支持。2020年7月，龙华区教育局王玉玺局长以《智能+积极教育：赋能儿童健康有意义的人生》为题在《人民教育》上发表署名文章，全面介绍龙华区抗疫期间在线教学情况。

六、重在激励，积极评价开创新路径

教育评价是教育改革的指挥棒、发动机。龙华区在全国范围内率先启动国际视野下的县（区）域基础教育质量监测，全面推进区域教育质量大数据的采集、管理和运用，积极探索、努力构建监测组织框架和指标体系，不断健全监测与评价运行机制。

1. 构建了完善的监测体系，健全了监测运行机制

2018年，龙华区教育科学研究院成立教育质量监测部。两年来完成了龙华区教育质量监测的顶层设计，制定了三年规划，构建了涵盖学业质量测试、体质健康测试、深度监测、专题监测、增值评价、师生成长档案六位一体的监测体系；以"数据驱动支撑区域教育决策、协同创新推动学校教育教学发展"为原则，推动监测结果的运用，初步形成了"数据采集—数据分析—数据反馈—反思改进—跟踪督导"的工作流程。

2. 搭建了学业质量监测平台，促进了技术与质量监测的深度融合

2018 年，龙华区教育科学研究院与第三方机构合作，利用现代信息技术，开发了功能强大的学业质量数字化监测平台，以此对全区学业质量数据进行管理、分析、判断、发布与跟踪。平台能自动生成区域、学校、班级和个人学业诊断报告，为学校定点、定人、定班的质量分析提供了丰富的监测数据，并实现了对全区各学校学业质量发展变化的持续跟踪。技术与质量监测的深度融合，实现了区域教育质量从过去基于经验的判断向基于数据的精准诊断，从常规数据通报向基于数据的品质化管理的转型与提升。

3. 在国际视野下开展评价工作，率先启动了区级国际评估项目

2020 年 12 月 11 日，龙华区教育科学研究院联合重庆市教育评估院，开展了国际学校评估（PISA for Schools）项目测试。全区 18 所学校的 2153 名初三学生完成了测试。通过实施 PISA for Schools 项目，龙华全面了解本区学校教育在当前国际环境中的位置，借鉴其他国家（地区）一流学校在教育教学改革方面的先进措施和经验，为区域教育决策和学校教育教学改进提供科学参考，为推动教育国际化进程，为打造粤港澳大湾区国际化教育高地、人才建设高地提供技术支撑。

响应民生关切，龙华教育积极作为，全力补齐教育短板。

回应时代需要，龙华教育大胆创新，全面提升教育品质。

短短四年，在积极教育的指引下，龙华教育迎难而上，迎头赶上，实现了预期目标，谱写了深圳市教育事业后发区域全面赶超的华美乐章。

继 2019 年在深圳市第四届教育创新论坛暨颁奖盛典中斩获 12 项大奖后，龙华区在 2020 年同一盛典中再获 15 项大奖。

龙华教育的重要创新举措——创新打造"5+"教师队伍建设新范式、率先派驻"第一书记"打造民办教育党建新范式，先后入选年度最受欢迎教育实事。获奖学校中既有像新华中学、龙华中心小学等有着多年办学经验的成熟老校，也有龙华区高级中学、书香学校、玉龙学校、龙华区外国语学校、龙华区实验学校、龙华区创新实验学校、龙华区鹭湖外国语小学等新锐学校。甘露、张文华、刘红喜入选年度十大教育人物。

四年来，年轻的龙华教育屡屡在全国性重要教育会议上发出自己的声音。

2019 年 4 月 9 日，张学斌副局长出席 2018 年中国互联网学习白皮书发布会，并作主题发言。2019 年 6 月 27 日，张学斌副局长应邀参加全国积极教育大会，以《积极·特色·幸福：龙华教育的新表达》为题，介绍龙华积极教育开展情况。2020 年 1 月 9 日，王玉玺局长受邀出席"2020 微信公开课 PRO"，分享了龙华案例，讲述了龙华教育故事。

善谋者行远，实干者乃成。能谋善断，积极有为，龙华教育必将行深致远。

第三节　经验与思考

为什么是龙华？密码何在？广东省基础教育课程改革先行示范区、教育部基础教育课程改革实验区先后落户龙华，龙华师生在各级赛场上的卓越表现，龙华教育近四年来肉眼可见的进步，引发了人们对龙华教育的观察与思考。

龙华自身也在前行中思考，在思考中总结。龙华为什么行？我们认为，以下几条经验、几项密码，值得重视。

一、正本思源，明确自身责任担当

在 2018 年全国教育大会上，习近平总书记深刻指出：教育是民族振兴、社会进步的重要基石，是功在当代、利在千秋的德政工程，对提高人民综合素质、促进人的全面发展、增强中华民族创新创造活力、实现中华民族伟大复兴具有决定性意义。教育是国之大计、党之大计。

龙华教育人深刻地知道，我们身处"百年未有之大变局"当中。当前的时代，不仅是大变之世，也是大争之世。国际竞争异常激烈，对于正无限接近世界舞台中央的我们而言，更是如此。国际竞争，说到底是人才的竞争，而人才的竞争最终是教育的竞争。正因如此，习近平总书记明确指出，教育对于实现中华民族伟大复兴具有决定性的意义。决定性，三个字，字字千金，是褒奖，更是嘱托。龙华教育人为之自豪，更明确肩负的责任。

龙华教育人深刻地懂得，作为一名中国人，只有将个人的命运同祖国的命运紧密结合在一起，才能走出小我，成就大我，人生才能获得意义与价值。作为一名教育工作者，只有把自己所从事的教育事业同中华民族伟大复兴紧密联系在一起，才能走出日常工作的庸常与琐碎，实现从职业到事业、从工作到奋斗的超越与升华。

深厚的爱国情怀、崇高的教育理想、深沉的教育热情、明确的责任担当，是龙华教育人推行积极教育、追求教育梦想的精神内核。

爱国与忠诚，责任与担当，始终是龙华师德教育的主旋律，在反复的叮咛中，将其植入年轻教师的心田，成为一种自觉。

启发爱国热情，含蓄精神之源，是龙华教育跨越式创新发展的精神密码。

二、因地制宜，制定积极教育政策

如果说深刻领会教育的重要意义是推广积极教育的动力之源，那么因地制宜，制定积极的教育政策是推广积极教育，促进区域教育发展的前提与基础。

积极心理学、积极教育倡导发现、培育、发挥人的优势与建设性力量。对于区域教育而言，也是如此。适合的才是最好的，任何政策只有接得了地气，进得了人心，才能发挥作用。首先，要求我们教育决策者、管理者在制定任何一项政策之前，都要深入调查，全面了解本地教育的资源禀赋，全面研究本地教育的要素配备，全面发现本地教育的优势不足，把好脉，诊好病，才能做到对症下药，因地制宜，因势施策。其次，要辩证看待不足。就龙华而言，在行政区成立之初，百业待兴，教育更是投入不足，根底薄弱。但我们认为，一张白纸才好画出最美蓝图，不等不靠，积极施策，以人才建设为重点，撬动全局发展。再次，要着眼优势，用足优势。积极教育的核心在于匹配优势，多元发展。任何区域都有不足之处，但也有优势。政策的制定要善于发现这些优势，用好这些优势，使其成为本地教育的特色、品牌。最后，既要做好规范管理，又要积极引导，激活潜能，增强政策的导向性、激励性。四年来，龙华区既出台了教学管理与教学工作"两常规"等规范性文件，又密集推出了推动教育高质量发展的若干措施、特色教育特色学校创建实施方案、"积极德育"建设工程实施方案、基础教育系统名师工程实施办法、引进教育系统高层次及青年人才实施办法、新教师成长三年培训实施方案等一系列引领性、激励性政策文件，有力激活了学校、教师等教育主体的主动性、积极性。

政府主动作为，以积极的教育政策撬动、引领区域教育蓬勃发展，是龙华积极教育的治理密码。

三、管放结合，发挥学校主体作用

发挥主体性精神，倡导包容性成长是积极教育的核心要义之一，积极的教育管理同样如此。积极教育不是规范体系，不是束缚学校手脚的条条框框、范式模型，而是汪洋大海。在龙华，在积极教育的旗帜下，行知教育、生活教育、善美教育、润泽教育、清活教育、纳悦教育等教育形式各美其美，美美与共，在各放异彩的同时，共同谱就龙华积极教育的华美乐章。

龙华的经验说明，学校教育的活力在师生，区域教育的活力在学校。推行积极教育，在教育管理上，要做到管放结合，完善学校章程，推进依法治校；完善内控制度，推进规范治理的同时，放手、放权，推进自主管理、特色发展。

1. 积极引领，激发学校发展内驱力

龙华区先后出台了《龙华区教育特色发展指导意见》《龙华区特色教育特色学校创建实施方案》，按照"统筹规划，项目引领，典型示范，分步实施，整体推进"的思路，全面开展特色学校创建活动，引领学校向内挖潜，发现、培育、发挥自身优势，走特色化发展之路。正是在这一积极的教育管理举措的引领下和激发下，一批省、市级特色项目、特色学校迅速崛起，成为龙华教育发展的尖兵团、生力军。

2. 主动放权，激活学校发展内生力

人才是学校发展的内生力和核心竞争力。近年来，龙华区打破教育局统招统分的传统做法，依照统一编制、规范管理、自主设岗、自主引进、自主招聘的思路开展高层次人才引进与新教师招聘工作。学校根据自身需要设立岗位，在教育局统一组织下，校长亲自带头，深入高校自主招聘。这一灵活的招聘政策的出台，搅活了人才引进、招聘的一池春水，为龙华区带来了近百名高层次人才，两千余名优秀毕业生，在增厚了学校发展内生力、竞争力的同时，也扩大了龙华教育发展的人才储备，为龙华教育未来十年、二十年的高质量发展奠定了人才基础。

学校教育是区域教育的主体与基本盘。学校活，区域教育才活；学校蓬勃

发展，区域教育才能蓬勃发展。尊重、发挥学校的主体作用，是龙华教育全面发展的管理密码。

四、搭建平台，培育师生创新精神

成就是幸福的五元素之一。成就的获得既来源于滴水穿石的坚持不懈，也来自标新立异的创新精神。培养师生的创新精神是积极教育的重要目标之一。在龙华，培育高素质、创新型教师队伍，培养领袖型、拔尖型、创新型人才，不仅写入了教育发展规划，还付诸实践。

就创新型教师培养而言，龙华区不仅仅加大培训力度，扎实开展各类培训活动，夯实素养基础，积极组织全区性素质大赛，鼓励教师积极参加各级各类比赛，还通过组织科研活动，培养研究意识和创新精神。在省内外形成较大影响的"汉字德育"，虽然由教育局统筹推进，但根基在学校，在教师，是龙华区一线教师创造性开展德育工作、学科融合工作、文化研究工作的智慧结晶。

就创新型学生培养而言，龙华区成立了青少年科技创新学院，吸纳全区优秀学子进院学习；实施中小学生科技创新实践能力提升工程，覆盖全区 30 所公办学校 373 个班级 19474 名学生；定期开展科创节、信息技术节，检阅、展示全区中小学生创新成果。各校也设立创新实验班，组建科技社团，积极开展科创活动，以小课题研究推动全区青少年实践能力、创新能力的培养。2019年，17 个市级学生创客实验室落地龙华，10 多个科技创新社团被评为深圳市优秀学生社团。2019 年第三届中国 STEM 教育发展大会上，龙华区有 13 个单位参会，并做了高水平展示。其中，行知实验小学获"最佳 STEM 学习空间奖"。

创新精神的培养，创新能力的提升，带来的不仅仅是成绩的获得，更是师生精神面貌的焕然一新——一次次创新创造，一次次成功体验，让龙华师生看到了自身的力量，看到了无限的潜能。积极，不只是号召，更是一种自觉的生命状态；奋斗，不只是口号，更是一种自为的生命行为。

强化激励，搭建平台，激发创新精神，培育创新能力，提供成就体验，是龙华积极教育引领师生追求卓越、追求幸福的路径密码。

五、统筹兼顾，培育和谐教育生态

对于师生成长而言，一切离不开教育。营造学校、家庭、社会和谐共生的教育生态是积极教育的追求，也是促进师生幸福成长、教育蓬勃发展的重要手段。

近年来，龙华区从校内、校外两个维度入手，通过优化人文环境、和谐人际关系来优化教育生态。

1. 以班主任队伍建设为核心，优化成长环境

班主任是班级人文环境、教育生态建设的灵魂人物，是影响学生成长的"关键少数"。为提升这支队伍的师德水平和综合素养，龙华区先后出台班主任队伍建设行动方案，通过班主任培训，提升职业素养；设立班主任节，提升职业幸福感；设立功勋班主任，鼓励长期任职；落实班主任待遇，呵护入职初心。这些举措深刻唤醒了、培育了班主任队伍的育人主体意识，激发了育人热情，形成了区域性育人"热力场"，实现了师生的双向成长。

班主任职业认同感、幸福感以及综合素养提升，使积极的、和谐的、儿童友好的学校教育生态的形成与建设成为可能。

2. 积极推进家校共育，形成教育合力

家庭教育贯穿学生成长始终，是健全人格形成的基础性、关键性要素。家庭教育与学校教育只有相向而行，才能形成合力。这既需要学校主动作为，积极开展家庭教育宣传、辅导工作，促进家校双方的理解、融通，也需要教育主管部门从全局的角度出发，制定政策，积极作为。

近年来，龙华区在家庭教育上主要做好了以下几个方面的工作。

一是实现了"两个百分之百"。各中小学校百分之百成立了家长学校，家长百分之百入校学习。推行"初始年级家长持证上岗"制度，规范学习制度。二是领导重视，局级领导亲上讲台。每学期开学初，开设家庭教育"开学第一课"，设立三个初始年级专场，由区教育局、教科院主要负责人担纲主讲。2020年抗疫期间，王玉玺局长以"疫情当下，如何做一名积极的家长"为题执教开学第一课，为居家在线学习提供大力支持。三是组织家庭"一月一论坛"。邀请各级专家做客龙华教育会客堂，聚焦家庭教育热点、难点、痛点展

开主题讨论，高起点、广视角指导家庭教育。

以和谐的教育生态，促进师生幸福成长，蓬勃发展，是龙华积极教育的场域密码。

结束语

践行积极教育，建设幸福龙华。

积极教育的提出、推行，是龙华教育破解发展困局，追赶教育浪潮，实现教育跨越式创新发展的理性选择。事实证明，这一选择是正确的、有效的，是教育事业后发区域实现弯道超车可供借鉴的宝贵经验。

2021 年 2 月 11 日，龙华区教育局局长王玉玺同志以首期嘉宾的身份做客深圳广电都市频道节目《深圳教育+》，在全面畅谈了龙华近年来以积极教育培养人的各项举措、成绩后，郑重承诺：龙华将努力做全国最好的区域教育。

龙华四年发展历程及"十四五"规划的全面擘画告诉我们，做全国最好的区域教育，龙华有这个底气！

第二章 创新，积极德育的蝶变之路①

2017 年以来，深圳市龙华区提出"以积极的人培养更积极的人"的教育主张，努力推进以"积极德育"为引领的新时代区域德育建设探索与实践进程，推动区域德育的理念重塑、活动创新、课程创新，实现整体提升。

第一节 德育理念重塑

德育理念是德育的根本指导思想，提升德育理念是德育深层次改革的需要，是德育改革的最高境界。② 对于区域德育而言，要走出仅仅是文件传递者的被动局面，最为重要的工作，就是提炼、提升德育理念，在此基础上完成区域德育的顶层设计，推动区域内学校德育工作摆脱传统束缚，适应时代变迁，促进德育深层次改革。

龙华区于 2017 年制定并推出"龙华区'积极德育'三年行动计划"，提出"主体性唤醒、正能量传递、实践化推进、全人格培养"的核心理念，要求学校德育工作要树立人本意识，以主体性道德实践为中心，以发现、培养学生的美德与性格优势等建设性人格力量为主体重构德育形态，推动德育改革。

作为一种建立在积极心理学、积极教育学基础上的德育形态，孙伟在《积极德育价值取向初探——基于中学德育教师角度的思考》（2008）一文中指出：积极德育的价值取向是指教育者以坚信受教育者自身具有趋向德性完善

---

① 刘丽芳，祝铨云. 整体提升：新时代区域德育建设路径研究——以深圳市龙华区"积极德育"为例［J］. 中小学德育，2020（7）：57-60.

② 班华. 德育理念与德育改革：新世纪德育人性化走向［J］. 南京师范大学报：社会科学版，2002（7）：75.

的"积极能力"为基础，在积极学生观、积极目标观、积极方式观、积极环境观和积极教师观的指导下，尊重受教育者德育主体性，培养自主德育成长能力的态度倾向与行为总和。① 从这一表述可以看出，主体性是积极德育的前提性假设，主体性唤醒是实现道德自主建构的前提性条件。德育是促进个体道德自主建构的价值引导活动②，因此，在新时代，以社会主义核心价值观为主体的正能量传递既是时代的要求，也是主体性唤醒后德育主体自主建构的价值引导所在。道德往往产生于深刻的道德体验中。而道德体验在实践中产生，在实践中发展。③ 实践化推进既是区域德育的主要路径，也是学校德育走出知识中心、教师中心、教室中心，走向体验中心、儿童中心、生活中心的必然选择。只有在实践中，全人格培养才能得以实现。因此，"主体性唤醒、正能量传递、实践化推进、全人格培养"的德育理念的提出，有利于主体突出、导向正确、路径清晰、目标明确的区域、学校两级德育体系的建立。

第二节　德育活动创新

教师与学生是共同生成的，双方是同时共在的。我—你的交往关系是主体间性关系，是交互主体性、主体间性，是教育中主体之间交互关系的整体。④ 积极德育认同师生关系的主体间性，提出"双主体"概念，即教师和学生都是德育的主体。当然二者在德育过程中的主体作用是不同的，教师是育人主体，学生是成长主体。因此，在区域性德育改革进程中，龙华区着力唤醒的不仅仅是学生，更是以班主任为主体的德育工作者。

而能唤醒主体的不是说教，也不是简单的表彰，传统的单一表彰形式始终是少数人评选少数人，作用有限。实践证明，真正能唤醒主体的是主体本身看到自身的建设性力量得到发挥和运用。正是基于这一认识，在"积极德育"

---

① 孙伟. 积极德育价值取向初探——基于中学德育教师角度的思考 [D]. 北京：首都师范大学，2008：6.

② 檀传宝. 学校道德教育原理 [M]. 北京：教育科学出版社，2000：6.

③ 刘惊铎. 体验：道德教育的本体 [J]. 教育研究，2003（2）：57.

④ 班华. 德育理念与德育改革——新世纪德育人性化走向 [J]. 南京师范大学报：社会科学版，2002（4）：76.

推进过程中，龙华区从优化顶层设计入手，以全员参与的体验性活动唤醒师生两个主体的成长热情。

一、班主任节激发育人热情

在学生成长过程中，除家长外，班主任是对学生影响最大的"他者"因素，是德育人中的"关键少数"。班主任不仅仅通过自己的教育行为、管理行为，决定着党和政府德育工作要求、学校德育主张的实现程度，也通过师生相处的关系模式、自身的人格力量深刻影响着学生的人格建构与品德形成。

在推进积极德育的过程中，龙华区紧紧抓住这一"关键少数"，出台班主任队伍建设行动方案，通过班主任培训，提升职业素养；设立班主任节，提升职业幸福感；设立功勋班主任，鼓励长期任职；落实班主任待遇，呵护入职初心。这些举措深刻唤醒了、培育了班主任队伍的育人主体意识，激发了育人热情，形成了区域性育人"热力场"，实现了师生的双向成长。

其中，设立"班主任节"是龙华区班主任队伍建设的创新型举措，该节以"闪亮的日子"为主题，由讲述班主任教育故事、评选闪亮班主任、开展汇智大赛、嘉年华等活动组成。故事讲述，尽显班主任工作"寓伟大于平凡中"的职业之美；"闪亮班主任"的评选，在赋予成就感的同时，激发了职业追求，提升了职业幸福感；汇智大赛在经验与创新、理性与激情的有力碰撞中，实现了智慧的汇集与升华。嘉年华中的歌曲《我们的引路人》唱出了莘莘学子对班主任的深情赞美，一次又一次夯实了、丰满了班主任对职业的认知、追求与梦想。

这一节日推广至所有学校，深刻淘洗了班主任队伍的心灵，激发了班主任队伍的育人热情。正如第一届闪亮班主任获得者李霞老师所说："班主任节让我们共享职业荣光、共筑职业梦想。在这，我不仅看到了老班主任的坚守，也看到了新班主任的热情。"

2019年，《积极教育系列课程·班主任工作指导》出版。这是一本翻开即用的操作手册，有助于提高了班级管理系统化、科学化水平。

借助成长平台，体验成长幸福，龙华区班主任队伍风光正好。

二、"最美少年"评选激活成长动力

催发、唤醒主体意识不是漂亮的口号，而是让学生能在生活中、学习中、实践中发现、发挥和运用自己的建设性力量。积极德育坚持以人为本，着眼于性格优势等建设性力量的发现、培育与发展，唤醒主体意识，促进真实生长。

1. 组织"最美少年"评比，引导多元成长

这一评比设立"美德好少年""创新好少年""智慧好少年""才艺好少年""活力好少年""自强好少年"6个类别，引导全区中小学生在成长过程中，关注自身的性格优势，走多元化成长之路。这一评比活动要求各校组织好校级初选，让更多的学生参与其中，发现自我，催发生长。

2. 组织区域性文体竞赛、活动，推动个性发展

积极心理学研究表明，帮助学生获得成就感，是推动学生个性发展和人格健全的最佳选择之一。为此，龙华区积极组织区域性中小学生运动会、信息技术技能比赛、科技创新大赛、艺术展演、读书月等活动，为全区中小学生展示才艺、体验成功、享受幸福搭建成长平台。

各类文体活动的开展，垫高了成长之阶。在2019年广东省第六届中小学生艺术展演活动中，龙华区四校获奖，其中3个一等奖，1个二等奖。新华中学冯辉同学成为轮滑世锦赛五冠王，新华中学轮滑队四位同学成为轮滑国家队队员。

活动育人，寓教于乐。所乐不仅仅在于才艺的展示，更在于对自我的发现、生命的拔节。龙华区活动育人以区级"最美少年"评比为引领，以区域性文体比赛为载体，以各校丰富多彩的校园活动为平台，引领生命向着更高、更美处拔节、生长。

第三节　德育课程创新

德育教育是个系统工程，既需要国家思政课的引领，也需要校本德育课程的补充与拓展。尤其是丰富多彩而又具有学校特色的校本德育课程对于落实

《中小学德育指南》提出的"做细、做小、做实"的要求，使学生道德品质的形成更多落到真实的主体性道德实践中具有十分重要的意义。

在这一过程中，龙华区坚持两手抓。一手抓正能量传递，抓实思政课，以思政课引领社会主义核心价值观的学习；一手抓实践性推进，盘活校本德育课程，以校本德育课程推进社会主义核心价值观的践行。以知领行，以行践知，于知行合一中推动德育落到实处。

1. 实中创新，思政课引领正能量传递

2019年9月，龙华区召开了"推进思想政治理论课改革与创新工作座谈会"，要求坚持党对思政课的领导，以社会主义核心价值观为课程主线，引领全区思政教师在提升思政课的思想性、理论性、亲和力和针对性上下功夫，上活、上好、上实思政课。

一是领导下沉一线。区教育局、教育科学研究院领导率先下沉一线，走入各中小学思政课教学现场，随堂听课，现场研讨。二是思政教研走上前台。教科院将思政课纳入主要学科管理，积极组织小学道法课、初中思品课、高中思修课主题教研活动；举办"思政教师创新教学设计"比赛，引领课改方向；组织少先队活动课说课比赛，规范少先队活动课，提升课程思想水平，传递星星火炬精神。三是创新形式，着重打造"活动型"思政课堂，使思政课真正活起来，实起来。在一节关于"责任"的思政课教学中，教师不是简单地讲授责任的内涵、意义，而是组织学生就"面对不是自愿选择的事情是否应该担责"展开辩论，在激烈的思维风暴中深化认知，明确要领。

2. 活中求实，校本德育课程夯实成长之路

龙华区鼓励各校积极开设校本德育课程，从细处、小处、实处入手，盘活内容，创新形式，提高德育实效。各校根据本校实际创造性地开展工作，培育了不少优秀课程。

细中求真的玉龙学校"新生活教育"。玉龙学校的"新生活教育"从细处切入、大处着笔。从一年级新生穿衣服、系鞋带、整衣柜、理书包等整理课程切入，以"生活为源，发展为本"为理念，开设"智慧生活、创意生活、艺趣生活和健康生活"四维度、九年段新生活校本课程。几年来，该课程先后获得广东省第二届中小学特色学校建设成果奖一等奖、第十届广东省基础教育

成果奖一等奖。

小中见大的民顺小学"汉字德育"。民顺小学从汉字入手，激活汉字深层的德性资源，成功编写出一套"三段四模块"的"汉字德育"校本教材。课程在实施中，以学生的"学"为中心，以教师"育"为支持，通过解汉字、听故事、吟诗词、导行动，以小见大，返本开新，推动学生的精神生命向美生长。2019年，"汉字德育"入选广东省教育创新十大案例。2020年3月，龙华区"汉字德育"项目推进座谈会召开，将其确定为区级德育课程，并推荐申报深圳市、广东省地方课程。全套教材由广东省教育出版社出版，并在全省推广。

书中介绍了教科院附属小学"田园课程"和龙澜学校PMG校本德育实践课程。教科院附属小学的"田园课程"从实践入手，将农田"搬"进校园，让同学们在真实的春耕、夏管、秋获中感知生命的历程、劳动的苦乐。在2019年广东省中小学特色学校建设成果评比中，"田园课程"以清新的田园风格、扎实的劳动实践打动评委，被评为一等奖。龙澜学校以"实践、浸润、成长"为理念指导各班开发主题式、实践型校本德育课程，丰富学生德育体验。该校先后培育出一个省级优秀中队，两个市级优秀中队。

第四节　德育服务创新

积极心理学研究表明，家庭教育对儿童成长，尤其是健全人格的形成具有重要作用。以情商为例，安全型依恋关系会促进学习识别、理解、管理自己和他人情绪的规则的过程，而不安全型依恋关系会抑制这个过程。[1] 就父母教养方式而言，权威型父母采用以孩子为中心的温和方式，对孩子实行适度控制（即让孩子承担与年龄相称的责任），这为孩子发展自主性和自信心提供了最好的环境。[2] 不管是依恋关系，还是亲社会行为都和心理健康息息相关。因

---

[1] ［爱尔兰］Alan Carr. 有关幸福和人类优势的科学：积极心理学［M］. 丁丹，译. 北京：中国轻工业出版社，2018：170.

[2] ［爱尔兰］Alan Carr. 有关幸福和人类优势的科学：积极心理学［M］. 丁丹，译. 北京：中国轻工业出版社，2018：321.

此，在中小学德育工作中，家庭教育指导和心理健康教育意义重大。如果说家庭教育是学生道德品质形成的基础和终身场域的话，那么心理健康教育则是最有力的支撑与保障，二者共同构成了中小学德育工作的资源保障体系。

1. 扎实推进，家庭教育指导助推全人格培养

龙华区以家庭教育指导与研究中心为枢纽，以区家庭教育总校——润泽家长学校和各校家长学校为主体，推动科学的家庭教育理念与知识在全区的普及、推广，提升家庭教育育人品质。

一是实现了"两个百分之百"。各中小学校百分之百成立了家长学校，家长百分之百入校学习。推行"初始年级家长持证上岗"制度，规范学习制度。二是领导重视，局级领导亲上讲台。每学期开学初，开设家庭教育"开学第一课"，设立三个初始年级专场，由区教育局、教科院主要负责人担纲主讲。2020年抗疫期间，多名区教育局、教育科学研究院领导亲自执教开学第一课，为居家在线学习提供大力支持。三是组织家庭"一月一论坛"活动。邀请各级专家做客龙华教育会客堂，聚焦家庭教育热点、难点、痛点展开主题讨论，高起点、广视角指导家庭教育。

2019年，《积极教育系列课程·家庭教育》出版、发行，作为全区家长学校指导教材，实现了家庭教育资源的全面整合，提升了家庭教育的体系化、科学化水平。

2. 积极作为，心理健康教育提升全人格培育

龙华区成立了青少年心理健康教育指导中心，出台了心理健康教育三年行动计划，大力推进中小学生心理健康教育。

一是做实心理调查。每学年初，心理健康教育指导中心会展开一次全区性的中小学生心理健康调查，根据调查中发现的重点问题、重点情况、重点对象，提出本学年的教育主题、重点。二是实现"三个普及"。普及班主任心理学C级证书，使班主任百分之百持证；普及积极心理学，与清华大学积极心理学研究中心签订合作协议；普及心理咨询，普遍设立了心理咨询室，配足了心理教师，对心理健康问题做到早预防、早发现、早干涉。三是健全防护网络。开通了中小学生心理健康咨询热线，组织心理值班；关注特殊学生，做到了"一生一案""一天一问"；关注社会热点，抗疫期间，心理健康指导中心紧急制作了一批教学视频，发布了心理防护手册，引导师生、家长正确面对疫情期间的心理问题，提高心理防护水平。

立足于"早"，做实于"防"，强调于"正"，龙华区心理健康教育的积极作为，促进了心理教育资源的整合和使用效率的提高，为全区中小学生健康成长筑牢了心理防线。

结束语

德育的目的是使人成为人，使人过有意义的生活。[①] 龙华区"积极德育"立足人本立场，贯彻"主体性唤醒、正能量传递、实践化推进、全人格培养"的核心理念，发挥区域和学校两个积极性，唤醒教师与学生两个主体性，主动作为、积极创新，建立、健全了新时代区域德育工作体系，推动了区域德育工作整体提升，助推了全体学生道德生命的真实生长，为新时代区域德育建设探索出了一条可行之路。

---

① 班华. 德育理念与德育改革——新世纪德育人性化走向 [J]. 南京师大学报：社会科学版，2002（4）：73.

第三章　素养，积极课程的核心关切

核心素养是对当今时代的公民素养的高度概括。它凸现了学校教育的根本目的和课程教学的改革方向。① 核心素养的提出与具体化不仅是当前教育改革尤其是课程改革的阶段性成果，也是引领未来以课程改革为中心的教育改革的关键性事件与核心要素。近年来，围绕学生核心素养的形成，龙华教育以学科课堂教学的改革与优化为中心稳步推进积极课程建设与探索。2020 年，于"十四五"教育发展规划中明确提出"素养课堂"的核心主张，以此引领未来一段时期内龙华课程改革与建设进程。

第一节　核心素养

21 世纪以来，核心素养成为国际教育界的高频词之一。什么是核心素养？核心素养有着怎样的结构？

在理解核心素养之前，先理清"素养"。在《现代汉语词典》中，素养指：由训练和实践而获得的技巧或能力。台湾著名课程专家蔡清田认为："素养"是透过教育情境获得学以致用的知识、能力与态度而展现出的"优质教养"，强调非先天遗传的后天"教育"与人为"学习"之功能。核心素养兼重个人发展与社会发展的双重功能，一方面可协助个体获得优质生活，另一方面可协助人类应对当前信息社会及未来优质社会的各种社会生活场域之挑战。②

核心素养是"核心的"素养，是社会成员共同具备的关键的、必要的、重要的，被认为是最根本、不能被取代、量少质精的关键少数且居于最核心地

---

① 钟启泉. 课堂革命 [M]. 南京：江苏人民出版社，2017：12.
② 黄光雄，蔡清田. 核心素养：课程发展与设计新论 [M]. 上海：华东师范大学出版社，2017：4.

位的素养。①

2016 年 9 月，中国学生发展核心素养研究成果发布。该研究认为，学生发展核心素养是指学生应具备的，能够适应终身发展和社会发展需要的必备品格和关键能力。

中国学生发展核心素养（图 3.1 和表 3.1）以培养"全面发展的人"为核心，分为文化基础、自主发展、社会参与 3 个方面，综合表现为人文底蕴、科学精神、学会学习、健康生活、责任担当、实践创新共六大素养，具体细化为国家认同等 18 个基本要点。各素养之间相互联系、互相补充、相互促进，在不同情境中整体发挥作用。

图 3.1 中国学生发展核心素养

表 3.1 中国学生发展核心素养

3 个方面	六大素养	18 个基本要点
文化基础	人文底蕴	人文积淀、人文情怀、审美情趣
	科学精神	理性思维、批判质疑、勇于探究
自主发展	学会学习	乐学善学、勤于反思、信息意识
	健康生活	珍爱生命、健全人格、自我管理
社会参与	责任担当	社会责任、国家认同、国际理解
	实践创新	劳动意识、问题解决、技术运用

这份具有世界格局和中国特色的中国学生发展核心素养的提出，从中观层面深入回答了"立什么德、树什么人"的根本问题，深刻引领了当前课程改革和育人模式的变革。

---

① 黄光雄，蔡清田. 核心素养：课程发展与设计新论［M］. 上海：华东师范大学出版社，2017：4.

第二节 探索与创新

龙华教育敏锐捕捉到这一教育热点。龙华区"十三五"教育发展规划将"学生核心素养全面提升"列为目标之一，提出"坚持以立德树人为根本任务，以提升核心素养、全面衔接新高考、新中考为质量导向，全面推进积极教育"。2019 年发布的《龙华区推进教育高质量发展若干措施》中提出：坚持"五育"并举，深化以培养学生综合素养为核心的基础教育（K12）综合课程改革。龙华区"十四五"教育发展规划明确提出打造"素养课堂"，以核心素养的提升为导向推动课程改革与课堂变革。

一、理念创生：核心素养视野下的课程与教学改革的路径建构

核心素养有别于先天禀赋，是基于后天的培养、学习、训练获得的。怎样的课程实施方式，怎样的教学方式，怎样的学习方式更利于核心素养的形成？美国在 20 世纪 60 年代展开的"国民教养"调查中关于学习巩固率的发现，或许能给我们一定的启示。这一研究发现：

> 借助听讲方式学习的内容半年后的巩固率为 5%，借助阅读方式的学习巩固率是 10%，借助视听方式的学习巩固率是 20%，借助示范的学习巩固率是 30%，借助小组讨论的学习巩固率是 50%，借助实践体验（"做中学"或是"实际演练"）的巩固率是 75%，最后一种在金字塔基座位置的学习方式是"教别人"或者"马上应用"，即借助"教育他人"的场合，其学习巩固率是 90%。[1]

在这一发现基础上形成的学习金字塔（图 3.2）表明，小组讨论、实践体验、教别人与马上应用等主动学习方式相比于听讲、示范等被动学习方式更利于"深度学习"的发生，利于知识、能力以及核心素养的形成。

---

[1] 钟启泉. 课堂革命 [M]. 南京：江苏人民出版社，2017：13.

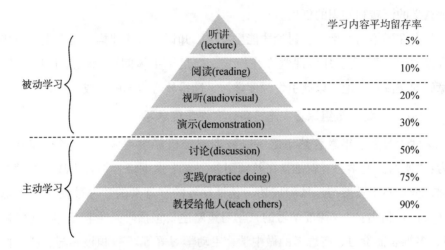

图 3.2　学习金字塔

资料来源：国家训练实验室（美国缅因州）。

在深入研究马丁·布伯对话理论，怀特海过程理论，陶行知"做学教"一体化教学理念、深度学习理论的基础上，2020 年，龙华区积极教育攻关课题组结合龙华教育实际，提出了以"对话""实践""匹配"为核心范畴的积极课程实施理念。

1. 以"对话"重塑师生课堂交往模式

保罗·弗莱雷认为：没有对话，就没有交流；没有了交流，也就没有了真正的教育。[①] 教育场域中的对话，既不是教师以自我为中心的单向度的"话语霸权"——单向度的讲授，简单的是不是、对不对的提问，高分贝的训斥，故意的冷落，也不是佐藤学所说的学生的"主体性神话"——不假思索的举手，不顾他人的抢答，上蹿下跳的引人注意——一种伪装成主体性的自我中心意识和行为，而是"心怀对方的转向"（马丁·布伯），是平等主体之间以语言为中介的交流。以"对话"重塑师生课堂交往模式是建立在师生"双主体"，师生、生生"主体间性"基础上的对课堂生态的重构，强调对话双方的平等，强调"心怀对方"的转向与应答。作为一种课堂交往方式，对话表现为解蔽、敞开，在相互交流中平等交换，互相接纳，从而产生理解，在理解中

---

① 冯苗. 教育场域中的对话：基于教师视角的哲学解释学研究 [M]. 北京：教育科学出版社，2010：12.

实现意义的流转和知识的创生。

只有在平等的对话中，讨论才能生发生，知识的自我建构才能发生。龙华教育以"对话"重塑师生课堂交往模式，立足于主体间性，注力于平等的、无障碍的交流和讨论，以此引发深度学习，助推核心素养的形成。

2. 以"实践"重组课堂实施链条，实现深度学习

深度学习是近年教育热点之一。该词源于机器学习领域。郭华（2016）认为："所谓深度学习，就是指在教师引领下，学生围绕着具有挑战性的学习主题，全身心积极参与、体验成功、获得发展的有意义的学习过程。"[①] 冯嘉慧（2017）指出："（深度学习的）学习策略主要包括研究性学习（或科学探究）、多维表征学习、有思考的做中学、主动学习等等。"[②] 积极参与、科学探究、有思考的做中学，学习性实践，或说实践性学习构成深度学习的内涵、特征和策略，实践成为深度学习的核心要义之一。

以怀特海的过程理论为背景，龙华区积极教育攻关课题组提出以"实践"为核心的积极课程实施链条（图3.3）。

（1）浪漫：实践中接触世界。在与外界的直接接触中获得大量的、丰富的感性经验，为精确阶段的学习提供素材与经验基础。

（2）精确：实践中建构知识。在对以生活为背景的问题的探究性、操作性、体验性活动中形成、深化对概念与原理的理解，实现知识的自我建构。

（3）运用：实践中运用知识。在实际生活中运用、检验、内化所学知识，形成缄默性知识。为下一次学习寻找新的问题生长点。

图3.3　积极课程实施链条

在这一实施链条中，"实践"贯穿始终，学习从实践中来，到实践中去，在实践中接触世界开启学习过程，在实践中建构知识、组织"教—学"活动，在实践中运用知识拓展"学习—成长"空间，实现深度学习，培养核心素养。

---

① 郭华. 深度学习及其意义 [J]. 课程·教材·教法, 2016（11）: 25.

② 冯嘉慧. 深度学习的内涵与策略——访俄亥俄州立大学包雷教授 [J]. 全球教育展望, 2017（9）: 3.

3. 以"匹配"推进个性化成长

美德与性格优势是积极心理学及积极教育的核心范畴。建立与性格优势相匹配的教学方式是积极课程与教学的核心主张。以大数据、5G、人工智能为支撑的信息化教育技术的广泛使用,为积极教育匹配原则的实施、个性化学习空间及学习方式的建立提供了技术支持与实现的可能。在这一背景下,祝智庭教授(2017)的"基于微文化模式的个性化解决方案"日益受到各方的关注。在这一解决方案中,通过学习者适性分配策略,经班级、小组、个体三个层次的逐级筛选,找到5%以下的学习差异者(极优或极差),采用与之相匹配的适性学习,发挥学习优势或解决学习中存在的个性化问题,从而提高个性化辅导、学习的效率。随着以大数据为技术支撑的质量监测体系的建立,这一学习方式将逐渐在龙华得以推广、普及,助推积极教育匹配原则的落地,助力个性化成长的实现。

建立"对话"(dialogue),强调"实践"(practice),注重"匹配"(match),关注"素养"(accomplishment),是积极课程与教学的表达式。以"对话"激活深度学习,以"实践"推进深度学习,以"匹配"实现个性化深度学习,是龙华应对核心素养日益成为国际教育关注焦点的积极建构。

二、课堂变革:学科教学改革的前沿探索

2017年,两件对龙华教育教学工作影响深远的事件先后发生。一是《龙华区中小学教学管理常规》和《龙华区中小学教学工作常规》颁布,开创全国区县层面出台教学管理常规、教学工作常规两常规的先河。二是龙华区教育科学研究院挂牌成立。以"学科核心素养"为导向的学科教学方式、教学方法、教学路径创新工作在教育科学研究院的统一领导下依次展开。龙华教育内涵发展在"守正"与"创新"中破土前行。积极课程与教学在学科课堂变革中萌动生长,茁壮成林。

1. 以"共生教学"撬动语文教改进程

他山之石,可以攻玉。龙华教育人海纳百川、博采厚蕴,在与国内外专家、学者互动中,积极汲取教育智慧,推动本区课改、教改进程。初中语文共生即是其中的成功案例之一。

语文共生教学是全国著名教育专家、江苏省语文特级教师黄厚江创立的"本色语文"教学法。2005 年，黄厚江在《新课改：我们需要怎样的语文课》一文中，正式用"本色语文"命名自己的教学思想。"本色语文"的核心主张是"把语文上成语文课，用语文的方法教语文"，基本要求是"以语言为核心，以语文活动为主体，以语文综合素养的提高为目的"。语文"共生教学"是"本色语文"的基本教学法，是"立足母语教学的基本规律和根本特点，依据本色语文教学的基本主张，运用共生理论协调语文教学的种种关系和矛盾，实施语文课程的教学，实现学生语文素养提高的教学方法"。① 历经十余年研究、探索、创新、推广，"本色语文"逐渐形成全国影响力。

2017 年，"本色语文""共生教学"以"读写共生日常写作"的面貌来到龙华。自此，一场有温度的初中语文教学革命在龙华拉开序幕。策划者是时任龙华教育科学研究院的初中语文教研员向浩。

作为黄厚江的学生，向浩是从克服自身课堂教学中存在的结论化、两极化②现象开始的，在黄厚江先生的耳提面命以及自身努力下，向浩置身课堂中"共生教学"的特征日益鲜明。

（1）共生共长。"生"，是体验，是发现，是创造；"长"是成长，是提高，是发展。既有教师之"生长"，又有学生之"生长"。教师之"生长"是基础，是手段；学生之"生长"是根本，是目的。

（2）以活激活。活的内容，活的过程，活的方法，活的结果。教师活教，学生活学。教师用活教激活学生学习，学生用活学激活课堂。

（3）诸元和谐。师生和谐，生生和谐，过程与方法和谐，内容与形式和谐。

（4）注重过程。在学习活动中学会学习，在学习过程中学知识、学方法、学做人。在阅读中学阅读，在写作中学写作，从而实现学生看得见的学习成长和精神成长。

真正让"本色语文""共生教学"走进龙华的，是统编教材初中语文读写

---

① 黄厚江. 黄厚江与语文本色教学 ［M］. 北京：北京师范大学出版社，2016：145.

② 结论化是指教学过程以结论为中心，以让学生获得结论为目的，有的是结论传递，有的是结论推导，有的是结论印证。两极化是指教学中诸要素两两分裂，互不相融，如师生两极化、内容与形式两极化、理论与实践两极化等。

共生日常写作研究的开展。①

这一研究建立在建构主义课程论、后现代课程理论、微型课程理论、共生理论以及黄厚江"本色语文""共生教学"之上。"读写共生日常写作"教学策略（图3.4），基于把学生的写作前置后，在学生写作经验的基础上，把学生"前写作"中的问题作为教学的逻辑起点，寓写于读，以写促读，注重写作的混沌性、非线性，通过任务驱动、支架引领下的每日写作，实现学生写作能力的提升。在实际教学中，"读写共生日常写作"教学通过教师把学习元素蕴含在写作任务中，在写作情境中学习写作，通过写作体验来提升自己的能力和水平。

（5）读写共生，注重教材的二次开发。首先，对统编教材中的阅读文本进行开发，同时也对写作内容进行二次开发。从阅读篇目中选择有价值的语篇，提取学习元素，开发成学生的写作支架。然后，依据统编教材单元写作任务确定每天的写作任务，让每天的写作任务为单元写作任务的完成服务。

（6）读写共生，注重"以写促读"，通过"写"加深对"读"的理解。首先，写作支架来自教材的二次开发，学生在使用时，必然加深对作品的理解。其次，围绕写作任务的多元化摘抄——既有对同伴优秀语篇的摘抄，也有对课外读物的摘抄——有效地将学习支架的输入功能转换为输出功能，让支架背后的学习元素转换成学生写作的自觉能力。

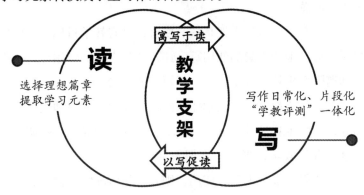

图3.4 "读写共生日常写作"教学策略示意图

---

① 本章内容来自：向浩. 统编教材初中语文读写共生日常写作研究概述［J］. 新作文·中学作文教学研究，2019（9）：17-21.

（7）日常写作，于写作日常化、片段化、微型化中，实现减负提质。首先，将写作"前指导"渗透在阅读教学中，无须专列专章。其次，大部分写作训练是当堂进行，要求学生 15 分钟以内完成，字数不超过 200 字。最后强调自评、互改，提高反馈的有效性，强化"写作支架"的有效掌握、运用、内化。

（8）日常写作，于"学—教—评—测"一体化中，实现素养提升。这是"读写共生日常写作"最为着力之处，也是最为鲜明的特点之一。

表 3.2 "读写共生日常写作"教学量表

序号	写作支架	分值	自查	同伴评	教师评	教师评分
1						
2						

评价说明："自查"为学生自查，习作中使用了该支架记"√"，没有使用记"×"。"同伴评"即为同学互评。"教师评"即为教师在学生自查和同伴互评的基础上做综合评价。

表 3.2 中的"写作支架"，是根据语篇特点开发出的学习元素。"分值"，是教师依据支架的数量和重要程度赋予的分值，是学生习作水平的量尺。"自查"，是学生依据教学支架审查自己的习作。"同伴评"，是同学间的互评。"教师评"，是教师在自查、互评后的再评。"教师评分"，是指教师在学生完成创作、修改后的总评。

在这一教学体系中，写作支架是核心要素，具有教学目标、写作凭借、评价标准的功能。写，围绕支架的使用写，评，围绕支架的使用评，从而使写作有了方向，远离野蛮生长；有了凭借，不再茫然无措。

鼓励为主，因材施教是这一教学体系的核心要旨。要求师生评价以鼓励为主，多给满分，让学生看见进步，体验成功。在评后辅导中，强调基于评价中发现的问题进行有效教学，当某个支架不会使用或者使用不当的人数占少数时，选择面批；如果大多数人不会使用，则开展整体教学，做到有的放矢，对症下药，帮助学生实现写作成长。

统编教材初中语文读写共生日常写作研究，强调学生写作知识的自主建构，即通过自己、同伴、教师三轮教学，基于问题解决问题，先写后评，评后再教，在学生写作的过程中高质量地建构自己的写作知识体系，实现言语生命的有效成长。

以"读写共生日常写作"为关键词的课题先后获得市级、省级立项。各项研究的深入推广，引发了龙华初中语文教学观念的改变、行为的改变、课堂的改变以及学生的改变。在科研的驱动下，全区近3万名初中学生正在慢慢感受到优质语文教育的独特魅力。

2019年，向浩主编的《统编版读写共生写作日常课》由广东花城出版社出版，并在众多学校实践，引发更多写作课堂的悄然改变，深受师生欢迎，形成跨区域影响力。

2020年，王俊珍接任初中语文教研员工作，"读写共生日常写作"得以承接、升华——关注细节，关注技法，关注思维。龙华写作教学继续重"实"传统；学、教、测、评一体化教学从写作走向阅读，成为龙华初中语文教学的基本策略；通过把"在阅读中学会阅读"落到实处，推动龙华初中语文课堂生命不断生长。

2. 以"生长数学"引领数学教学转型①

这是一场坚持了十年的探索与实践，核心素养、积极教育的提出催生了这一探索于近年逐步走向成熟，成为龙华区初中数学教学的主要标识。

这一课型建立在对初中数学教学现状深刻反思的基础之上，是对学习内容零散化、学习活动形式化、教学认识局限化等初中数学教学弊端与不足的理性纠偏。这一课型以"让学生学习有生长力的数学"为基本理念，着力解决知识生长与学生成长之间的偏差，通过重构教学内容、优化学习过程、构建基本模式，协调好教材编排碎片化与知识的系统性之间的矛盾、学习过程与学习结果之间的矛盾、教与学不同步的矛盾，使学生数学核心素养的培养落到实处，推动学生主动生长。

在课型建构过程中，"生长数学"以"教"与"学"关系的重新认识为原点，启动课堂转型进程。"生长数学"认为，教师教学应立足于助力学生的生命成长，将学科核心素养融入生命成长，协调知识生长、技能生长、思维生长、经验生长与情感生长，使学生在学习中感受、获得数学生长的力量、自我生长的力量。（图3.5）

———————————

① 本节内容由龙华教育科学研究院林日福提供，见其论文《生长数学：龙华区初中数学十年探索》。

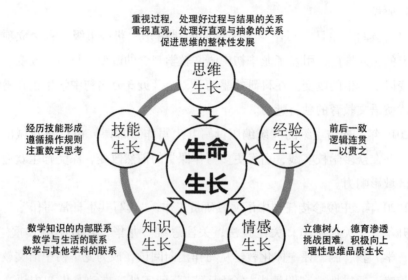

重视过程，处理好过程与结果的关系
重视直观，处理好直观与抽象的关系
促进思维的整体性发展

经历技能形成
遵循操作规则
注重数学思考

前后一致
逻辑连贯
一以贯之

数学知识的内部联系
数学与生活的联系
数学与其他学科的联系

立德树人，德育渗透
挑战困难，积极向上
理性思维品质生长

图 3.5　促进学生生命生长的教学关系

　　基于对"教"与"学"关系的重新认识，在廓清了促进师生共同生长的课堂要素——人与课堂、教师与学生、师生与数学、课堂文化后，"生长数学""三环四步"教学模式逐渐成形。"三环"是指课前补学、课中探学、课后固学三个相互联系、相互作用、相互影响的环节，"四步"是指"课中探学"所包含的四个基本环节。（图 3.6）

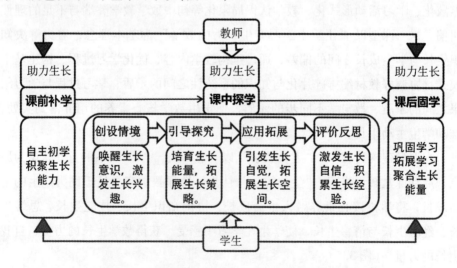

图 3.6　"生长数学""三环四步"教学模式示意图

课前补学

教师基于学习内容和学情分析，在新旧知识衔接处、生长处精心设计补学材料，让学生依据自身实际进行个性化补学，为新知识的学习做好知识、认知及经验准备，助力学生树立探索学习新知的信心，为学生学习新知积聚生长能量。

在编制补学材料时，着重思考：学生是否具备了必备的知识储备、基本技能、活动经验？是否了解了学习内容中所蕴含的数学思想方法？……在此基础上，将这些问题情景化、具体化、任务化，形成课前补学材料。

课中探学

这一步骤由创设情景、引导探究、应用拓展、评价反思四个环节组成。

创设情景。即创设体现知识内在联系或与学生现实生活紧密联系的教学情境，通过精心设计情境性问题，激发学生的求知欲，唤醒学生生长意识。在此环节中，着力解决"为什么要学"的问题。

引导探究。即以探索性学习任务单，组织、指导学生动手实践、自主探索、合作交流，培育学生从旧知中生长出新知、从生活生长出数学的学习能力。在此环节中，着力解决"学什么"，以及"怎么学"的问题。

应用拓展。以新的情境性问题启发、引导、激励学生运用新知识解决新问题，辅之以进阶式的变式练习将学习引向深入，实现新知与未知、新知与深知的有效链接，拓展思维、能力、情感的生长空间。在此环节中，着力解决"学了怎么用"的问题。

评价反思。即以教师的积极性评价引导学生梳理知识系统，总结探索知识的策略、方法、经验，实现知识系统化、结构化，实现探索新知经验化，积累生长经验。在此环节中，着力解决"学得怎么样"的问题。

课后固学

教师根据新知学习情况为学生设计巩固性课后作业，帮助学生强化新知，提高运用新知解决问题的能力。教师根据学生差异提供个性化作业，助力学生拓展思维，让不同学生得到不同的发展，帮助学生积累生长经验，聚合生长能力，助力学生生长。

在实施过程中，以初中数学核心素养为导向，坚持知识学习与立德树人相融通、局部知识与整体知识相融通、知识学习与经验积累相融通、预设与生成相融通的原则，妥善处理数学教育中"知识生长、素养生长、生命生长"三要素之间、数学教学中"学生为本、因材施教、全面发展"三要素之间、数学学习中"理解、体验、迁移"三要素之间的关系，努力实现学生全面发展、全面生长的教育目标。

自这一课型改革创意提出以来，在龙华区教育科学研究院课程部部长、初中数学教研员林日福的带领下，龙华数学教育人披荆斩棘，戮力前行，以十年磨一剑之功，致力于数学教育教学的革新、升华，致力于"生长数学"的

图 3.7　初中数学学科核心素养

教研，致力于初中学生数学素养的提升与生命生长。（图 3.7）一项持续七年的龙华学生数学中考成绩跟踪调查表明，这一数学课型实现了预期目标，推动了数学成绩与学科素养的同步提升。（图 3.8）

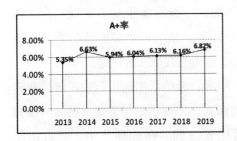

图 3.8　近七年深圳中考龙华区数学 A+率变化图（左）、B+以上率变化图（右）

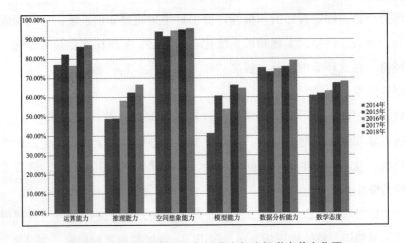

图 3.9　近五年龙华区九年级学生部分数学素养变化图

课堂变革是课程改革的重头戏。四年来，龙华区各学科教学聚焦"核心素养"，以教法创新、策略创新、路径创新，于龙华掀起一场静悄悄的教育革命。有的直击命门，如"共生教学"，解构教师课堂独角戏，于师生共生中促进生命生长；有的整体重构，如"生长数学"，以"三环四步"重塑数学课堂；有的迂回致胜，如"报刊阅读"，以丰富的课外报刊阅读，增强初中英语学习的综合性、体验性；有的紧扣主旨，如"三味物理"，以生活味、实验味、思维味，凸现学科本色。小学语文提出从"语言积累"走向"语言经验的积累"，让教学不再是"结论"的简单传授；小学数学以"大问题"整构课堂的零散琐碎，给学生留足思考、实践、反思的空间；小学英语的"单元整体设计"走出语言习得知识化的教学误区，依托语境将听、说、读、写融为一体；小学科学以"科技创新实践能力提升工程"为载体，拓展学科半径，成就龙华学子的"科学梦"。

"教"无止境，龙华区基于课堂变革的教育探索将与生命同行，百折不回。

三、模式重构：学校课堂教学的理性重塑

各校积极开展相关研究与实践。自 2017 年龙华区成立以来，以"素养""核心素养""学科核心素养"为关键词的区级课题共立项 63 个，分别涉及基于核心素养的德育建设、校本课程开发、课堂教学改革、教学策略优化、学科教学研究以及学科组建设等。每年均有相关课题被列为区级重点课题，如 2017 年的"基于学生核心素养的'善美教育'校本课程开发与实践研究"（李吉）、2018年的"基于核心素养的小学学科组建设实践研究"（叶德齐）、2019 年的"核心素养视域下的思维发展型课堂实践研究"（何小波）、2020 年的"基于核心素养提升的'互+合'学科教学方式的实践研究"（刘国辉、陈光明）。各校以课题研究为依托积极开展对核心素养的深入研究，深刻领会核心素养内涵、结构、意义与影响，积极推动课程改革、课堂变革与教学策略更新。

龙华区实验学校的"基于学生核心素养的'善美教育'校本课程开发与实践研究"，由该校李吉校长领衔研究，在深入研究学生发展核心素养的基础上，以"自主发展"为切入点，重构课堂教学模式，重塑校本课程生态，以课程创新推动素养提升。

1. "观试论问": 重构课堂教学模式①

"观试论问"问题解决式教学是该校课堂教学模式, 即"观察分析—尝试解决—论证交流—反思提问"。这种自主探究学习法, 构成一个螺旋上升的学习循环系统, 在发现问题并解决现有问题的基础上, 启发学生提出新的问题。(图 3.10)

"观", 观察分析。创设情境, 引导学生学会观察, 建立新旧知识之间的联系, 激励学生敢于提出问题。

"试", 尝试解决。自主探究, 教师指导学生尝试不同的解决方法, 教学生从不同的角度去分析问题。

"论", 论证交流。组织学生对探究的结果进行讨论、汇报、交流、展示, 训练学生表达能力和论证能力, 引发学生得出结论。

"问", 反思提出新问题。分类梳理, 开展评价, 提高学生善于发现新问题的能力。

在这个自主学习方式中, "问题解决"是核心, 学生围绕问题解决进行自主学习, 教师在每一个环节都是合作者、支持者和引导者, 同时也是学生学习的评价者。

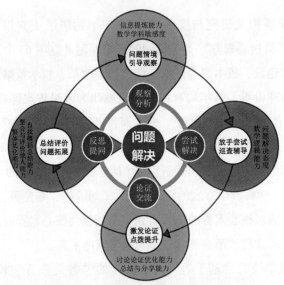

图 3.10　"观试论问"课型及教学策略示意图

---

① 本节内容摘自李吉"广东省名校长工作室考核表"。

不同于传统的讲授式教学，该课型以"问题解决"为核心，引导学生通过观察分析、尝试解决、论证交流、反思提问等过程完成知识的自主建构，在充分的主体性实践活动中深刻体验知识的形成过程，在注重显性知识的获得的同时，关注缄默性知识的获得，于隐、显知识的共融互助中，推动学科核心素养的形成，实现"教是为了不需要教"的教学目的，为学生终身学习、全面发展奠基。

这一基于数学教学革新的课型逐渐成为该校的主力课型，有力地推动了该校教学质量的提升，并以李吉广东省名校长工作室为基地形成区域性影响，推动了区域教改进程。这一成果在 2018 年被评为"广东省第九届教育教学成果奖一等奖"、2019 年被评为"全国中小学课堂改革年度十大样本"。

2. 善美文化综合实践课程：重塑校本课程生态

该校在积极开展学科类拓展课程，丰富学生个性选择的同时，开设基于"善美"核心理念的"善美文化综合实践课程"，重塑校本课程生态。该课程由"寻找家乡的故事"和"寻找他乡的故事"两部分组成，打破学科界限，将语文、历史、地理、科学等多学科知识融为一体，以项目为载体，配以丰富多彩的综合性实践活动，如"重走文化名人营救路""走进英国博物馆"等活动。前者利用本土资源——位于民治的"文化名人营救"展览馆开展参观、穿越大帽山、重走营救路等活动，让学生深度了解家乡革命历史。后者带领学生走进英国博物馆，通过寻找遗失在英国博物馆的中国文物，采访生活在英国的华人华侨，了解历史变迁，感受祖国变化。目前，该校已开发出"寻找家乡的故事"系列课程"民间美术"、"寻找他乡的故事"系列课程"环球之旅"。

该课程的深入开展，一方面深化了该校对综合性实践课程的研究与探索，为该校建立以实践为中心的课程结构提供了可资借鉴的研究与实践样板；另一方面推动了学习方式的变革，变被动学习为主动学习，变接受式学习为探究式学习，变做题式学习为实践式学习。该课程为核心素养尤其是"科学精神""学会学习""实践创新"素养的形成提供了学习方式的保障，也潜移默化地推动了"人文底蕴""健康生活""责任担当"等素养的形成。

第三节　规划与未来

未来是清晰的，它必定到来。

未来也是混沌的，充满了不确定性。

规划则是试图以梦想驯服这一定到来而又充满不确性的未来的路线图。

对于已经到来的"十四五"，龙华区课程改革与建设不仅承担着推动龙华教育高质量发展的重要任务，也担负着打造广东省未来课程建设、全国基础教育课程改革龙华样本的光荣使命。

未来五年，龙华区课程改革与建设任重而道远。龙华区"十四五"教育发展规划明确提出"推进教育改革，打造区域教育特色与品牌"的发展目标。创建广东省基础教育课程改革先行示范区、全国基础教育课程改革实验区是这一发展目标的重要子目标。同时设定"推进课程改革，打造素养课堂"的发展任务。

顶层设计完成后，做什么和怎么做便成为作为业务部门的龙华区教育科学研究院的重要课题。经全面研究，在追踪全国课程改革与建设前沿趋势，结合龙华实际的基础上，龙华区教育科学研究院"十四五"规划对此做出了"一个总目标""三个分目标""五项发展任务"的整体安排。[①]

一、目标安排，引领课改全局

龙华区教科院"十四五"发展规划明确提出"全面推进深圳龙华区的基础教育高质量创新发展，打造'面向未来、国际前沿、中国智慧、全国示范'的课程改革龙华实践样本，成为新时代育新人的引领者"的总体目标。总体目标下设"打造广东基础教育课程改革的龙华样本""形成行之有效的广东方案""建立面向粤港澳大湾区的未来课程服务中心"等三个子目标，以此承接龙华区"十四五"教育发展规划中提出的"创建广东省基础教育课程改革先

---

① 以下内容摘引自《龙华区教育科学研究院"十四五"教育发展规划》《"龙华云校"课程建设方案》。

行示范区、全国基础教育课程改革实验区"目标安排。

"面向未来、国际前沿、中国智慧、全国示范"这四个对"课程改革龙华实践样本"的定语，清晰界定了龙华未来五年课程建设的总体要求，显示了龙华课程改革与建设的雄心，为全区未来五年课程改革与建设提供了明确的方向性引领。

二、任务设定，锚定样本打造

唯实惟先、善做善成。

既具先锋意识，又能脚踏实地，如此方能使规划蓝图成为美好现实。目标排定后的任务设定，考查的不仅仅是决策者的勇气，更是决策者的智慧——目标只有分解为具体可操作的工作任务，才能落地，才能获得成长的养分。

在明确了未来五年课程改革与建设目标后，龙华区教科院"十四五"发展规划设定了五项发展任务：

——完善课程结构，构建一体化的未来课程体系

——优化课程计划，探索"基本式+变式"的改革路径

——创新课程实施方式，推行综合化教学模式

——强化课程评价，建立面向学习持续改进的课程迭代机制

——建设课程研究与创新孵化平台，打造课程改革标杆

其中，课程结构的完善值得关注。规划明确提出，以"培养能力、拓展素养、促进创造"为重点，分批分类开发体系化的学科素养拓展课程、主题化的跨学科特色课程、系列化的超学科"强基"课程，形成学科课程与综合课程并重的课程形态。

这一课程结构体系，由学科素养拓展课程、跨学科特色课程、超学科"强基"课程三种课程形态组成，提出"体系化""主题化""系列化"的建设目标。为使这一课程结构体系建设落到实处，规划提出了"强化两个统筹、落实两个赋权"建设原则，即强化"改革总目标全局统筹、改革总方案区域统筹"的总体安排，落实"赋权学校特色化开展综合课程，赋权学生个性化选择综合课程"的路径设计。就区域层面而言，将依托教育智能体建设，依托"龙华云校"整体推进。就此，"龙华云校"课程建设方案就三大课程群建设做出了详细安排。

开发学科素养拓展课程群。以落实学科核心素养培养为目标（如语文学科的语言建构与运用、思维发展与提升、审美鉴赏与创造、文化传承与理解），指向一体化培养目标，深入分析小学到高中不同学段的学科素养目标和德育目标，对学科课程内容进行"主题+"综合化设计和开发，如汉字德育等，采用主题探究、研究项目等方式，按照每学期每科开展1个主题探究或研究项目的标准，开发线上线下融合的主题课程群、项目群。

开发跨学科特色课程群。以培养学生兴趣特长、满足个性化需求、促进全面发展为目标，以提高学生认知能力、合作能力、创新能力和职业能力等四大关键能力为重点，跨学科特色课程群指向学前到高中一体化培养目标。学前阶段以五大领域为基础，小学阶段以科学、信息技术、综合实践、美术、音乐、劳动教育等学科为重点，中学阶段围绕科学、艺术、人文、数理、技术等领域，基于 U-STEAM（泛 STEAM）理念，面向真实生活世界的问题解决和实践，开发线上线下融合的生活实践类特色课程群和项目群，支持学校特色发展。

开发超学科"强基"课程群。面向国家"强基"计划，以培养有志于服务国家重大战略需求且综合素质优秀或基础学科拔尖的学生为目标，瞄准前沿性、战略性、创新性领域，基于校企合作、校校合作、院校合作等多样化模式，采用项目式学习模式，合作开发一批超学科"强基"课程。

为使这三大课程群建设获得学生的有力支持，"龙华云校"实施方案还安排了两项"支架性"课程建设：一是学法指导课程，着力开发以学法指导为中心的"微课导学+练习自评"的线上课程；二是自主学习精练课程，着力开发与国家学科课程同步的"重点精讲课+难点评析微课+线上测评题库"的课程。

课程实施方式的变革，同样值得关注，它是龙华区教科院"十四五"发展规划课程改革工作的亮点之一。规划提出，要"强化学习方式变革，探索素养导向、能力为重的学习范式，建立学生发展为本的新型教学关系，提高育人质量"。以"综合化""实践化"推进课程实施范式变革，推进学习范式转型。

开展综合化教学研究和实践。学科课程采用"主题+"小综合教学模式，强化知识主题整合，开发基于单元、大概念的主题整合模式、任务群教学模式。小学阶段科学、信息技术、综合实践、美术、音乐等学科采用"学科+"大综合教学模式，对课程进行主题式、项目化设计，探索跨学科、超学科学习方式。

推进学习范式转型。构建"互联网+"教学新范式与模式及教学评价体系，探索基于学习分析的差异化教学、基于数据的个性化学习、基于资源的探索式学习、基于场景感知的体验式学习、基于协作共同体的知识建构学习、基于项目的创造性学习等新型学习方式，推动学习方式从标准化向个性化、从离身向具身、从知识消费向知识创造的范式转型。

从以上课程实施方式改革任务的安排可以看出，未来五年，龙华区课程建设将继续以培养核心素养为导向，在着力打造"对话"课堂、"实践"课堂、"综合"课堂的同时，依托教育智能体建设，推进个性化、具身化、创造性为特征的学习范式的转型，建立起真正利于学生深度学习、素养形成及终身发展的学习体系。

中共中央、国务院《关于教育评价改革总体方案》的颁布，将教育评价提到了空前高度，正如习近平总书记所言，评价是教育的指挥棒，有怎样的教育评价就有怎样的教育。"十三五"期间，龙华区教科院就未雨绸缪，下好了先手棋，成立了质监部，开展了基于大数据的教育质量监测与评价工作。"十四五"期间，龙华区将继续强化课程评价，建立面向学习持续改进的课程迭代机制。一是构建"五育"课程质量模型，完善"五育"联动的课程质量综合评估制度，建立以发展学生素养为导向、"五育"全面发展的科学评价体系。二是建立"智能+"发展性评价体系。面向育人目标、课程、教学、评价到治理的全生态链，利用互联网、人工智能和大数据，构建"无感式""伴随式"课程与质量监测体系，绘制学生、学校、区域"五育"课程图谱，引入第三方评估，开展面向教学和学习持续改进的发展性评价和过程性监测，建立持续改进的课程迭代机制。

为支持全区各学校有效开展课程改革与建设工作，实现"打造课程改革龙华实践样本，成为新时代育新人的引领者"的目标，未来五年，龙华区还将着力建设好课程研究与创新孵化平台。一是建设好"广东省基础教育未来课程改革先行示范区"，二是打造好"全国基础教育课程改革实验区"，三是孵化好"龙华未来学院"，四是落实好"博士后创新实践基地"，为龙华区课程改革工作提供平台、人才和智力支持。

　　未来五年，是龙华教育成长的关键期，是龙华教育能否挤进先进行列，成为先行示范的战略发展期。作为教育内涵发展、高质量发展的重中之重，课程改革与发展必定要浓墨重彩，全力推进。蓝图已定，落实将成为关键。敢打硬仗、善打、能打胜仗的龙华教育人一定不负重托，把课程改革好、建设好，使之成为广东省乃至全国课程建设的样本与标杆。

结束语

　　积极课程与教学，作为积极教育的中心与重点，承继积极教育的全部基因，以学生核心素养的培养为目标导向，以主体间对话重塑师生教学交往模式，以学生主体性实践活动重构课程实践路径，注重优势匹配，注重生态和谐，以此推动深度学习，实现个性成长。龙华区课程改革与建设工作将以这一积极课程与教学理念为引领，继续阔步前行。

第四章　重构，积极教师的养正之途[①]

作为教师队伍建设的重要一环，教师培训是教师队伍专业成长的发动机、孵化器，意义重大。但在日常培训工作中，却常常出现教师参与热情不高、实际培训效果不佳的尴尬局面。原因何在？如何破解？

2017年1月，龙华区提出"以积极的人培养更积极的人"，以积极教育为引领，积极应对，主动变革，全面重构教师培训体系，走出了一条"主体唤醒，研训双修，幸福成长"的积极教师培训之路。

第一节　主体重构

主体性是积极心理学、积极教育的前提性假设。积极心理学认为：（人的）自主需要得到满足后，内在动机才有可能出现。而与在外在动机驱动下做事情的人相比，在内在动机驱动下做事情的人对所做的事情表现出更高的兴趣，更加兴奋和更有信心。[②]

传统教师培训之所以会出现教师参与热情不高的现象，一个主要原因就在于主体错位与失明：培训部门往往有意或无意地把教师当成了培训对象。在培训中，教师处于"被培训"状态。在这一主体错位与失明的状态下，许多时候教师不是在"我需要"这一内在动机的激励下参与培训，而是在完成培训任务、获得继续教育学时等外在动机的牵引下参与培训，培训热情自然不高。

[①] 本章选编自王建军，祝铨云. 以积极教育思维重构教师培训体系［N］. 中国教师报，2020-9-23（15）.

[②] ［爱尔兰］Alan Carr. 有关幸福和人类优势的科学：积极心理学［M］. 丁丹，等译. 北京：中国轻工业出版社，2018：136.

正是深刻认识到了这一前提性的"主体失明",龙华区在教师培训体系重构过程中,首先重构培训主体,突出教师在培训中的主体地位。在《新教师成长三年培训实施方案》中就明确把"教师"同"学校""区教科院"一道列为培训主体,要求教师"主动开展自主研修""积极参与科组、学校、区教科院安排的各项培训、竞赛与展示活动"。

除此以外,通过组建多种研训共同体,使教师从单一的受训人,转变为培训人,在多重互训中,成为研训主体。

一、组建名师工作室

名师本身既是区级名师工程的受训对象,同时又是区级名师工作室的主持人、培训人。通过主持本工作室的各类研究活动,名师充分发挥辐射作用、示范作用、带动作用。

二、组建区级学科教研中心组

这一中心组以区各科教研员为中心,通过组织同读一本书、同研一节课等活动,以轮流担任论坛主持人、主题发言人的方式,使组内成员都有机会成为培训人,从而激发了组员主动研训、积极互动的参训热情。

三、组建学校教科研共同体

这一教科研共同体除学科教研组外,还包括各类书友会、课题组。它们以轮流执教、轮流主讲、学术民主为基本原则展开活动,使每个人都有机会主持研训活动,成为培训者。

而对"自我反思"的重视,进一步拓展了、明确了教师培训、成长、发展的主体地位。一课一反思,一训一总结。在龙华区,每一期培训的参训者都要提交参训反思、小结、报告,以此审视自己在培训中的所思、所得,推动培训内化,推动主体性力量的建构。正如哈贝马斯所说:"自我反思能把主体从依附于对象化的力量中解放出来。"① 培训反思推动了教师内在力量的成长。

在龙华区,培训的主流不是被训,而是互训。互为主体、自我反思成为常

---

① [德]哈贝马斯.认识与兴趣[M].郭官义,李黎,译.上海:学林出版社,1990:201.

态，培训成了教师自己的事，分内的事。在这一过程中，教师所获得的不仅仅有参与感，还有成就感、幸福感。

第二节　路径重构

传统教师培训往往以统讲统训的方式进行，存在着目标模糊、方式单一等诸多不足。久而久之，这一"路径失调"导致教师形成审美疲劳、受训疲劳，"挨""熬"，成为教师参训的主要精神状态。

积极教育强调从个体的优势出发，引导参与者的积极体验，并最终增加师生的获得感。教师培训同样如此，除普惠性、普适性培训外，培训获得感的增加更多来自具有较强针对性的个性化培训。为此，龙华区从分类施策、分层培训入手，设置清晰的培训目标，采取多样的培训方式，重构培训路径。

一、适当的分化指引

适合的才是最好的。积极心理学 VIA 性格优势理论强调学习内容、方式与性格优势的匹配。在教师培训中，"给教师最想要的培训"是提高培训有效性的关键要素。为此，龙华区优化顶层设计，推行分类施策、分层培训策略，谋求培训效益的最大化。

分类施策是指针对教师不同的性格优势，不同的成长倾向，搭建不同的成长路径。其中，未来教育家工程以提升管理能力为主，以学校管理人员为培训对象。名师工程则以教师专业成长为主，以具备名师潜质的教师为主要培训对象。

分层培训是对不同成长期的教师进行针对性培训。从教师专业发展进程（表 4.1）可以看出，不同时期的教师有不同的发展目标与特征，因此，仅仅提供普适性的统一培训是远远无法满足教师成长需要的，分层培训是教师培训的必经之途。正因如此，龙华区在建构"管理""专业"两类培训体系时，都引入了分层策略。未来教育家工程分设航标工程、铸将工程、撷英工程，分别针对校级领导、学校中层、后备干部三个层次。专业培训分设：青训工程，针对入职三年内的新教师开展培训；名师工程，针对胜任阶段内具有名师潜质的教师开展培训。同时设置教坛新秀、骨干教师、学科带头人、区级名师阶梯式成长路径，引领教师专业成长之路。

表 4.1　教师专业发展进程①

阶段	时期	生涯年期	主要发展特性与目标
职前师资培育阶段	探索期	大一以前	探索教师的工作特性，并试探是否符合自己的性向
	奠基期	大二至大四	奠立成为教师所需的基本专业知能与基本学科知能
初任教师导入阶段	适应期	任教第一年	求适应、求生存
	发奋期	任教二至四年	发奋图强、大量学习，以便尽快成为一个胜任教师
胜任教师精进阶段	创新期	任教五至九年	不断自我创新、自我检讨
	统整期	任教十年以上	统整与建构，逐渐迈向专业圆熟的境界

二、清晰的目标导向

克里斯托弗·彼得森在论述"好学校"时指出：学校只有提供一个明确的目标才能使学生接纳它。② 好的培训同样如此，它要能给参训者清晰的目标导向，才能较好地激发他们的主动性、积极性。正是基于这一理念，龙华区各项培训工程都设置了清晰的成长目标。有的通过命名就将目标与期待明确表达出来，如"未来教育家工程"就旨在引领参训者朝着成为教育家的宏伟目标稳步迈进；名师工程目标同样清晰，即成为名师；青训工程明确提出，以促进新教师专业发展"一年适应、两年成熟、三年发展"为目标。目标的确立，不仅为培训课程的设置提供了价值引领，也为参训者本身创设了看得见的目标激励。

三、多样的组织方式

单一的组织方式带来培训的沉闷感，而多样化的组织方式则在给培训参与

---

① 叶澜，白益民，王枬. 教师角色与教师发展新探 [M]. 北京：教育科学出版社，2001：211.

② ［美］克里斯托弗·彼得森. 打开积极心理学之门 [M]. 侯玉波，王非，译. 北京：机械工业出版社，2018：289.

人新鲜感的同时，拓展了培训空间，丰富了培训体验。以新教师培训为例，它包括自主研修、课题研究、线上研修、师徒结对、跟岗学习、科组活动、专家讲座、主题教研、磨课赛课等不同形式，打破了单一的讲座式培训模式，做到"听、磨、赛、评、结"相结合，让教师享受浸润式、体验式的培训。名师培训组织教师到名校游学，让参训者以一种沉浸式的考察，深入到细节当中，使学习更为鲜活、贴实。

而变化最大的是以校级领导为对象的航标工程。原有校长培训大多是"讲座+考察"，往往是"听得怦然心动，回校按兵不动"。究其原因就在于这些讲座不接地气，过大过泛，缺乏针对性。为此，航标工程设置了学校专项诊断、专家入校指导等环节，将培训建立在实实在在的校情、教情、生情之上，切切实实提高了培训的针对性、实效性，深受参训人员的欢迎。

第三节　内容重构

培训内容是教师培训的主要凭借。[①] 培训主体的错位、失明，带来的是培训内容的错配与失焦。专家所讲非教师所需要，二者的脱节直接影响了教师的参训热情和培训效果。而要解决这一问题，必须重塑培训主体，从教师个体性需要出发，重构培训内容。

在近年的培训中，龙华区从教师需要和兴趣入手，丰富培训内容，扩大课程供给，满足培训的个性化需要。

一、菜单式培训，丰富教师选择

龙华区继续教育线上培训，不仅实现了各学科培训课程的全覆盖，而且使同一学科也具有较大的选择空间，为不同发展阶段的教师实现按需选课提供了资源支持。以高中英语教学为例，2019—2020学年第二学期就开设有词汇教学、听说教学、单元教学设计、高考专题复习等专题培训。

---

① 史利平. 解放兴趣：新时代教师培训的价值取向 [J]. 天津市教科院学报，2019（10）：45.

二、及时更新，聚焦教学热点

在本学期线上教学期间，龙华区教科院就及时开发了线上教学系列培训课程，满足教师需要。返校复课后，为巩固前期线上教学成果，又推出了"线上+线下"复合式教学方式的培训。

三、关注成长期，满足特殊需要

新教师培训，安排了新教师急需的职业感悟与师德修养、课堂经历与教学实践、班级工作与育德体验、教学研究与专业发展共四类课程。该培训进行了三年整体规划，根据教师成长需要，逐年安排好各项培训内容（表4.2）。这些培训内容，除了有传统的教学理论与方法、学科教学常规、班主任工作知识与技能外，还有教师的人际沟通、团队建设等实用性课程，以及教师生涯规划、教学风格的形成与发展、教育科研的意识与方法等前瞻性课程，为新教师度过适应期进入胜任阶段后担负更重任务，实现全面成长提供前瞻性支持。

表 4.2　龙华区新教师区级集中培训内容安排表

时段	模块	第一年	第二年	第三年
岗前培训	通识培训	1. 职业感悟与师德修养； 2. 班级工作与育德体验	/	/
	学科培训	1. 学科教学常规； 2. 如何进行教学设计	/	/
岗中培训	通识培训	班级管理、家校共育等	1. 班主任工作知识和技能； 2. 教师的人际沟通； 3. 问题学生的解决策略； 4. 教师生涯规划； 5. 团队建设； 6. 心理健康教育	1. 教学风格的形成及发展； 2. 教育科研的意识和方法； 3. 如何指导新教师成长
	学科培训	学科教学理论与方法	教学技能训练	学科专题教学研讨

第四节　评价重构

评价是一种价值判断活动①，具有导向、激励和推动作用。好的评价系统有利于评价对象形成价值认同，提高动机水平。传统教师培训效果不佳的一个重要原因就是培训评价缺位、失衡，除继续教育学时外，几乎没有"刚性"的系统化的评价机制，无法对教师参训动机起到正向的激励作用。

基于这一认识，龙华区在推进三大培训工程之初，就重视评价机制的建构，以发展性评价理论为指导，积极建构行之有效的教师培训评价体系。

一、注重过程评价

发展性评价是一种过程性评价，注重过程的重要性。名师工程实施方案明确提出，名师实行年度考核制度。将三年验收式考核转变为年度诊断式考核。在考核过程中，不仅注重成果考核，更注意对过程性资料的收集、整理与评估。新教师培训考核同样"化整为零"，通过年度考核而非三年验收，发挥考核的诊断、审视、反思功能。

二、创新评价方式

除教育科研管理部门外，龙华区教育局充分发挥学校、教师两级主体的评价积极性，推动评价主体的多元化。同时创新评价形式，如新教师培训评价，除一般考核外，建立以赛促评制度。教师培训方案明确提出新教师培训评价"以赛促评""见习期新教师全员参赛"，以此提升新教师的参训动机水平。

三、强化结果运用

除继续教育学时外，教师培训评价结果的运用基本处于软散状态。让评价结果"硬"起来，是龙华区教师培训评价的重要特色。在将继续教育学时作为年度考核、岗位晋升、职称评聘先决性条件的同时，在三大培训工程的评价

---

① 樊明亮. 发展性教师评价制度反思［D］. 济南：山东师范大学，2008.

中将考核结果与后期使用紧密联系起来。如名师工程实施方案明确规定将考核结果与下年拨款挂钩，考核优秀的名师工作室主持人，可直接获得下一批次名师工作室的组建资格。

结束语

"积极"（positive）一词具有"正向的""主动的"意思，也有拉丁文 positum 所指的"实际而具有建设性的"意思。① 龙华区积极教育理念下的教师培训工作，正是着眼于"主动的""实际而具有建设性的"培训方向，着力解决传统培训中主体失明、方式失调、内容失焦、评价失衡等现实性问题，通过主体、路径、内容、评价重构，重塑培训体系，推动了教师培训的"供给侧"改革，激发了教师的成长主体性，推动了全区教师的幸福成长和职业成长。

---

① 陈振华. 积极教育论纲［J］. 华东师范大学学报：教育科学版，2009（9）：27.

第五章 激励，积极评价的人性关怀

2020年10月，中共中央国务院印发《深化新时代教育评价改革总体方案》。这是继《关于深化教育教学改革全面提高义务教育质量的意见》后，国家再一次以"中共中央国务院"这一顶格方式发布的关于教育改革的文件。这一方案既全面总结了前期教育评价理论研究与改革实践的成果，又对新时代教育评价改革工作做了全面安排和统筹部署，标志着教育改革进入以评价改革为导向的全新时代。

这两份顶格文件有着同一个关键词，即教育质量。对于基础教育而言，基础教育质量监测是教育评价的重点内容与核心环节。基础教育质量监测体系的建立及实施，对于深化基础教育评价改革而言具有举足轻重的意义。

第一节 基础教育质量监测

从20世纪70年代起，基础教育质量监测就受到世界各国重视。以美国为代表的部分国家首先建立了国家基础教育质量的监测评价系统。随后，芬兰、法国、英国、德国、加拿大、澳大利亚、新西兰、日本以及我国的香港和台湾地区也纷纷建立基础教育质量测评体系。[1] 目前教育质量监测已成为各国提升教育质量的有效手段。

一、什么是教育质量监测

教育质量监测是在大数据背景下，综合教育学、心理学、统计学、社会学

---

[1] 辛涛，李峰，李凌艳. 基础教育质量监测的国际比较 [J]. 北京师范大学学报：社会科学版，2007（6）：5-10.

等多种学科技术而成的一种全新的教育测量评估方式，其价值取向在于，在追求对教育教学过程进行全面解释的同时积极尝试建构更利于学生发展的教育政策环境模型和教学行为优化态势。①

首先，教育质量监测是一项复杂的教育测量评估方式，以教育学、心理学、社会学为理论基础，以统计技术为支撑，对监测对象进行数据收集、处理、分析与评估。

其次，教育质量监测的价值取向不在于记录、描述，而在于全面解释教育教学过程。其中，对在"小数据"时代容易被忽视但有着"低说明性"和"高预测性"特点的相关关系的解释是重点工作之一。研究表明：当这种相关关系逐渐变强时，利用相关关系来解释评价结果和预测学生学习行为的能力也将提高，有利于学校和教师提前采取措施来促进学生的学习或预防可能出现的问题。②

再次，教育质量监测的价值取向不止于解释，还在于积极尝试建构更利于学生发展的教育政策环境模型和教学行为优化态势。这是环境因素（一般包括家庭、学校和区域三个方面）成为其重要内容的主要原因。

最后，教育质量监测是建立在大数据背景下的全新的教育测量评估方式。教育质量监测需要"全面监测学生行为，搜集大量学习行为数据，同时获取教师教学行为数据和学校管理行为数据，并对这些数据进行处理和分析"。③离开大数据时代先进的数据搜集、存储、处理技术和科学的数据算法的支持，这些监测工作是无法有效开展的。

二、我国教育质量监测的开展与目的

2007 年，我国成立教育部基础教育质量监测中心。作为国家义务教育质量监测的实施单位，教育部基础教育质量监测中心研制了义务教育质量监测指标体系，开发了义务教育学生学业质量监测工具，建立了规范的监测流程和标

① 李凌艳. 美国国家基础教育质量监测制度设计及启示 [J]. 比较教育研究, 2016 (5)：43-49.（较原文表述顺序有调整）

② 谢思诗. 大数据时代的学生学业质量评价：问题检视与改进策略 [J]. 教育导刊, 2016 (3)：82-85.

③ 谢思诗. 大数据时代的学生学业质量评价：问题检视与改进策略 [J]. 教育导刊, 2016 (3)：82-85.

准。2007—2014 年，该中心开展了八轮义务教育质量试点监测。2015 年《国家义务教育质量监测方案》（国教督办〔2015〕4 号）从监测目的、学科领域、内容、对象、周期、组织实施等方面对我国义务教育质量监测进行了布局。①

国家义务教育质量监测的目的大体上可归纳为三点：一是客观反映学生学业质量、身心健康及变化情况，全面了解学生的综合发展状况；二是对影响义务教育质量的相关因素进行深入调查分析，科学、客观地评价学生、教师、学校的发展状况，为转变教育管理方式和改进学校教育教学提供参考，推动义务教育质量和学生健康水平不断提升；三是引导社会树立正确的教育质量观，纠正以升学率来评价学校，以考试分数来评价学生的做法。我国义务教育质量监测坚持客观性、规范性、引导性原则，目前监测的学科有语文、数学、科学、体育、艺术和德育，监测对象为四年级、八年级学生，三年为一个周期。方案颁布后，已进行 6 次正式全国义务教育质量监测，涉及全国 31 个省（市）自治区和新疆生产建设兵团 120 余万名四年级、八年级学生，对我国基础教育改革产生了深远影响。

2020 年，我国教育监测与评价统计指标体系发布。该指标体系是对 2015 年版的指标体系的修订和完善。修订后的指标体系分为综合教育程度、国民接受学校教育状况、学校办学条件、教育经费、科学研究共 5 类 120 项，与修订前的指标体系相比，保留原指标中的 36 项，修订整合原指标中的 50 项，新增指标 34 项。修订后的指标体系中，有 18 项为国际组织的常用教育指标，有 18 项借鉴了联合国《2030 年可持续发展议程》教育监测评价指标。该指标体系结合我国教育事业发展情况进行了适当调整。修订后的指标体系更具科学性和针对性，能够更好地监测与评价各级教育事业发展状况。

三、当前教育质量监测的发展趋势

随着我国基础教育改革的深入发展以及 5G、大数据、人工智能等技术手段的不断进步，我国基础教育阶段教育质量监测呈现出鲜明的时代特征。

从重学业成绩到重核心素养，教育质量观、监测重心悄然变化。近年来，

---

① 赵茜，辛涛，刘雨甲. 我国基础教育质量监测与评价的现状与趋势 [J]. 教育研究，2017（9）：154-159.

以学生的全面发展为核心的,从多个维度描述的学生核心素养,成为教育质量的重要定义。① 质量监测重心从关注事业发展的"整体评价模式"转向关注学生发展的"个体评价模式"。

监测内容兼顾学业结果和非学业发展,现代信息技术成为教育质量监测的主要技术形态。"学业结果+非学业发展"成为 TIMSS、PISA、NAEP 等不同类型的教育监测项目的必备内容。独立思考能力、创新能力、问题解决能力、批判性思维能力等高阶能力,以及情感态度和核心素养的测查,都是传统的纸笔测试难以完成的,只有在大数据、网络化、智能化为主要特征的现代信息技术支持下才能得以完成。

增值评价成为主流形态。以学生核心素养为主体,以促进学生全面发展为目的价值导向,决定了增值评价是教育质量监测的主流形态。这一评价形态日益为区域教育质量监测所采取,成为促进区域教育质量提升的重要手段。

第二节　龙华的先行先试

全国义务教育质量监测的深入开展,带动了区域教育质量监测的启动与实施。目前,全国31个省市区均建立了省级教育质量监控部门,部分市县区也建立了相应部门。这些教育质量监控部门或配合全国义务教育质量监测工作,或相对独立地开展具有区域特色的教育质量监测。

2017年,龙华区教育科学研究院教育质量监控研究部成立,以教育质量监测助推教育评价改革,从而推动积极教育在龙华的深入开展,提升区域教育内涵发展水平,实现高质量发展。

一、明确监测定位,积极评价助推积极发展②

凡事预则立,不预则废。

2019年3月,龙华区教育科学研究院在全面总结前期理论研究、尝试性

---

① 赵茜,辛涛,刘雨甲. 我国基础教育质量监测与评价的现状与趋势 [J]. 教育研究,2017(9):154-159.
② 以下内容选编于《深圳市龙华区区域义务教育质量监测三年发展规划(2019—2021)》。

监测实践的基础上，经龙华区教育局批准推出了《深圳市龙华区区域义务教育质量监测三年发展规划（2019—2021）》，以此统领龙华教育质量监测第一周期的各项工作。

规划全面分析了工作背景，明确了教育质量监测的意义、目标，制定了三年行动方案。在对工作意义的阐述中，提出了教育质量监测是龙华区教育发展的"指挥棒""体检仪""档案袋""助推器"的功能定位。

义务教育质量监测是区域教育发展的"指挥棒"。对学生德智体美劳等全面发展状况进行监测，有利于扭转以升学率来评价学校、以考试分数来评价学生的做法，在教育"培养什么人"和"如何培养人"等方面发挥积极的导向作用。

义务教育质量监测是区域教育发展的"体检仪"。收集学生发展及其影响因素的客观数据，能对教育质量发展状况进行全面"体检"，为诊断问题、分析原因、调整政策提供科学依据，从而推动教育质量的不断提升。

义务教育质量监测是区域教育发展的"档案袋"。建立区域义务教育质量监测与评估平台，逐步形成区域教育质量大数据库，通过立体网络的评价体系，发布具体到每一所学校、每一位教师和学生的个性化监测报告，跟踪区域教育质量变化和师生成长情况。

义务教育质量监测是区域教育发展的"助推器"。义务教育质量监测可切实扭转不科学的教育评价导向，引导全社会树立正确的人才观和质量观，同时也是促进政府职能改变、提高管理效能、推动教育督导问责的重要抓手。

着眼于积极教育在龙华区的全面落实，区域教育内涵发展、高质量发展，规划明确提出了，在逐步完善组织框架、指标体系、运行机制、监测平台的基础上，通过深度质量监测，实现"为龙华区教育行政部门及学校适时调整和制定更有针对性的教育行政决策和管理措施提供科学依据""为教师进行教育教学改革提供方向，为学生全面发展提供支持""改变行政部门、学校的教育观、质量观，改进学校的教育教学状况，提高全区教育质量水平"等工作目标。

二、制定指标体系，积极指标引领评价方向①

指标体系是教育质量监测工作的核心环节，规定着监测的内容及评价导向。规划根据教育部以及龙华区相关政策文件精神，制定了龙华区教育质量深度监测《学生成长指标体系》（表 5.1）、《教师发展、学校管理、家庭监测指标体系》、《学生增值评价指标体系》和《初中学生国际测评指标体系》，为龙华区全面开展教育质量深度监测、增值评价，参与国际测评建立了完整的指标体系。其中，深度监测《学生成长指标体系》是底座与基石。

表 5.1　学生成长指标体系

一级指标	二级指标	三级指标
学会学习	乐学善学	1. 学业负担；2. 学习态度；3. 学习兴趣；4. 学习习惯；5. 学习策略；6. 自主学习；7. 学习动机；8. 学习适应
	勤于反思	1. 反思意识；2. 反思习惯；3. 反思方法
	信息素养	1. 信息意识；2. 信息思维；3. 信息能力
健康生活	珍爱生命	1. 生命观；2. 体育锻炼；3. 运动方法与技能；4. 健康生活方式
	健全人格	1. 自信心；2. 自制力；3. 意志力；4. 抗挫折能力
	自我管理	1. 学习管理；2. 生活管理；3. 时间管理；4. 情绪管理
人文底蕴	人文情怀	1. 尊重他人；2. 关心他人；3. 人际关系
	审美情趣	1. 审美知识与技能；2. 感受美与鉴赏美的能力；3. 表现美与创造美的能力；4. 审美兴趣
科学精神	批判质疑	1. 逻辑思维能力；2. 批判思维；3. 独立判断能力
	勇于探究	1. 求知欲；2. 好奇心；3. 想象力；4. 探究能力
责任担当	社会责任感	1. 自己与他人责任感；2. 他人与集体责任感；3. 家庭责任感；4. 国家和社会责任感；5. 环境和自然责任感
	全球素养	1. 跨文化交流的意识；2. 学习其他文化的兴趣；3. 尊重其他文化背景的人

---

① 选编于《深圳市龙华区区域义务教育质量监测三年发展规划（2019—2021）》。

续表

一级指标	二级指标	三级指标
实践创新	劳动意识	1. 劳动态度；2. 劳动习惯；3. 劳动效率
	问题解决	1. 发现问题；2. 提出问题；3. 解决方案
	创新意识	1. 创新动机；2. 创新思维；3. 创新能力

这一指标体系基于中国学生发展核心素养制定。一级指标为六大素养；二级指标在 18 个要点的基础上做了适当调整，设 15 个要点；三级指标是对二级指标的进一步细分，为监测工具的编制提供了要素指引。

这一学生成长指标体系的提出，打破了传统学校教学质量监测唯知识、唯分数的弊端。学生发展全要素体系的建立为学校教育、课程改革提供了方向引领，也为教师课堂变革提供了清晰的观察点、着力点，使基于课堂的微改革有迹可循、有路可走。

增值评价是国际教育质量监测的重要趋势之一。龙华区敏锐地抓住这一国际教育监测热点，开设了增值监测，设立了学生增值评价指标体系（表 5.2）。

表 5.2　学生增值评价指标体系

一级指标	二级指标	三级指标
学生成绩	—	—
学生家庭背景	基本信息	1. 性别
	家庭经济地位	1. 父母职业；2. 父母学历；3. 家庭拥有物
	家庭教育	1. 父母教养方式；2. 亲子沟通
学生个性特征	学习动力	1. 学习兴趣；2. 成就动机；3. 学习习惯
	情绪及行为调控能力	1. 自信心；2. 意志力；3. 考试焦虑；4. 抑郁倾向
班级	班级氛围	1. 班风；2. 学习氛围
学校	基本信息	1. 学校规模；2. 学校地域；3. 平均社会经济地位

除一般的学生成绩外，这一指标体系设立了学生个性特征以及环境影响因素指标，为对影响学生增值性成长的相关要素分析提供了数据支持，使学业增值监测跳出固有的狭窄视域，为寻求更科学、更合理的改进策略提供数据支持

和路径指引。为使这一评价落到实处，规划还建立了基于 HLM7.0 软件环境的以协变量校正模型为基础的增值评价模型。

三、推动监测落地，积极行动撬动学校变革①

行动彰显力量。

2017 年，龙华区教育科学研究院质量监控研究部成立以来，积极行动，在不断完善组织框架、指标体系、运行机制、监测平台的基础上，全面实施义务教育质量监测，初步构建了学业监测、体质监测、成长档案、深度监测、专题监测、增值评价等六位一体的教育质量测评体系，确立了数据驱动支撑区域教育决策，协同创新推动学校教育教学发展的原则，初步形成了"数据采集—数据分析—数据反馈—反思改进—跟踪督导"的工作流程。（图 5.1）

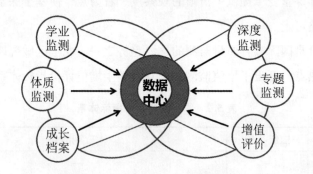

图 5.1　龙华区教育质量测评体系

2019 年 7 月 15 日，龙华区教科院与重庆市教育评估院签订战略合作协议。双方以打造智能化教育评价前沿产品为重点，在技术开发、技术咨询、技术服务三个层面展开全面战略合作。合作提高了龙华区教育质量监测水平，推动了龙华区教育质量监测工作深入开展。

近年来，在做好体质健康监测、奖教奖学统计等基础性工作的同时，龙华区启动、实施了多项质量监测项目，成效显著，成为全国县、区域教育质量监测标杆。

———————

① 来自龙华区教育科学研究院质量监控研究部历年年度工作总结。

1. 全面组织学业质量监测，把脉学科教学质量

这是一场始于考试，却不止于考试的大规模教育质量监测。以覆盖小学四年级至高中二年级共计 8 个年级的期末教学质量监测为基础，大量采集学业数据，通过深度数据挖掘与科学分析，形成学生、学校、区域学期教学质量诊断报告。

2019 年至 2020 年，全区共组织了 6 次大规模的学业质量监测，分别是 4 次全区中小学期末考试和 2 次九年级中考模拟考试，涉及 8 个年级近 40 万人次，扫描答卷近 170 万份，生成个性化学业诊断报告逾 40 万份，为 40 多所学校做了专题分析报告和民办学校提质工程分析报告。

同时采用聚合交叉模式，在对不同年级进行横断施测的基础上，进行跨年度跨学段纵向追踪研究，掌握学校整体及学生个体学业质量变动情况，把握发展趋势，引领学科教学改革，为区域教育决策和教学管理措施改进提供了强大的数据依据。

龙华区学业质量监测的不断深入，正推动着考试形态的转变，推动着区域教育评价的整体转型。

为确保学业质量监测顺利进行，龙华区已建立了完善的中小学学业质量监测与评估平台。这一平台基于"云"端服务的架构模式，利用. NET 和云计算技术，采用 WEB 访问的方式，内部数据自动共享和无缝对接，确保了学业质量监测活动科学化、常态化和全面化。

2. 率先启动国际视野下区域义务教育质量深度监测项目，引领全面发展

区域义务教育质量深度监测是龙华区为推动教育转型，建立以核心素养为主体，以学生全面发展为目标的课程形态而开展的教育质量监测旗舰项目。以四年级、八年级学生为监测对象，分年段、分项目以三年为一个周期对学生成长情况进行深度监测。

监测内容分学生发展情况、影响因素两大方面。其中学生发展情况涉及品德素养、劳动素养、学习发展、学习负担、身体发展、心理发展和社会性发展共 7 个方面，影响因素含教师因素、家庭因素和学校领导力共 3 个方面。

2019 年首次开展全区性义务教育质量深度监测。为确保各项工作顺利进行，区教科院质量监控研究部编制了《龙华区义务教育质量深度监测实施办

法》和《龙华区义务教育质量深度监测系统操作手册》，对监测人员进行了深度培训。同年 12 月，首次深度监测工作顺利进行，全区 39 所初中、62 所小学的四年级、八年级全体师生及家长参加了本次监测，共发放学生问卷 6.3 万份、教师问卷 2300 份、家长问卷 11 万份。经数据清理、统计分析和可视化处理后，形成监测报告。值得一提的是，这一监测不仅使用深度监测数据，还与年度学业质量监测四年级、八年级数据进行匹配，具有立体化、全方位监测效果。

2020 年 11 月，龙华区首份深度监测报告发布，在龙华区教育系统引发巨大冲击。翔实的数据，深度的解读，前沿的引领，使与会的全区公办民办校长第一次对全区教育质量有了全面而系统的了解，对以核心素养为主体、以全面发展为目标的新的教育质量观有了一次全面而深刻的理解。监测报告的发布震撼了人心，引发了思考，为全区教育评价改革、学校教育变革提供了方向引领。

3. 试点增值评价，协助学校发展

这一评价是与学业质量监测和深度监测同步进行的，利用 HLM7.0 软件，运用以协变量校正模型为基础的增值评价模型对学业质量监测数据、深度监测数据进行增值性比对、分析。根据增值评价模型，获得学生的预测成绩，用学生的实际成绩减去预测成绩，即学生的增值情况。所有学生的增值情况均值，即为学校效能。利用这一技术，可实现对各学校"净"效应的客观评价。在对学校进行有效监督的同时为其改进教育教学提供精准指导。

2020 年 12 月，首次增值性评价以全区 67 所小学、42 所中学为对象试点进行。目前，已进入数据统计分析与报告撰写阶段。

4. 稳步推进国家义务教育质量监测，丰富教育数据资源

2017 年，龙华区首次以行政区身份加入国家义务教育质量监测项目，至今已参加了 4 次，完整参加了一个周期的国家义务教育质量监测。

共有 80 所样本学校共计 2300 余名样本学生参加了语文、数学、科学、体育、艺术和德育共计 6 个科次的监测，为全区教育质量监测积累了丰富的数据资源。目前有国家义务教育质量监测小学四年级、八年级 6 个学科的报告，各年度四年级、八年级区域深度监测报告，参与深度监测的学校质量分析报告、

班级报告和学生个人报告。

5. 积极参加国际 PISA for Schools 监测，深化国际合作

PISA for Schools 采用了与 PISA 相同的评价框架，通过锚题链接及似真值等值技术，能够将测评结果与 PISA 结果进行国际比较。2020 年 12 月，龙华区 18 所公办初中学校 2052 名学生参加了为期 1 天的 PISA for Schools 试点测试。目前，已完成各项数据采集和清理工作，进入报告撰写阶段。

强化国际合作，通过国际比较明确龙华教育的发展水平、定位、趋势，是龙华教育发展的既定策略。"十四五"期间，龙华区将全区定期参加国际 PISA for Schools 监测，形成一批具有一定影响力的监测成果，适时将项目成果辐射到粤港澳大湾区的其他区域。

6. 适时组织专项监测，支持专项决策

专项监测是基于临时性工作任务或专项研究、决策需要而开展的单项教育质量监测项目。

2020 年新冠肺炎疫情期间，区教科院质量监控研究部配合重庆市教育评估院和第三方专家团队，在全区范围内开展了大规模的在线学习和教学效果追踪调查，共采集学生、教师和家长样本近 16 万份。通过对数据进行深度挖掘与科学分析，生成了监测评估视野下的在线学习及教学效果追踪调查报告，为了解疫情期间在线教学实际效果、返校上课后线上线下教学衔接和混合式学习研究提供了科学依据。报告被龙华区委（政府）办公室采用，入选《龙华调研》，并送交省、市、区相关部门作为资政参考。

四、谋划未来发展，积极前行探索监测前沿①

以教育质量监测推动教育评价数据化、科学化、个性化是未来教育评价改革的大势所趋。未来五年，龙华区将继续推动区域义务教育质量监测稳步前行，探索监测前沿，为龙华教育基本实现打造大湾区教育高地的规划目标提供数据支持。

1. 建立区域教育质量大数据库

优化区域教育质量监测平台。完善教育质量大数据库建设，全面科学诊断

---

① 选编自《深圳市龙华区"十四五"教育发展规划》。

区域教育质量现状；发布参与监测的学校、教师和学生个性化的监测报告，为教师进行教育教学改进提供方向，为学生全面发展提供支持。

2. 推进区域义务教育质量深度监测

科学设计深度监测评估指标体系。构建以发展素质教育为导向的综合评价体系，形成多主体参与、多维度诊断、多方式评价、公开反馈的教育质量监测与评价机制；成立区域监测结果应用中心组和工作组，以项目研究的方式推进深度监测结果的应用。

3. 试行增值评价

探索建立"看起点、比进步、评绩效、论质量"的增值性教学绩效评价体系。采集学生多年的学业数据，建立学生学业发展数据库；构建区域增值评价模型，对学校教学绩效进行客观、量化、精准评价。

4. 探索学生发展全息智能评价

建立学生发展全息智能化评价的理论框架。探索面向 2035 年的招生考试改革新模式、新体系；推进智慧教育、教育治理和质量监测的有效融合，实现质量监测信息化、质量管理数据化和教育治理现代化。

5. 开展基于 PISA 的国际比较研究

引进和开展 PISA for Schools 项目。在国际化视野下对初中学生的学业质量进行科学测评，将测评结果进行国际比较，以了解龙华区初中学校在国际环境中的位置；了解国内外先进国家（地区）一流学校在教育教学改革方面的经验，为学校提升教育教学质量、改进教育教学状况提供参考。

第三节　引领成长
——龙华教育质量监测成果应用案例两则

不同于传统教学质量监测，教育质量监测以发现问题、诊断问题、解决问题，最终引发变革，促进发展为目标。因此，应用是教育质量监测的有机组成部分。目前，龙华区教育质量监测主要以报告发布、入校指导等方式进行。同时各校充分利用学生个体报告，对学生发展进行针对性指导。同时，区教科院质量监控研究部发布学生发展指导性文章。

一、家庭教育指导，原来可以如此"科学"[①]

家庭因素分析是教育质量监测的重要内容。2020 年 12 月，区教科院通过网络平台连续发布三篇基于教育质量监测大数据分析的家庭教育指导文章，分别是：《父母"一个唱红脸一个唱白脸"的教育方式真的好吗?》《数据告诉你，为什么不做"虎妈狼爸"》《父母的行为方式，隐藏着孩子学业成功的密码》。在此，以第三篇为例，展示其应用成果。

在介绍了 2019 年教育质量监测的基本情况后，文章以基本翔实的数据分析，全面阐述了父母行为方式给孩子学习带来的影响。

1. 父母教养方式越民主，越有利于孩子的发展

监测数据显示，父母教养方式为民主型的孩子心理发展（自信心、好奇心、创造性、意志力和自制力）、学习习惯及拖延行为表现均为最佳；父母教养方式为溺爱型的孩子心理发展、学习习惯和拖延行为表现均为最差。（图 5.2、图 5.3）

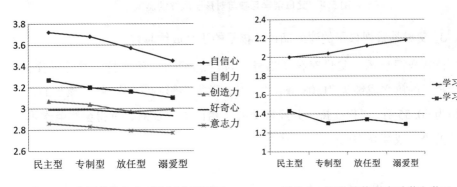

图 5.2　父母教养方式对孩子心理发展　　　图 5.3　父母教养方式对学生学习
　　　　　的影响　　　　　　　　　　　　　　　习惯及拖延的影响

2. 父母越参与孩子学习，孩子的学习成绩越好

父母参与（parental involvement）也称"父母卷入"，属于家庭教养行为的范畴，通常是指父母通过多种方式进入子女的日常生活并给予资源投入，以便在最大程度上促进子女的身心发展。父母参与共分三个水平，最低为水平Ⅰ，

[①]　本文选编自龙华教育测评公众号推文《父母的行为方式，隐藏着孩子学业成功的密码》。

最高为水平Ⅲ。水平越高，表明父母对学习的参与越多。

监测数据显示，父亲学习参与水平为Ⅰ的孩子的语文成绩为 68.33 分，父亲学习参与水平为Ⅲ的孩子的语文成绩为 71.31 分；母亲学习参与水平为Ⅰ的孩子的语文成绩为 68.45 分，母亲学习参与水平为Ⅲ的孩子的语文成绩为 71.72 分；其他学科均显示出孩子的学习成绩与父母的参与水平呈正相关关系。（图 5.4）

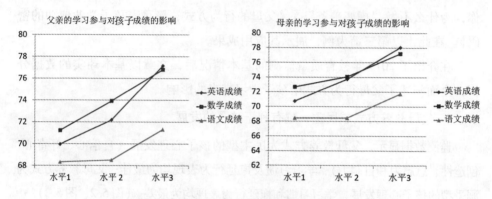

图 5.4　父母亲学习参与对孩子成绩的影响

3. 父母越重视孩子的课外阅读，孩子的语文成绩越好

监测数据显示，父母对孩子课外阅读的态度为"很支持，并经常交流"的，孩子的语文成绩为 71.08 分；"反对，觉得会影响学习"的，孩子的语文成绩为 60.55 分。"很支持，并经常交流"相比于"反对，觉得会影响学习"，孩子的语文成绩高 10.53 分。（图 5.5）

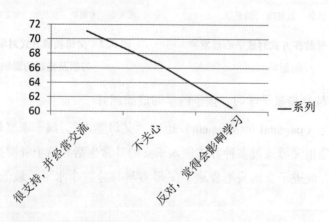

图 5.5　父母对孩子课外阅读的关注对孩子语文成绩的影响

4. 父母在孩子学习时"看电视/玩手机/睡觉"，孩子的学习习惯较差

父母在孩子学习时的做法分为"看电视/玩手机/睡觉""看书/完成自己的工作/不干扰""陪着孩子学习"三类。监测数据显示，父亲在孩子学习时"陪着孩子学习"和"看书/完成自己的工作/不干扰"，孩子的学习习惯得分均为1.41分；在孩子学习时"看电视/玩手机/睡觉"的，孩子学习习惯得分为1.37分（注：学习习惯得分越高，学习习惯越好，下同）。母亲的行为影响存在相同的相关关系，程度稍强。（图5.6）

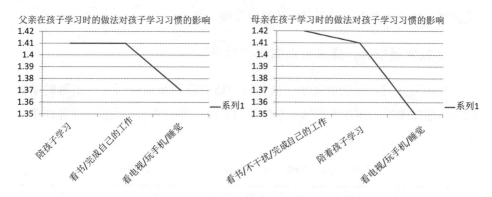

图5.6　父母亲在孩子学习时的做法对孩子学习习惯的影响

基于以上分析，对全区家庭教育提出改进建议。

1. 父母与子女共同学习、共同成长

家庭教育是一切教育的基础。我们能从孩子身上看到父母的影子，也能从父母的身上看到孩子的未来。家长需要合理安排时间，为孩子健康成长营造良好的氛围，与孩子一起阅读，交流学习体会，分享学习成果，共同成长提高。如果父母缺乏指导孩子学习的能力，可以拓展其他参与的途径与内容，如日常沟通、交流、观察和互动，了解子女的身心发展特点、学习生活状况、实际困难和需求。心态健康、积极进取的父母对孩子的影响是积极深远的，如果父母懒散、消极、做事抱怨逃避，孩子也会受其影响。

2. 父母言传身教，榜样示范

父母的行为对孩子有潜移默化的影响，父母需要"言传身教"，少在孩子面前看电视、玩手机，为孩子树立良好的榜样。父母要求孩子要做到的，自己首先要做到。父母希望孩子积极、乐观、学习不拖延，父母就要做好这方面的

榜样。孩子在家学习时，父母应该为孩子创设良好的环境氛围，摒弃对孩子的干扰，让孩子安心学习。

3. 父母科学参与，适度引导

在孩子成长的过程中，家长高质量的有效参与是一门科学。父母既要参与孩子的成长过程，也要注意参与方式的适度性。父母要意识到孩子是独立的个体，有自己的思想与意愿，家长参与的作用是引领和指导，而不是代替和包办。家长不仅要关注孩子的学习，也要关注孩子的身心健康、兴趣爱好、人际交往等，使孩子全面、健康和可持续地发展。

二、学校发展指导，原来可以如此"精准"①

2019 年 1 月，一份由龙华区教育科学研究院质量监控研究部出具的学校国家体质监测报告摆在了行知小学领导的桌面。报告显示，该校学生体质不容乐观。

表 5.3　龙华区行知小学学生 BMI 等级情况（2018 年）

BMI 等级	低体重	正常	超重	肥胖
人数	390	1509	153	61
百分比	18.5%	71.4%	7.2%	2.9%

监测结果显示，低体重 390 人，占总人数的 18.5%；超重学生 153 人，占 7.2%；肥胖 61 人，占 2.9%。体重不正常率近三成，达 28.6%。体重情况形势严峻，体质测试情况同样不容乐观。

表 5.4　龙华区行知小学学生体质测试情况（2018 年）

	均值	各等级人数（百分比）			
		不及格	及格	良好	优秀
总分	77.66	17（0.8%）	1337（63.3%）	626（29.6%）	133（6.3%）
肺活量/毫升	1656.68	11（0.5%）	957（45.3%）	604（28.6%）	541（25.6%）
坐位体前屈/厘米	7.47	215（10.2%）	1359（64.3%）	355（16.8%）	184（8.7%）
50 米跑/秒	10.84	251（11.9%）	1565（74.1%）	172（8.1%）	125（5.9%）

---

① 本文选编自行知小学《基于数据驱动的行知小学学生体质提升行动研究》。

续表

	均值	各等级人数（百分比）			
		不及格	及格	良好	优秀
50 米×8 往返跑/秒	116.35	45（7.9%）	382（66.7%）	87（15.2%）	59（10.3%）
一分钟仰卧起坐/个	36.37	40（3.1%）	639（49.7%）	287（22.3%）	320（24.9%）
一分钟跳绳/个	95.24	29（1.4%）	1379（65.3%）	305（14.4%）	400（18.9%）

虽然总体状况较好，合格率较高（99.2%），但优秀率偏低，仅 6.3%。分项目看，肺活量、一分钟跳绳、一分钟仰卧起坐是学校的优势项目，表现较好，但田径类项目——50 米跑、50 米×8 往返跑成绩非常不理想，其中 50 米跑有高达 11.9% 的学生不及格，优秀率仅 5.9%。

报告分析了造成这一现状的原因：

①体育活动类型固化，田径类项目练习不足；

②缺乏大规模测试经验，测试前准备不充分；

③体育教学时间被挤占，体育意识淡漠。

调查显示，该校重视跳绳训练，但高频率的单项训练牺牲了学生其他项目的锻炼时间，导致其他项目发展不足，特别表现为快速跑的能力较弱。教师、家长、学生体育意识淡薄，挤占体育教学时间的现象时有发生；家长、学生中都存在轻视体育锻炼的不良倾向。

怎么办？行知小学的领导、行政团队没有回避问题，而是选择直面以对，认真整改。很快，一份改进方案出台，一场体育改进行动在全校展开。

1. 因地制宜，充分利用空间场地

不是等、靠、要，而是积极用活、用好现有空间。除操场外，走廊、教室、转角处都被合理规划出体育运动空间——在走廊跳大自然操，在教室、空地、转角练跳绳，做原地素质练习，加大运动量，满足学生体育活动的需要。

2. 扩展项目，全力保障锻炼时间

在开足开齐国家体育课程、组织好"两操"等常规项目的同时，学校专门利用一节课的时间由体育老师安排体育导学和班主任组织开展"阳光体育"活动。增设体育社团，吸引更多学生参加体育锻炼。学校现有 11 个体育社团，总人数超过 700 人，约占全校学生人数的 1/3。一天锻炼 1 小时成了行知学子的生活常态。

3. 健康建档，科学监测体质数据

学校打破一学期一监测的常规做法，建立初、中、末三期监测预警机制，把学生实测水平分为四个等级，优秀（绿色）、良好（蓝色）、及格（黄色）、不及格（红色），通过可视化的电子档案提醒学生开展针对性练习，在强强补弱中实现体质均衡发展。

4. 家校联动，合理膳食健康生活

为解决体重异常现象，学校强化家校联动机制。定期开展健康知识讲座，发布健康食谱，引领家长通过合理膳食，减少体重异常情况的发生。

一年不长，但改变看得见。在 2019 年国家体质监测中，该校学生体质发生了较大变化。

表 5.5　龙华区行知小学学生 BMI 等级情况（2019 年）

BMI 等级	低体重	正常	超重	肥胖
人数	97	1681	273	168
百分比	4.4%	75.8%	12.3%	7.6%
百分比变化量	−14.1%	4.4%	5.1%	4.7%

表 5.6　龙华区行知小学 2019 年与 2018 年相比学生体质测试成绩变化量

	均值 变化量	各等级变化量			
		不及格	及格	良好	优秀
总分	8.3	0.2%	−36.7%	12.7%	23.8%
肺活量/毫升	97	4.1%	−6.9%	−5.8%	8.6%
坐位体前屈/厘米	5.06	−9.7%	−24.1%	7.9%	25.9%
50 米跑/秒	−0.51	−7%	−7.5%	6.8%	7.7%
50 米×8 往返跑/秒	−3.89	−5.3%	−10.9%	7%	9.2%
一分钟仰卧起坐/个	0.99	−1.3%	−4.0%	3.0%	2.3%
一分钟跳绳/个	27.02	−0.7%	−33.1%	3.4%	30.4%

数据显示，相比于 2018 年，体重不正常率下降 4.4%，其中体重偏轻下降 14.1%。体质监测总平均成绩提高 8.3 分，优秀率提高 23.8 个百分点。其中，

坐位体前屈成绩提升最快，平均提高 5.06 cm，不及格率降低 9.7 个百分点、优秀率、良好率分别提高 25.9 和 7.9 个百分点。50 米跑、50 米×8 往返跑、一分钟仰卧起坐、一分钟跳绳的成绩均提高，不及格率降低的同时，优秀率和良好率稳步上升。

虽然体重超重、肥胖现象还存在，甚至还有所上升，但总体而言，积极的体育改进行动带来了学生体质向好的良好局面。这得益于国家体质监测项目的深度开展。这一监测项目不仅为学校提供了及时的数据预警，也为学校决策提供了准确的数据支持，为持续的体育改进行动提供了精准的数据服务。

结束语

积极评价引发积极行动。

龙华区教育质量监测工作以科学的、积极的教育质量观为引领，以大数据挖掘技术为支撑，积极开展"六位一体"的教育监测工作，充分发挥教育评价的"指挥棒"作用，推动龙华教育改革向纵深发展，不断夯实发展内涵，提升教育品质，为龙华教育于"十四五"末基本实现较高水平的教育现代化，成为粤港澳大湾区教育高地提供评价支撑、动力支持。

第六章　公平，龙华教育的不懈追求

2016 年 9 月 9 日，习近平总书记到北京市八一学校看望慰问师生时指出："教育公平是社会公平的重要基础，要不断促进教育发展成果更多更公平地惠及全体人民，以教育公平促进社会公平正义。"2017 年以来，龙华区从解决"公少民多""公强民弱"和"南强北弱"等教育发展不均衡问题入手，推进教育公平。同时，在市、区两级政府的统一部署下，对广东省河源市紫金县、西藏自治区林芝市察隅县、广西壮族自治区凤山县与东兰县、新疆维吾尔自治区喀什市等以派驻教育副局长、派员长期支教等形式进行深度教育扶贫，以此参与全国教育均衡进程，为中国教育公平的跨区域实现贡献力量。

第一节　"第一书记"助力民办教育

龙华区对区内民办教育的支持是全方位的，在以区一级学校评估为推力，促进举力者自身不断改善办学条件的同时，通过拨付专项资金的形式支持部分发展受限的民办学校进行现代化、信息化改造，改善师生教学技术环境；给民办教师按从教年限每月直接发放 200~2000 元的从教津贴，提高教师待遇水平。

2019 年，一批政治过硬，德才兼备的"第一书记"从教育局机关、各公办学校走进各民办学校，从组建民办学校党组织入手，以党建带校建的形式，促进民办教育转型升级，内涵发展，在更高水平中促进区域教育均衡。

走进民办学校后，"第一书记"们勇挑重担、积极作为，从基础性制度建设入手，以教师培训、课堂变革为主体，推动各校专注内涵发展，给各校带来了肉眼可见的变化，引来省内外媒体关注。2019 年 12 月 6 日，金羊网以《公带民，强带弱，深圳龙华选派 5 名"第一书记"进驻民办学校》为题，报道了龙华区向民办学校派驻"第一书记"的做法与成效。

一、"第一书记"助力民办学校发展的龙华样板①

"孩子们排好队，注意过往车辆，上下校车不要拥挤。"每天上下学时间，深圳市龙华区宝文学校都有 7 名志愿者身穿"橙马甲"，分别把守在校门口的各个交通要塞，协助孩子们安全通行。这 7 位志愿者既是学校的老师，也是学校党支部的党员干事。

在"不忘初心、牢记使命"主题教育中，龙华区委教育工委在全市率先施行从公办学校选派 5 名优秀共产党员到民办学校担任"第一书记"，带动民办学校抓党建、提质量、促发展，推动辖区民办学校党组织工作全覆盖，从而带动民办教育高质量发展，赢得学校师生和家长的齐声点赞。

1. 第一书记优中选优，筑牢民办学校党建工作基础

"龙华区教育资源结构特点鲜明，民办学校数量占全区学校总量的半壁江山，承担着重要的学位保障重任。然而长久以来，民办学校党建工作薄弱，能力水平不高，成为制约学校发展的绊脚石。"接受记者采访时，龙华区委教育工委专职副书记谌叶春这样道出向民办学校派驻"第一书记"的初衷。

据了解，2018 年，龙华区民办学校党组织划归龙华区委教育工委管理。为迅速了解民办学校党建基本情况，龙华区委教育工委深入民办学校开展调研。数据显示，全区民办学校基层党组织覆盖率仅为 56.25%，民办教师党员人数占教职工总数的 2.56%，与公办学校 50% 的教师党员占比相距甚远，且党组织书记多为兼职，学校党组织生活十分匮乏。

民办学校能否高质量发展，关系着龙华学子能否有学上、上好学。然而，要全面推动民办学校实现规范化管理和教育教学质量快速提升，该从何处着手突破呢？

主题教育开展以来，龙华区委教育工委聚力基层党建工作，从党建工作基础相对薄弱、教育教学水平排名靠后和即将停止办学、教职工和学生面临分流

---

① 郭起. 公带民，强带弱，深圳龙华选派 5 名"第一书记"进驻民办学校 [EB/OL]. (2019-12-06). https://dy.163.com/article/evnjo8o60514r9om.html.

的5所民办学校入手，从全区公办学校党支部书记、校长、副校长和教育系统"未来教育家"后备干部中选派优秀党员人才，分别担任伟民小学、精英学校、尚文学校、胜华小学、宝文学校共5所学校的党支部"第一书记"。

2. 建好建强学校党组织，做民办教育的引领者、耕耘者

2019年1月，龙华区选派的首批"第一书记"全脱产进驻各民办学校。"我们对'第一书记'的目标定位，就是要建好建强学校党组织，做好龙华民办教育的引领者和耕耘者。"龙华区委教育工委相关负责人表示，借鉴全区已成熟的领导干部下社区担任"第一书记"经验，教育系统大力推进"第一书记工作法"。

各"第一书记"严格按照龙华区中小学校党建标准化文件，从组织设置、功能定位、工作职责、党员管理、服务群众、运作保障等具体内容对派驻学校党组织进行规范。同时，建立健全党组织机构，完善党组织活动场所，并组织开展学校党内活动，落实"三会一课"制度，深入开展"两学一做"学习教育常态化制度化。此外，"第一书记"还完善党建工作档案，对派驻学校师生进行思想政治教育。

"我做民办教师快10年了，今年还是第一次在全区层面组织的活动中讲公开课，觉得非常自豪。"民办学校教师赖老师开心地说。记者采访获悉，在党建工作开展得如火如荼的同时，"第一书记"们还以自身丰富的教育教学经验，与教师开展座谈33次，倾囊传授教育经验，并积极推动公办民办学校结对共建，建立党支部外联学校，依托公办学校的优势，对民办学校"传、帮、带"，实现优质资源共享。

经过近一年的努力，各派驻学校党组织建设实现制度化、规范化、科学化发展，以支部建设工作促进了支部凝聚力、战斗力的提升，并在民办学校教育教学、招生管理等方面起到积极推动作用。

3. 用心用情强化党建管理，发挥示范引领作用打造党建品牌

"'第一书记'来之前，我的月工资才2800元，现在涨到6000多元了，而且形成了硬性机制，学校每年要拿出学费的50%作为教师工资，我们工作起来更有干劲儿了。"

"以前整个学校没有什么凝聚力，开会的时候，大家都是低头玩手机，现

在校园氛围越来越活跃了，绿化美化环境也越来越好了，工作越来越舒心。"

采访中，不少民办学校老师向记者讲述"第一书记"进校园带来的新气象、新变化。

"长期以来，一些民办学校的董事长以企业思维办学校，强调利益最大化。要说服他们用真金白银改善教师薪资和校园环境等方方面面，并不容易。""第一书记"阳清松表示，进驻学校后，"第一书记"们用心用情工作，以党建引领，推动学校各方面工作，取得了显著成效，也解决了不少难题。如今民办学校董事长们的观念都转变了，校园氛围自然是越来越和谐。

为充分发挥党建示范引领作用，"第一书记"们还积极打造党建品牌，通过开展"亮身份、亮承诺、亮业绩"行动，展现党员先锋模范作用，党支部还评选设立五个党员示范岗、五个党员服务岗；开展"三争"行动，鼓励党员同志争当"学习""师德""教学"标兵；开展"三有"行动，推动关键岗位有党员、教改教研有党员、创新突破有党员，形成了党建工作和教学管理融合促进的良好局面。

接下来，龙华区将继续以主题教育为抓手，深入探索"第一书记"职能作用，巩固民办学校党组织工作基础，全面提升党建工作质量，为打造"民办学校党建"特色品牌提供龙华样本。

二、入选深圳市年度最受欢迎教育实事：率先派驻"第一书记"，打造民办教育党建新范式

继 2019 年派出 5 名"第一书记"后，2020 年，又有 7 名"第一书记"、1 名副书记走进 7 所民办学校。改变，成为各受派民办学校年度发展关键词。

锦明学校办学条件迅速提升，师生面貌焕然一新，取得办学史上众多突破：党员人数达到 23 人，位居全区民办学校第二；首获区"民办学校教育进步奖"；全区唯一入选首批"馆校合作"美育研学实践基地的民办学校。

同比 2019 年，2020 年格睿特高级中学主动向党组织靠拢的教师数量从 1 位迅猛增加至 11 位，党组织坚持把握数量和质量的关系，民主推优 2 名教师作为入党积极分子。办学成效逐步突显，2020 年，该校有 1 名学生考上清华大学，顺利通过区"两个常规"检查，办学条件不断改善，教师工资持续上涨。

……

12月27日，第六届深圳教育改革创新论坛暨颁奖典礼盛大开幕，龙华区"率先派驻'第一书记'打造民办教育党建新范式"被评为年度最受欢迎教育实事。大会盛赞这一给民办学校带来实实在在变化的教育实事。

这是龙华区委教育工委在全市首创的民办教育党建的崭新模式——通过选派优秀党员干部到民办学校担任"第一书记"，打造"1+1+N""第一书记"派驻工作新范式，形成"1所派驻民办学校+1所派出公办学校+N类资源"的结对帮扶体系，把建好建强民办学校党组织，作为推动民办学校高质量发展的突破口。目前，已累计向12所学校派驻12名"第一书记"、1名副书记。"第一书记"们在工作中探路子、想点子、育苗子、结对子、搭台子、强班子、创牌子，以党建引领，点燃民办学校发展的红色引擎，助推民办学校转型升级快速发展，打造深圳教育优质均衡发展的"龙华范式"。

作为促进区域教育优质均衡发展的重点工作之一，龙华区对民办教育发展的支持与帮扶是持续的，一如既往的。"十四五"期间，在继续派出"第一书记"，持续推进以党建带校建的同时，将"健全公办民办学校帮扶发展机制。加强对非营利民办学校的精准帮扶，推进优质公办学校与非营利民办学校的结对帮扶，建立帮扶效果考核机制，提高帮扶实效。实行公办、非营利性民办学校校长、教师交流制度，深入落实'名师进民校活动'常态化、系列化，促进民办教育课堂教学、课程建设等水平提升"。①

第二节　研究联盟助力教育均衡

作为全国经济发达地区，支持欠发达地区的发展，是情怀，更是责任，是担当。近年来，龙华区在省、市统一部署下，积极参与对省内外贫困地区的扶

---

① 摘自《龙华区教育发展"十四五"规划》。

贫工作，为当地经济社会发展注入强大动能。

扶贫先扶智，扶智教育先行。

龙华区教育局在扶贫工作中走在前列，为各扶贫对象投入大量人力、物力、财力，派驻教育局副局长，派遣支教队，深入教育一线，同当地师生吃住在一起，工作在一起，为当地教育带来龙华教育精神、龙华教育风范。

一、成立积极教育研究联盟，推动可持续发展

如何防止人走"教"歇，如何在带来教育教学专业技能提升的同时，改变当地的教育理念，激发当地教育内生力，实现可持续发展？在扶贫攻关年，龙华教育决策者们，在全力打好教育扶贫攻坚战的同时，着眼未来，布局未来。

2020年7月17日，龙华区、紫金县、东兰县、凤山县、察隅县共同发起成立积极教育研究联盟——以联盟增强联系纽带，以研究提升帮扶品质，以积极教育更新教育理念，引领各区、县可持续发展。

在成立大会暨高端论坛上，龙华区委教育工委书记、教育局局长、联盟首届轮值理事长王玉玺同志以《从理想到现实：积极教育在龙华的研究与实践》为题做主旨演讲，阐述积极教育要义，介绍龙华区推行积极教育的情况。最后，他说：

> 积极教育是一项有价值的理想，是一项谋幸福的事业。希望我们把联盟章程、联盟协议中提到的各项工作落到实处，使积极教育研究联盟真正成为理论共享、资源共用、信息共联、人员共通的研究平台，共同为一区四县教育事业的全面发展贡献智慧与力量，做一番无愧于时代、无愧于人民的大事业。

联盟成立后，在联盟秘书处及各成员县的大力配合下，先后举行了积极教育研究联盟"紫金行""察隅行""凤山行""东兰行"活动，以"学科教研+主题论坛"的形式推广积极教育，践行积极教育。龙华区各类名师、各科教研员走进各县教育现场，以同课异构、同主题教学等形式与各县一线教师与研究人员深入交流，共同推动积极教育理念在教学实践中的落实与运用。总课题

组专家以主题讲座形式传播积极教育理念，深化理解，促进实践。

理论共享、资源共用、信息共联、人员共通，随着积极教育研究联盟各项活动的依次开展，推动了积极教育在各加盟县的推广、运用：紫金县提出"积极教育+三个六"的教育改革顶层设计；察隅县、凤山县、东兰县将积极教育融入教育教学当中，推动区域教育内涵发展。

龙华区的教育帮扶以及积极教育研究联盟的成立，同样引来各家媒体的关注，2020年10月30日，南方日报以《龙华区教育局 让"积极教育"在大山深处开花结果》为题整版报道了龙华教育扶贫的举措与成果。

二、让"积极教育"在大山深处开花结果：龙华区教育帮扶工作纪实[①]

金秋十月，丹桂飘香，龙华迎来了一批远道而来的客人——广西东兰跟岗交流的16位老师。学员们深入了解学校管理和校园文化建设，参加学校各级各类教育教学活动，实地感受龙华"积极教育"的新样态。

跟岗交流加强人才培养，提升贫困地区教育"造血"功能，既是龙华教育构建立体式精准帮扶模式的重要一环，也是龙华传播"积极教育"理念、推广复制"龙华经验"的重要手段。近年来，龙华区教育局深入推进脱贫攻坚和对口帮扶工作，不仅改变了不少贫困地区的教育面貌，也让深圳教育和龙华教育的理念模式传播得更深更广，创造了教育领域立体式精准帮扶的新实践，为决战决胜脱贫攻坚收官之年、"十三五"教育帮扶工作总结之年交上了一份优异的"龙华答卷"。

1. 投入：派出上百名干部，累计募集超2000万元帮扶经费

地处桂西北、云贵高原南缘，距深圳900公里有余的广西壮族自治区河池市东兰县有一所满是深圳元素的学校。这所学校叫作东兰深圳龙华小学。学校由深圳市龙华区对口帮扶援建，是该县向阳新城与易地扶贫搬迁安置区配套设施建设项目。

走进这所学校，你会发现除了四面环山，其他并未与深圳的学校有何不同，明亮的教学楼、宽敞的图书室、完备的体育场……现代化的教育教学设施

---

① 陈熊海. 龙华区教育局 让"积极教育"在大山深处开花结果 [N]. 南方日报，2020-10-30（特19）。

基本都有。令人印象深刻的是，这里的 1700 名学生穿的都是深圳校服。风靡网络的蓝白款式，"撞上"大山里的蓝天白云，交织出了一幅希望的画卷。

作为集中体现龙华教育扶贫成果的示范学校，东兰深圳龙华小学就是龙华区教育局参与对口帮扶工作的鲜活印记。近 4 年来，龙华区教育局派出 115 名干部赴新疆、西藏、广西、广东河源等地支教、驻村，接待近 1000 名干部到龙华区培训交流，开展线上线下名师送课、讲座超 500 场，参与师生超 15 万人次，为对口帮扶地区募集超 2000 万元经费，用于改善当地办学条件和贫困户脱贫，为众多贫困地区的学子带来了希望。

地处大石山区、物产匮乏的国务院挂牌督战贫困村弄彦村，320 户中建档立卡贫困户就有 230 户。面对如此艰巨的扶贫任务，龙华区教育局一方面投入 100 余万元爱心捐款作为扶贫资金用于基础设施建设、住房保障、村小办学条件改善等，另一方面面向全区公办中小学筹集爱心资金 36 万余元设立弄彦村奖学基金，用于奖励弄彦村的优秀中高考学子。

弄彦村坡白小学是一所只有两个年级两个班的小学，仅数十人就读。当地群众盼望能在学校内建一所幼儿园。为此，龙华区教育局联系广东阳光慈善会捐赠价值 5 万元的教学和食宿物品，帮助坡白小学建立一所附属幼儿园，还从爱心捐款中专项划拨 12.2 万元用于幼儿园的日常运营经费，让坡白小学及附属幼儿园的教学条件得到较大程度的改善。

"上一辈的贫困，不能再传递到下一代。"龙华东兰支教队队长、东兰深圳龙华小学副校长夏卫兵介绍，支教队寻找到的包括弄彦村 9 名学生在内的 14 名品学兼优的贫困学生，都来自义务教育阶段学校及幼儿园。一方面建立"一人一档"，另一方面通过寻找龙华区的爱心学生家庭对他们进行一对一结对帮扶，促进两地家庭互访，以帮助这些贫困学生顺利完成学业。为解决弄彦村部分高中及以上贫困学生的读书问题，支教队积极与龙华区爱心人士、爱心企业取得联系，通过号召企业募捐为学生提供助学资金，以帮助学生实现大学梦。目前，龙华区教育局提供的爱心助学资金已资助该村高中及以上在读学生 46 人。

2020 年以来，龙华区教育局在脱贫攻坚方面也投入了许多人力、财力、物力。龙华区教育局共派出 67 位干部人才赴西藏察隅县，新疆喀什市，广西河池市东兰县、凤山县，广东河源市紫金县等地参与对口帮扶工作。其中，派驻贫困村干部 6 名，外派支教教师 61 名。

除了派驻人才外，龙华区教育局各对口帮扶力量还在资金上对所在地区予以支持。2020年5月，龙华区教育局面向教育系统干部职工、师生家长发起"精准扶贫你我同行"爱心捐款活动，累计发动3.48万人参与捐款，共募集扶贫资金223.86万元。紫金县支教队获得421万元用于紫金中学和乡村远程教育网络建设；援疆教师梁梅芳、艾志勇积极联系后方学校和家委会，捐助共计20万元的口罩助力喀什市幼儿园返园复课；凤山县支教队为6所县直属中小学捐赠价值9万余元的抗疫物资和4万余元的教学物资……

2. 变化："润物细无声"改变当地教育生态

"之前来我们学校的人，都是一张严肃的脸，你的笑却是最好的，希望你的徒弟成为我们的老师。"这是察隅一所学校五年级小学生索朗旺姆写给龙华察隅支教队队长、察隅县教育局副局长张文华的信。

扶贫先扶志，扶贫必扶智。要从根本上摆脱贫困，必须用教育扶智，减少贫穷的代际传递。教育扶贫，不像产业扶贫等立竿见影，而是一种"润物细无声"的改变。

"孩子本能地知道，什么是好的教育，他们渴望好的教育。"针对只有7所中小学的察隅县，张文华介绍，过去的一年半，龙华区教育局有6批教师共33人前往察隅进行柔性人才教研，在各个学校蹲点两周，听课、评课、上示范课、培训，并与当地的骨干教师一起读教材、设计课程、讲评课程，举行教研工作坊。

"以往没有人去当地进行过专题教研，起初，当地老师对这种教学活动有抵触情绪，不想打破惯性。后来，我们通过教研活动让他们知道自身的课堂教学存在哪些问题、如何改进，改变了当地教师对教研的认知及态度，带给当地教师比较大的触动，他们还盼望着下一批教师的到来。有不少当地学生看到深圳老师来了，就直接拉着老师去班里上课。"张文华说。

来自深圳观澜中学的夏卫兵老师，不仅肩负东兰支教队的工作，还分管东兰深圳龙华小学的德育工作。到达东兰后，他对全县中小学的德育工作进行调研，发现东兰的德育教育现状与深圳有不小的差距。于是，他立即成立东兰深圳龙华小学德育处，动员班主任利用1~2周的时间完成了1700多名学生的成长档案，在学生当中推行仪容仪表、言谈、待人等"五礼"教育，还举办了一年级学生的开笔礼活动，在东兰县引起了巨大反响。

对不少贫困地区来说，留守儿童占比较高已成为一个普遍的社会问题，很多学生成长的阻力主要来自家庭。为此，夏卫兵在学校成立了学校家委会及家长学堂，利用空中课堂与德育微信群与家长建立联系。而龙华紫金支教队队长江梓润也在当地针对留守儿童家庭举办"爷爷奶奶学堂"，邀请教师用家乡话给爷爷奶奶们教授知识，取得了良好成效。

3. 理念：让"积极教育"进入当地教育顶层设计

2020年10月16日，一场高规格教育论坛在广东省河源市紫金县举行。该论坛为积极教育研究联盟主题论坛暨学科教学研讨活动，以"积极教育开新局，区域发展育新机"为主题，由积极教育研究联盟秘书处主办，紫金县教育局、紫金县教师发展中心承办。

"举办这么大规模的全国性教育活动是紫金教育发展历史上的首次。成功举办此次活动，提升了紫金教育振兴发展的信心，为紫金教育注入了强心剂。部分与会兄弟县的同行都感叹紫金教育的担当精神。"龙华紫金支教队队长、紫金县教育局副局长江梓润说。

2020年7月，在龙华区教育局的倡导和推动下，深圳市龙华区，广东省紫金县，广西壮族自治区东兰县、凤山县，西藏自治区察隅县组成"一区四县"积极教育研究联盟，开启对口帮扶和积极教育的新纪元。紫金县教育局将"积极教育"列入顶层谋划，形成"积极教育+三个六"工作思路的行动纲领，持续推动"积极教育"的全面实践，广泛开展龙华·紫金教育联盟活动。

支教教师通过点线面结合的方式，用积极教育的行为举止和专业能力影响周围的同事。针对紫金一些学校心理健康教育近乎缺失的情况，观澜二中支教教师黄丽梅在工作中发挥引领作用，从紫金各个示范校入手，目前已经发展了一支有6名心理健康教师的队伍，并让他们参加了广东省心理健康B证培训课程。"这在紫金教育历史上是第一次，其中部分人可以独立接学生心理健康个案，处理学生问题也比较顺手。"江梓润说。

龙华凤山支教队队长、凤山县教育局局长张国胜介绍，在凤山，龙华支教教师通过举办讲座、公开课等形式，展示龙华教育的良好形象和专业水平，潜移默化地让凤山教师感受到龙华的积极教育精髓。挂职凤山实验小学副校长的支教教师陈燊组织了凤山县首届家校共育系列活动，组建了凤山县第一支家长志愿者队，吸引了200多名家长主动报名。在校门口，不管刮风下雨，都有家长志愿者为学校2000多名学生上下学进行交通值勤，为学生保驾护航。

4. 模式：从输血到造血，构建立体式精准帮扶模式

10月19日，2020年紫金教育系统领军人才培养对象校级管理干部培训班在深圳市龙华区外国语学校举行开班仪式。此次培训是紫金教育参照龙华教育"未来教育家"工程建立起来的人才培养机制，旨在打造紫金教育系统领军人才体系，形成人才培养长效机制。

教育扶贫，要从输血向造血转变，从帮扶向联盟转变，从平面向立体转变。为此，龙华区教育局在扶贫工作中采用了下乡支教、名师送教、课程共建、结对帮扶、队伍建设等多种方法，形成了横向到边、纵向到底的立体式精准帮扶模式。

一方面是"引进来"。在察隅，龙华6批36位教师在6校进行柔性人才教研，共听评课400节、展示课80节。12位援藏教师授课1500节，组织教研活动100场。在东兰，龙华16位支教教师与驻村干部，扎实推进东兰县学校及贫困村教育帮扶工作。在紫金，龙华29所学校共派出86名管理干部和支教教师到21所对口学校开展挂职锻炼和驻点支教工作。一大批专家、名校长和名教师开展讲座和示范课达415场节，参与师生近13万人次。在凤山，当地邀请龙华名师和支教老师上26节县级、校级公开课，进行36场现场讲座，17场网络讲座。公开课和讲座内容涵盖幼儿教育、心理教育、学科教学、学校管理等方面。

另一方面是"走出去"。凤山县组织骨干教师到龙华各学校跟岗学习，实地感受龙华积极教育理念。紫金县累计邀请了708名校长、管理干部和骨干教师到龙华深造培训，提升了紫金县教育管理队伍和教师专业化水平。东兰县共派出教师386人到龙华区跟班学习，近距离感受龙华教育的先进教育理念和教学经验。察隅县外派教师6人赴深圳大学研修跟岗半个月。在察隅，张文华组织了11名当地学生和2名老师前往深圳进行研学，开阔了当地师生的眼界。

"教育人才的培养是一个地区教育扶贫的关键。"江梓润提到。紫金教育参照龙华"未来教育家"工程中培养校长的航标工程、培养校级后备干部的铸将工程、培养学校中层教学管理骨干的撷英工程三大工程的培养模式，搭建了"管理干部成长平台""教师专业成长平台""教师育人成长平台"和"信息化队伍平台"等四大平台，遴选了数十名校级管理干部、中层干部以及数

百名骨干教师打造金字塔形人才队伍，真正实现"成长有空间、发展有平台"的良性培养机制。而凤山县也启动了"骨干教师培养计划"，计划遴选培养县级骨干教师（或学科带头人）200名，利用专家引领、集中培训、跟班学习、学术研修、网络研修等模块进行高级研修和深度培养。

在盘活造血功能上，龙华区教育局还进一步提升结对帮扶的内涵，探索"多帮一"、组建校际联盟等方式。

2020年7月，龙华区鹭湖外国语小学、和平实验小学与东兰深圳龙华小学签订帮扶友好协议，探索"多帮一"模式。除此以外，紫金县教育系统还与龙华区教育系统建立校际联盟（龙华二小与紫金县二小、和平实验小学与紫金县三小、四小的阅读大联盟）和组织联盟（心理健康团、家庭教育讲师团的结对联盟）。

不仅如此，龙华区教育局还将在教育精准扶贫上有新的动作。龙华区教育局督导室相关负责人介绍，龙华区教育局计划通过基于教育测量统计的多种方法对对口帮扶所在地的学生学业成绩、身心健康水平等变量进行分析，根据监测结果进行多重比较，客观分析儿童学业水平的城乡差异、区域差异、群体差异、心理品质、情感态度等全面发展状况，为其出具个性化报告，从而建立基于质量监测结果的追踪数据管理机制、评估机制和政策改进机制，推动基础教育精准扶贫有效开展。

结束语

幼有所育，学有所教。

教育不仅关系着一个人的梦想与出路，也关系着一个民族的梦想和腾飞。这需要全社会格外关注教育公平，使教育走出"分层—分化—对立"的怪圈，而成为承载每个人的成长与梦想的平台，成为社会公平的稳定器、压舱石。

积极教育以幸福为目的，自然拥抱公平，追求和谐，为每个人的全面发展与个性追求提供有力的教育支持。支持民办教育，关注贫困地区，龙华教育义不容辞，定将持之以恒，无怨无悔。

附：

智能+积极教育：赋能儿童健康有意义的人生^①

面对新冠肺炎疫情，龙华教育秉持积极教育理念，坚持课程育人，构建全课程育人体系；方式创新，形成全过程育人新范式；云校连接，实现教育部门、学校、家庭、社会连接；教育内外协同，形成育人合力，实现全方位育人。

我们认为，疫情带给孩子的挑战，不仅是不能返校、居家线上学习那么简单，还需要重新审视生命、知识、学习的意义。

一、生命为本，全课程育人

线上教育不只是一种知识传播手段或渠道的替代，而是要应势而变、顺势而为，为孩子的当下和未来设计新的学习方案。

面对灾难，龙华教育强调以积极的心态、积极的行动，获得积极的信念，强调孩子是一个个具有积极的心智、能力和价值观的生命个体，坚持立德树人、"五育"并举，不断优化课程、丰富课程。

1. 身心合一的健康生命课程

我们高度重视师生心理健康，打出心理教育"组合拳"。2020 年 2 月 2 日，发布《深圳市龙华区教育局致全体中小学生及家长的一封信》，提供疫情期间教学、学习、生活指引，让家长和广大师生心定而安；2 月 3 日《关于抗疫期间开展龙华区中小学（幼）心理热线和线上心理咨询服务的通知》出台，上线心理咨询热线，编写《中小学生疫情心理防护手册》（家长版和学生版），用电子书和视频方式科普疫情心理防护知识；自 2 月 17 日开始，围绕学习心

---

① 王玉玺. 智能+积极教育：赋能儿童健康有意义的人生 [J]. 人民教育，2020（13-14）：79-81. 作者系中共龙华区委教育工委书记、教育局局长。

理、危机干预、亲子沟通、情绪认知与调控等开发体系化心理课程。一套"组合拳"引导孩子保持乐观向上的积极心态。

我们强调身体锻炼，开发体育"微课程"。在广东"粤课堂"视频点击量最高的课程汇里，出现了一门"意料之外"的体育课——龙华体育"微课堂"，每节课包含"今日学"+"今日练"两个板块，融合示范学、自主练、亲子动三类活动，为居家运动提供丰富的练习方法和训练方案。

我们弘扬积极向上的正能量，开发"疫情思政课"。从历史视角，大疫情史料课程让学生从历史中得到启思；道德与法治课程讲述英雄故事、探析国家治理，引导学生理性正确地看待疫情；"小艺术家"以疫情第一线新时代英雄为背景，以自己的画笔、声音致敬最美逆行者；科普系列课程帮助学生了解新冠病毒的生物形态及传播途径，理解科学精神和科学理性。抗疫时期一线医生、护士、科学家、军人、警察、社区工作者、媒体记者等新时代的英雄，在孩子的眼中、心里、手下是如此鲜活，他们就是思政课的最好"教师"。

我们将积极教育向家庭辐射。推出"龙华公开课·家长课堂"系列课程，从积极心态、习惯养成、亲子沟通、思维方式、高效使用教学技术、专注兴趣、学习方法、指导策略等主题引导家长释放压力，保持良好的心态和情绪，引导家长"教子有方、教子有术"。

2. 知行合一的美好生活课程

帮助孩子学会直面灾难和困境，拥有热爱生活、创造美好生活的勇气和能力，我们将此作为奋斗目标。居家艺术，美在生活。我们开发"艺术+"主题课程，以艺术+生活、艺术+信息、艺术+文化、艺术+媒介等为主题，开发、设计和录制面向社会、家长、学生的美育课程。推出美术鉴赏课224节，创作特色课程86节；出品"宅在家里学画画，我们都是艺术家"系列课程9期；推送"'音'为有你，'舞'所不能"系列课程39期，引导活用艺术课程点亮居家学习，以美育人、以文化人。

居家学习，家长就是教师。我们鼓励家长利用难得的时光，教会孩子居家生活基本技能，开展手工活动、科学小实验等，利用网络分享自己的劳动果实，倡导亲子劳动创造美好生活。如玉龙学校开设"三十六道风味"校本课程，培养学生生活技能，于劳动中实现知、行、情、意合一，落实"五育"并举目标。

3. 兼顾个性的知能学科课程

我们着力打造高品质、层级化的国家学科课程，打造"基本式+变式"的线上教育模式，构建"基础+特色""区本+校本"的课程体系。实现一校一策、一生一案，做到以校为本、以生为本。

区域层面，集结数百位一线名师和教研工作者，时空连线，通过知识梳理、学法指导、总结复习、思维拓展进行协同研究、设计和开发，形成覆盖小学到高中全学科、全学段、全媒体（网络、电视等）的课程资源体系，为全区提供优质教育资源托底。学校层面，鼓励学校开发体验式、参与式、合作式的主题课程，形成学校特色。龙华外国语学校以"自主、灵活、有效"为重点设计居家学习方案，创新实施"一学段一策略，一学生一课表"，把握"课前激趣、课中答疑、课后反馈"三环节，实现个性化学习；和平实验小学利用云校开设线上"文艺学院"（以学科学习为主）、"科创学院"（以项目研究为主）、"生活学院"（以主题实践为主），校本课程实现"云"上同步。

二、能力为重，全过程育人

龙华区根据居家学习"居家+线上"为主、学生自主学习为主的特点，深入研究学科教学、线上学习规律，形成基于大概念、核心概念、知识单元的主题框架，倡导个性、具身、创造的学习方式，实现知识、能力、必备品格与价值观的多元目标。

1. 学科课程重方法

龙华区主张线上重导学、答疑，线下重自学、实践，着力培养学生的自主、合作学习能力。精心选择一些关联度高、适合在线教学的内容，采用大概念、单元化的方式开展主题式教学；强调在线教学要基于学科特点，重视情境、过程，启迪思维；注重资源的综合利用。如科学学科利用家庭已有的材料开展学科实验活动，培养学生的动手能力等。

为了使线上学习真正、有效发生，强调以问题为支架，依托教材内容并适当整合延展，线上线下融合，形成可操作的混合式"四学"模式，学生自学、微课导学、答疑辅学、拓展研学，利用线上教学支持个性化学习。

2. 生命课程重体验

如果说学科课程更多关注人类文明的传承，将"已经存在"的知识当成

"客体"进行"离身"的学习，那么生命教育则更多强调学生身心参与丰富多样的实践体验，促进知识意义的动态生成，获得综合性知识和生命价值体认。我们将线上线下融合，开展"线上+体验"的具身学习。

（1）具身体验：学生通过听（音乐）、看（好的图画、节目等）、做（家务、实验等）、练（身体操练、唱、画等）等活动，投入到实际体验活动中，并利用数据、影像、日记等方式进行"伴随式"记录。

（2）观察反思：学生从不同角度观察和思考实际体验和经历，回顾和反思自己的真实体验，包括自身的行为与情感、体验的环境与情境、观察到的现象、获得的学习结果以及共同参与者的行动等。

（3）抽象归纳：学生抽象出合乎逻辑的观点、概念、模型、方法等，并以演示文稿、概念模型等可视化方式进行呈现。

（4）问题解决：学生运用抽象归纳出来的观点、概念、模型、方法等解决问题，在解决问题的过程中进行验证，并通过真实环境和情境中的问题解决再次反思，进行新的具身体验、观察反思和抽象归纳。

（5）分享交流：学生利用视频等方式，用故事等方式分享整个学习的过程和体验。以龙华外国语学校的"从疫情数据地图看中国"为例，学生每天从官方网站记录、观察数据地图的变化，从数据的分布、变化中分析中国的交通、经济和人际社会关系流动，理解疫情传播的方式、途径和范围，比较分析各地疫情防控措施的理念、策略等，进而获得责任担当、家国情怀的感悟。技术并没有把孩子"隔离"在屏幕背后，而是让孩子通过技术与自己、亲人、教师以及互联网上的所有人进行连接，洞察自己、解决问题，获得生命的意义。

3. 生活课程重创造

隔离在家的孩子，生活的空间变小了、窄了，我们就将项目式学习、基于设计的学习引入生活课程。学生在微课等互联网资源的引导下观察生活、感受生活，在品味生活、美化生活、优化生活的实践中建构知识、提高能力。如艺术教育，采用"线上短课+线下长课"的模式，引导学生用家中的生活用品进行艺术创作，用身边的道具进行世界名画模仿秀。

三、云校连接，全方位育人

2017 年以来，龙华教育一直致力于打造教育智能体，推动教育向智能时代转型。线上学习已成为龙华学子的重要学习方式。"不停学"是龙华育人常态在非常时期的一次"检阅"。

龙华区发挥"三龙"战略（即龙腾计划、龙飞行动、龙为工程）优势，整合多方资源。2020 年 1 月 27 日开始搭建、组织首席技术官（chief technology officer, CTO）培训；2 月 1 日完成全区 85 所中小学 3557 个班级的部署；2 月 7 日正式上线推出云校应用指南；2 月 10 日开始支持高中在线学习；15 天龙华区建成了"停课不停学"的"火神山"——龙华云校！

龙华云校利用企业微信的优势，按照 1∶1 模式建立与实体学校完全一致的组织关系，减轻了学校用户维护的压力。龙华云校包括区域云校、联盟云校、云上学校、云上微校四个体系，分别用于实现区域、集团或联盟、学校、学习共同体，实现全方位育人。可以说，龙华云校是龙华学校的"数字孪生"。

龙华云校采用极简思想，将各级教育部门、学校、社会资源聚集在一个企业微信的"工作台"上。教师、学生可以便捷获得资源，微信的使用习惯降低了师生的使用难度，开放的资源架构也减轻了在线学习集中并发的网络塞车和服务器压力。

龙华云校提供了"云端学习+具身实践"的混合学习模式。名家讲坛、空中课堂、名师课堂实现集体教学，扩大名师资源覆盖面；作业分析、在线答疑实现个性化学习，因材施教得以成为可能；群直播、班级圈实现群体互动，让学生居家不离群；作品秀、校园达人、小小科学家支持具身学习和创造式学习，让学生体验创意创作的分享乐趣和成就感；家务打卡、运动打卡、阅读打卡支持团队学习，让学生在相互激励中逐步自觉、自律。疫情期间，龙华云校的日访问量过百万，提供了家校共育新途径。龙华云校被人民日报评为 2020 年"科技战疫"数字化转型教育服务类十大案例之一。

面向未来，龙华区将以创建"广东省基础教育课程改革先行示范区"为契机，用教育智慧激活智能体，实现技术与育人全环节、全要素、全方位深度融合，促进人才培养模式创新、教育供给服务模式创新、教育治理模式创新，构建公平、高质量的育人体系。

中　编

姹紫嫣红：积极教育在校园

积极教育的主场在学校，活力在教师，价值在学生。

正如龙华教育决策者们反复强调的，积极教育不是条条框框，而是汪洋大海，容得下所有的学校、教师、学生各美其美，美美与共。他希望、他需要、他推动所有学校充分发挥办学主动性，创造出具有龙华精神、本校特色的办学样态；全体师生充分发挥成长主动性，创造出具有龙华精神，丰富多元的成长样态。

四年来，在积极教育理念的引领下，龙华教育春满校园，处处姹紫嫣红。

第七章　立足校本，以课程打造办学特色

一如个体幸福取决于个体优势的发挥、运用与提升，学校是否"幸福"同样取决于特色化发展之路的成败。近年来，龙华各学校在积极教育理念引领下，或深植办学理念，或依托师生兴趣，或着眼成长实践，或根植传统文化，都走出了一条立足校本的特色化发展之路。其中，依托校本课程的开发与建设，将学校特色与师生发展紧密相连，成为众多学校的理性选择与成功实践。

第一节　从理念出发，新生活教育成就玉质龙姿

课程开发理论认为，研究共同体秉持的课程研究本体论（课程正当性与真实性的价值）、认识论（遵循何种规则和程序解释客观世界）以及方法论（解释和说明课程现象时采用何种方法）的有机融合，决定了"课程范式"取向与接纳程度的亲密程度。[①] 只有当校本课程开发者将课程研究本体论、认识论和方法论深植于学校办学理念当中，才能实现校本课程与办学理念的高度契合，形成与办学理念的共生互助关系——理念指导课程，课程实现理念，并共同孕育、成就学校的办学特色、办学品牌，形成学校的核心竞争力。

在这方面，龙华区玉龙学校新生活教育系列课程的开发、培育、建设堪称典范。[②]

---

① 罗生全. 70 年课程研究范式的回顾与展望［J］. 湖南师范大学教育学科学报，2019（5）：20-31.
② 以下内容参见：黄美芳. 用课程"链接"生活——新生活课程体系的建构与实施［J］. 教育家，2018（4）：38-41.（由深圳市龙华区玉龙学校提供）

一、问题诊断，确定新生活教育理念

2014 年 7 月，玉龙学校黄美芳校长围绕生活所必需的"衣、食、住、行、情"带队组织了学区内适龄儿童进行"新生活教育"问卷调查。调查结果让人吃惊：孩子在家洗衣整理的占比为 18%，做饭烧菜的占比仅为 0.86%，学生生活自理能力堪忧。基于这一调查结果，结合社区家长对未来的期许、深圳作为国际化大都市对教育的期望、国家对基础教育的指向和定位，玉龙学校确定了"生活为源、发展为本"的新生活教育理念。"生活为源"就是立足生活，把教育和生活紧密地联系在一起，让生活成为教育源泉，让教育回归生活，服务于生活。"发展为本"就是把培养学生的未来发展能力作为根本，着眼于学生终身发展。

二、方案建构，形成新生活课程体系

基于第一阶段的问题诊断，玉龙学校立足生活，着眼成长，围绕"生活为源、发展为本"的课程理念，构建指向学生生活素养培养的新生活课程体系。

2014 年 7 月，玉龙学校根据深圳市教育局《关于进一步提升中小学生综合素养的指导意见》，结合办学理念，制定《新生活教育之"学会生活"特色课程建设方案》，初步构建了新生活教育特色课程框架。

2014 年 9 月，玉龙学校将校本课程和国家课程、地方课程进行整合，构建了以"智慧生活、创意生活、艺趣生活、健康生活"四个维度为基本架构的新生活课程体系。

三、课程实施，打造新生活教育特色

首先，开发新生活课程资源。立足学生生活实际，整合学校、家庭和社区课程资源，开发整理、烹饪、理财、情绪、安全等 70 余门课程，建成新生活课程资源库，为学生健康成长提供充足的"粮食"储备。（图 7.1）

其次，建设特色课程空间。建设 140 平方米整理空间、90 平方米茶艺室、400 平方米生活农场、1000 平方米创客空间等功能空间，将课程与环境融通，为新生活教育落到实处提供硬件支持与保证。

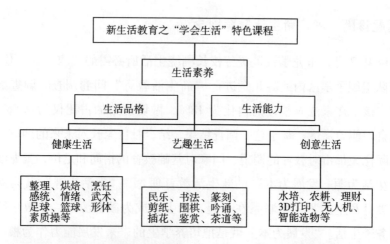

图7.1 新生活教育之"学会生活"特色课程框架

再次，探索多样实施策略。以"课程+社团"（一课程一社团）、"主题+活动"（如校园"君子七节"）、"学校+家庭"（如父母学堂）为主要形式，分年段推进课程实施，为新生活课程的开展提供路径选择。

最后，构建多元评价机制。围绕学生发展的核心素养，建立"玉龙成长银行"，发行"龙币"，构建了积分成长、龙币奖励等多元评价机制，激发学生积极参与、选修校本课程的原生动力，使课程真正成为惠及所有学生的生态系统。

四、成果丰硕，形成新生活教育品牌

这一紧扣学校办学理念的新生活课程体系，由于其鲜明的内生性、自适性，在成就了一批又一批玉龙学子的同时，课程体系本身也得到了良好发展。课程包含特色生活教材8本，各类生活课程与主题活动70余门（项）。其中，"整理篇之孩儿当自立"入选深圳市义务教育一年级教材《综合实践活动指引》。生活课程体系先后多次获得省级奖项，如广东省中小学特色学校建设成果征集活动一等奖、广东省基础教育教学成果奖一等奖、广东省中小学特色学校创建一等奖、广东省中小学特色教材评选二等奖。

媒体对新生活教育高度关注和跟踪报道。南方日报、中国教育报、教育家先后专题报道玉龙学校新生活教育开展情况，为玉龙学校新生活教育赢得了广泛的关注度、知名度和美誉度，为学校发展营造了良好的舆论生态。

玉龙学校新生活教育的成功告诉我们，校本课程只有基于办学理念，才能获得本土性、原生性和内生力、自适力，从而与学校发展形成密不可分的生命共同体，成为莘莘学子健康成长可资利用的资源宝库和力量源泉。就全区而言，只有立足于此，才能形成真正的多元共生、蓬勃生长的校本课程发展体系。也正是立足于此，行知学校的"行知1+1"课程、龙澜学校的PMG（实践、浸润、成长）课程、观澜二小的至美课程、龙华中心小学的KDL（知之know it，行之do it，乐之love it）体育与健康课程、大浪实验学校的纳悦课程等课程多声部和谐共振，共谱龙华校本课程建设的华美乐章。

第二节　从项目起步，"五新"品牌助力学校发展[①]

从打造特色项目起步，逐步发展成特色项目群，从而形成具有鲜明个性风格的学校教育特色，是许多名校、大校的发展之路。深圳2020年度体育典范学校、龙华区2020年"区长质量奖"获评学校——龙华区新华中学走过的正是这样一条特色化发展之路。

一、从跳绳起步，新华学子跳出自信

新华中学跳绳特色项目起步于2006年。是年，该校聘请全国跳绳专家胡平生教授来校指导，拉开了新华中学普及跳绳运动的序幕。在当年举行的别具一格的由全体师生共同参与的跳绳运动会上，该校提出了"人人有绳、个个能跳、班班有队、周周有赛，跳出健康、跳出自信、跳出精彩"的总体要求。这一单项运动会的超常举动，迅速刮起了一场风靡全校的"跳绳热"，几乎人人一根绳，处处有绳影。学校抓住这一热潮，在全校普及跳绳校本课程，进一步激发全体师生参与跳绳、参与体育运动的热情。

1. 普及校本课程，普及跳绳运动

学校在胡平生等全国跳绳教育专家的指导下，创编了跳绳校本教材。教材由绳操、个人花样、速度跳、控绳花样、集体花样跳、速度比赛等几部分组

---

① 以下内容由新华中学供稿，部分来自媒体报道。

成，介绍了跳绳基本知识与技能。其中，绳操是全校必修课，要求人人会跳，班班跳好。在全校普及的基础上纳入阳光体育运动时间的"三操"之一，成为学校的基本运动项目。

为解决好师资问题，学校从现有体育教师中精心挑选了一批热爱跳绳运动、有一定跳绳基础的教师，他们通过外出培训、自我练习等方式掌握好跳绳技能，成为学校推广跳绳运动的主力军。多年来，正是在这样一支爱跳绳、懂跳绳的教师队伍的努力下，从新华中学走出的学子人人都有一手跳绳绝活。

2. 打造精英团队，创造辉煌战绩

"一手抓普及，一手抓提高，两手都要硬"。在全校普及的基础上，新华中学组建了"炫绳联盟"竞技跳绳队，打造跳绳运动精英团队。这支队伍在张丽影、邬晓明等教练的带领下，从基础练起，一步一步挑战高难度跳绳项目，同时积极参加各级跳绳比赛，在比赛中锤炼技术，在竞技中攀登高峰。

十多年来，这支队伍走南闯北，过关斩将，为学校斩金夺银，创造了一项又一项辉煌战绩。2013 年，包揽深圳市跳绳比赛全部金牌。2014 年，在国家体育总局举办的"第四届全国绿色运动健身大会"的跳绳比赛中，新华中学斩获 18 金 11 银 17 铜，奖牌数位居全国各校第一。截至 2020 年 12 月，在全国跳绳比赛中共获得 76 金 44 银 65 铜，打破 5 项全国纪录和 1 项吉尼斯世界纪录。熊井浩同学，成为世界上首个公开场合完成跳绳六摇的人，并被评选为深圳运动达人，受到时任深圳市委书记王荣同志的接见。

2010 年学校被评为亚跳联会员单位。2011 年 10 月，新华中学获得"宝安区跳绳项目特色学校"称号；2014 年 1 月被评选为深圳市 2013—2015 年非奥运项目体育、少数民族体育以及民族传统体育特色学校；被评为 2016—2017 年度全国跳绳优秀示范学校；2020 年在全国跳绳联赛中获得体育道德风尚奖。

跳绳特色项目的推广，不仅为学校赢得了荣誉，也提高了学生的身体素质，同时助力了体育中考。多年来，新华中学体育中考成绩全市领先。更为重要的是，极大地提振了全体师生的自信心，让他们真正看到了自身的潜能。

二、从跳绳特色到体育特色，新华学子屡创新高

随着校域竞争的日益激烈，新华中学认识到学校发展仅靠"一招鲜"是无法走得更远的，只有培养出适合校情、有益发展的项目群，打造出鲜明的学

校特色，才能真正突破发展瓶颈，实现全面发展。为此，学校在跳绳项目的基础上，通过外引内培，不断壮大体育师资队伍，开发出由篮球、跳球、轮滑、健美操、麒麟舞等组成的体育特色群，共同铸就了学校体育特色。

学校从完善管理制度入手，通过抓实体育教学，组建体育社团，组织校内体育比赛，营造体育文化，抓实各体育项目的教学、训练，同时通过家长学校在家长中普及体育文化，提高家长的认识，形成家校共育的良好局面。

梅花香自苦寒来。

辛勤付出换来满园春色，除跳绳外，足球、篮球、健美操、轮滑等多支运动队在各级赛场上脱颖而出，为该校体育特色的形成奠定了扎实的基础。

2010年，学校被确定为"深圳市全国青少年校园足球特色学校"。2011年3月，在全国校园足球联赛深圳赛区足球比赛中，学校女足队获得深圳市第三名。2017年获得龙华区足球特色学校联赛第一名。

新华中学男女篮球队先后获得了龙华街道男女篮冠军。2014—2018年，女篮获龙华区五连冠，龙华区第三名、深圳市第四名的优异成绩。男篮获龙华区冠军、深圳市第五名。

2014年至今，健美操队获全国冠军14次，省级冠军6次，包揽了近5年市、区级花球啦啦操项目所有冠军。2018年学校健美操队被全国啦啦操委员会评为"二星级俱乐部"。学校获得"全国校园大课间啦啦操推广先进单位"称号。

该校还是全国轮滑运动示范学校，培养出了自由式轮滑世锦赛五冠王——冯辉，及10余位轮滑国家队队员。

新崛起的武术队已经成为市级武术强队；鼓乐、麒麟、变脸等特色表演登上大运会、省中运会的表演舞台。

十年来，学校先后被评为省、市、区三级体育特色学校、中国轮滑运动示范学校、广东省健康促进示范学校。2020年，学校被评为"深圳市年度体育典范学校"。体育特色成为该校最亮丽的名片之一。

三、从体育特色到"五新"品牌，学校发展迈向高质量

以体育德，以体益智，以体强志，以体养性，以体兴校。近年来，学校以体育特色的打造为原点，致力于培育新德育、新教学、新科研、新课程、新形

象共五张"新名片",推动学校迈向全面发展、高质量发展。

1. 新德育,德融数理知行合一

学校全力实施"德融数理·知行合一"德育新模式,通过理念育人、文化育人、学科育人形成全方位育人体系。

2. 新教学,自主学堂积极评价

学校扎实推进从"教师讲堂"向"自主学堂"转变的课堂教学实践,全面落实课堂"小组合作学习捆绑评价"制度,为学生搭建展现自我、提升素养的平台,全面落实学生素质提升和学业提升两大行动。

3. 新科研,问题驱动课题研究

学校立足教师自身问题,强化"问题即课题"的意识,把问题列为课题进行针对性实践研究。

4. 新课程,感恩梦想提升素养

学校从学生的思想品质领域和特长发展领域全力构想"感恩·梦想"两大课程体系,为新华学子呈现了众多的个性化、多元化的校本课程,助推学生素养提升与个性发展。

5. 新形象,质量一流特色鲜明

学校追求"四面三层"① 质量特色,学校发展迸发新活力,呈现新形象。包括央视在内的多家媒体频繁关注"新华现象",学生素养长足发展,教学质量稳步提升,被媒体誉为"深圳特色教育的一张亮丽名片"。

"五新"品牌的培育,为学校发展、师生发展注入了强大动力。在历年中考成绩名列全区前列的、学生综合素养不断提升的同时,该校教师队伍也发生了翻天覆地的变化。杨博、仇金玲、李红梅等三位教师先后被评为龙华区"年度教师"(龙华区共进行过五届评选)、"深圳市师德标兵""龙华教育达人"。近三年,参加区级以上业务比赛获奖教师达 379 人。

学校也逐步迈入全面发展、高质量发展的新阶段。学校曾十次被评为龙华区教育管理标兵单位,三次被评为深圳市教育先进单位。2017 年以来,在连

---

① "四面"为身心健康质量、思想品德质量、教学成绩质量、品牌特色质量四个方面;"三层"为文化、教育、项目三个层次。

续三届深圳市教育创新论坛暨颁奖盛典上先后被评为"深圳市最具变革力学校""深圳市家校共育典范学校"和"深圳市年度体育典范学校"。

第三节 向文化漫溯，汉字德育催生家国情怀

课程与文化是一种关系性存在，二者之间并非决定与被决定的关系，而是一种双向建构的关系。① 以课程为媒介将优秀传统文化带入课堂并被学习者习得与践行，是课程研究者的责任担当与使命。为融合传统文化精髓与教育教学工作，改编教材、增设课程成为领悟"传统之美"的重要途径。②

民治中学教育集团民顺小学的"汉字德育"，从古老的汉字是里探赜，发掘德育资源，在文化与德育的双向互渗中，创造了以校本课程传承传统文化的典范。深圳市委宣传部邓丽君副处长赞赏"汉字德育"在粤港澳大湾区、深圳先行示范区建设这个节点诞生具有特殊意义，是坚定文化自信的应时之举，是改进中小学德育的创新之举，是推进文明城市创建的有力之举。③

一、深挖德育内涵，构建螺旋上升的"汉字德育"育人体系

学校以张德芝校长为领队的"汉字德育"研究与开发团队集十余年的研究之力，深入挖掘汉字里所蕴含的哲学思想、伦理道德、家国情怀、审美意识，引领学生在感受汉字博大精深的同时，明生活的理、道德的理、家国的理和天地的理，在情理共融中生出一份文化自信和家国情怀。

为此，学校精心设计、编制、出版了一套六册的《汉字德育》教材，以此为本，引导学生的汉字探寻之旅，德育浸润之旅。

这一课程每年级一个主题，精心选择与之相关的 16 个汉字，展开探索，让学校在探究性活动中，寻字源、析字理、讲故事、读诗词、明道理、导行动，涵养道德品质。一年级的主题是"爱国爱家、小生立志"，分为四个单

---

① 彭虹斌. 从"实体"到"关系"——论我国当代课程与文化的定位 [J]. 教育研究，2006 (1)：73-77.

② 罗生全. 70 年课程研究范式的回顾与展望 [J]. 湖南师范大学教育学科学报，2019 (5)：20-31.

③ 以下材料由深圳市龙华区民治中学教育集团民顺小学提供。

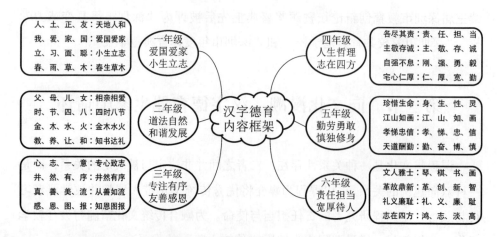

图 7.2 "汉字德育"内容框架

元。第一单元，天地人和，精选汉字"人、土、正、友"；第二单元，爱国爱家，精选"我、爱、家、国"；第三单元，小生立志，精选汉字"立、习、面、聪"；第四单元，春生草木，精选汉字"春、雨、草、禾"。二至六年级的主题分别是："道法自然，和谐发展""专注有序，友善感恩""人生哲理，志在四方""勤劳勇敢，慎独修身""责任担当，宽厚待人"。一至六年级螺旋上升，回环往复，以汉字文化学习为切入点，探寻蕴藏其中的道德智慧，激活它的育人功能，提炼优秀品格——爱国、诚实、勇敢、责任、宽容、坚持、有序、守时、主动、热情等，按照道德养成的难易程度，逐步落实。① 不断夯实学生对汉字的认识，不断提升学生对自然、人生、家国、人类的认识水平，让学生感受中华文化，帮助学生打下"中国底色"。(图 7.2)

二、创新德育教育，打造集文化与教育于一身的"汉字德育"特色

创新一：理念创新。汉字不只是记录汉语的一般符号，更是中华民族的文化符号，意韵深厚，育人育德的内在能量与生俱来。自觉激活汉字之德性宝藏实属现代基础教育的责任使命。德育之根深扎汉字，是形成文化自觉自信的第一步。"汉字德育"返本开新，回到根本问题，回归本根智慧，在守正中创新：创新基于"正"、依于"正"、源于"正"。

创新二：系统创新。十余年来，学校挖掘汉字意蕴，探究德育本源，着力

---

① 王玉玺. 在汉字文化中展开德育 [N]. 南方日报，2020-9-5.

构建了"汉字德育"体系。从核心理念到德育内容，从育人载体到育德模式，从教师培养到学生培育，直至学校文化建设，该体系有外在的形式，有内在的逻辑联系，浑然一体，让汉字焕发新的生命活力，让德育展现新的教化内容。

创新三：载体创新。德育是目的，汉字是载体。编著的《汉字德育读本》，从汉字出发，到学生品格养成，依据学生的年龄特点、认知规律，通过解汉字、读故事、吟诗词、导行动，螺旋上升，让学生在有滋有味的阅读中、在且行且思的体验中，感受中华文化、中国精神，心灵得到润泽。师生共育中国心，成为文化中国人。

该课程及德育项目高分入选"2019 年广东省教育创新十大案例"。2020年一套六册《汉字德育》教材由广东教育出版社出版，向全省发行。龙华区教育局局长在南方日报以《在汉字文化中展开德育》为题，向全省介绍了这一校本"文化·德育"课程。该课程特色鲜明，全国首创，是思政课的创新形式，可作为地方教材向全省推荐使用。南方都市报还推荐该项目参加南都教育联盟年会暨第二届广东教育创新优秀案例致敬分享活动（全省仅四个），进行现场分享。广东省教育厅原厅长罗伟其认为："'汉字德育'思政案例具有完整性、创新性和可复制性。特别可贵的是可复制性，一定要在全省推广。"

课程研究的丰富与多样既需要"他山之石"，更需要本土文化资源的自觉探索，唯此才能在整个教育教学过程中发挥课程扮演的角色和应有的价值，推动"文化—社会"的意义建构。[①]"汉字德育"课程之所以取得成功，得到各方关注，关键就在于在对中国传统文化资源的自觉探索中努力创新、积极建构"文化—德育"双向共融的课程体系，使课程、师生在传统性与现代性的共振中形成文化认同、家国认同，将个体价值自觉导向整体价值的实现当中，夯实人生幸福的底色。

---

① 罗生全. 70 年课程研究范式的回顾与展望［J］. 湖南师范大学教育学科学报，2019（5）：20-31.

第四节　向精神挺进，生涯教育成就君子风骨①

生涯教育（career education）源于 20 世纪后期的美国。1972 年，美国职业教育学会在推广教育工作报告中指出：生涯教育是针对所有国民，从孩提时代至成年的整个教育过程。它能使学生对学习的目的有清楚的认识，并且对将来所要从事的工作有热忱。这是整个教育事业的重心与目标。因此需要运用教育家的智慧及家庭、社会的资源，以使整个生涯教育达到预期目的。② 马尔兰得（Marland）认为：教育应该为个体拓展生涯选择的机会。③

作为龙华区生涯教育试点学校，成立于 2016 年 9 月的龙华外国语学校深刻理解生涯教育对学生终身发展、全面发展的意义，积极开发校本生涯教育课程，以"生涯教育视域下九年一贯制学校德育模式创新研究"为载体，"致广大、尽精微"，全面立德、立人、立校，多维赋权、赋能、唤醒，取得了良好的教育成效。

一、生本，生涯，生长，课题引领新路径

2018 年 10 月，学校尝试在六至八年级的社会综合实践活动中开展生涯教育活动，起到了非常好的引动效果。2018 年 11 月，学校对"生涯教育视域下九年一贯制学校德育模式创新研究"课题开展校本研究。2019 年 7 月，该课题成功立项为广东省教育厅中小学德育课题，课题编号：2019ZXDY0045。学校通过课题引领学校德育研究，打造"三高五度教师"。组织校内专题理论学习和培训，有该校李渝忠校长的讲课，有国际赏识教育专家曾桂安的"赏识教育"专题讲座，有学生发展处组织的"有温度的德育"专题培训。还选派中层骨干和一线教师参加区级、国家级培训，如全国第一届积极教育大会，幸

---

① 本节内容由深圳市龙华外国语学校提供。
② 南海，薛勇民. 什么是生涯教育——对"生涯教育"概念的认知［J］. 中国职业技术教育，2007（1）：5-10.
③ 南海，薛勇民. 什么是生涯教育——对"生涯教育"概念的认知［J］. 中国职业技术教育，2007（1）：5-10.

福教育基金会举办的"幸福教师"公益培训。每期末全员参加学校德育专题培训。寒假、暑假推荐老师进行共读，如《积极情绪的力量》《做一名专业的班主任》《让学生真正改变的教育智慧》等。学校很欣喜地发现，老师们撰写的文章，开展的微型讲座，讲述的德育故事和案例等都在积极主动地运用生涯教育、积极心理学理论。

另外，学校以生涯教育、积极教育等理论为指导，举办了全校性的"特色班级文化建设大赛""班级公约大赛""特别的爱给特别的你——班级评语大赛""班班有歌声"等赛事和节日活动。从班级环境文化、班级制度文化、节日文化等各方面进行德育模式的创新尝试，也取得了非常好的德育实效。在大赛过程中，充分调动学校、学生、家长的积极性和主动性，让学生由他律走向自律。例如在该校举行的两届班级公约大赛中，各班级创新形式，如演话剧、情景剧；创新内容，把中国传统文化融入其中，跳唱结合；整合资源，老师、家长、学生以及学校领导齐上阵，令人耳目一新。更重要的是，在活动的实施中，学生获得体验，赢得共鸣，提升了能力。

二、有格，有品，趋雅，重构课程新体系

教育是什么？说到底，教育就是给孩子提供动力。只有充满动力的孩子，才能走得好、走得远。所以，作为基础教育学校开展生涯教育最需要做的就是为孩子提供源源动力。这个动力，既是知识，也是能力；既是理想信念，也是文化底蕴。

1. 研发了《龙华区外国语学校一年级到九年级德育工作指南》

为了更好地将理念落实落地，该校依据教育部 2017 年印发的《中小学德育工作指南》以及《龙华区外国语学校教育发展"十三五"规划》制定了《龙华区外国语学校一年级到九年德育工作指南》（以下称《指南》）。《指南》包含序言、一至九年级德育细则、"爱、生、研"系列课程。其中每个年级德育细则包括学生生理、心理和思想的主要特点分析、德育目标以及德育课程（活动）建议三个部分。每个班主任拿到《指南》后，就知道这一学年学生的德育发展目标是什么，为什么要这样做，以及怎么做。《指南》具体到月份和周次，非常具有操作性。目前来看，它很好地指导了年级部和班主任开展德育工作，促进了学生的道德认知、道德情感和道德实践能力的提升。

2. 开发了"爱、生、研"六大德育动力成长课程

近两年来，学校的研究主要聚焦在"生涯教育理念具体到德育课程内容的融合和课程形态的研究"。从发展的视角，开发了"爱、生、研"六大德育动力成长课程：修身动力课程、健康动力课程、积极动力课程、实践动力课程、仁爱动力课程、艺术动力课程。课程目标主要是五个方面：让学生学会如何修身，学会如何爱，学会如何学习，学会如何生活，学会如何谋生。具体到课程形态主要是基础课、拓展课、活动课、社团课、大型主题活动、研学活动、社会综合实践等。

修身动力课程。以学校提出的"布衣精神、君子风骨"为价值导向，研发了"雅言雅行"修身动力课程。编写了《雅言雅行手册》并开发了配套的《成长的天空》专题微视频。学生人手一本手册。手册采用了极其细致的解说方式，让学生知道言语文明、优雅举止，是获得"布衣精神"的最佳路径，是拥有"君子风骨"的最好体现。让学生随时随地拿出来"照镜子"，做更好的自己。微视频在学校显要位置和班级播放，并转发给家长进行家校共育。每月一次开展全校性修身课程学习。选取适合中小学生的冥想资源，早、午读时间，每个班都开展 5 分钟冥想训练。全体学生在校园非教学时段、校内外公众场合言语行为举止有度，轻言轻声，自信庄重，促使"静雅"文化的形成。

仁爱动力课程：目的是真切地希望通过开展一些亲切、有意思的活动，教导龙外学子如何善待生命、善度生活，面对挑战、体验人生的意义并追求理想，以期实现"办有意思的教育，育有情怀的人才"这一办学理念。各年级结合学生年龄特点开展了形式多样的"生命教育活动"，如七年级的"人间世"观影活动，六年级的"我为爸妈做做饭"，一年级的"我的蛋小弟/妹"168 小时守护活动，通过领蛋仪式、签署领养书、护蛋 168 小时、撰写护蛋日记、参加分享会等，孩子进行生命探索体验，反思生命的意义。

实践动力课程：主要是开展了研学旅行系列活动课程。研学活动助力学生成长。学生发展处、研学中心，从社会实践活动课程入手，进行深度研发。根据学生不同的年龄段认知特点，结合一至八年级所学知识与课程，分别设计主题式研学社会实践活动，并且开发了研学手册，真正实现"边走边学，学以致用"，实现全程育人，全方位育人。研学活动达到了"研中学，研中做"的课程学习效果。除去各学期在社会实践基地的实践活动，学校还组织学生进行

了暑期北京研学活动，各年级经常自发组织周末研学活动。

积极、健康、艺术动力课程：这三大课程主要以"龙外十节"为实施载体。在充分的德育活动体验中注重学生综合素养培养、身心健康发展、审美能力提升。学校每年举办国学文化节系列活动、国际文化嘉年华、科技节系列活动、艺术嘉年华、体育嘉年华等活动，各年级先后举行了"jing 文化节""美食节""整理内务""祖国在我心中"等活动，链接了个别与全体，体现了趣味与实效，促进了龙外学子全面、自主、个性化成长。同一主题活动在不同年级得到阶段性、有特色地落实，一学期就有 9000 多个学生参与到各种活动当中，实现在活动中育人，在体验中育人，促进学生身心健康的可持续发展。与此同时，学校注重学生艺术技能的训练与审美情趣的培养，开设有"爱之声"合唱团、"爱之翼"舞蹈团、"爱之音"弦乐团、"爱之乐"行进打击乐团、手风琴社团等等。学校举办多姿多彩的文艺活动，例如"艺术嘉年华""新年音乐会""TED 才艺秀"，给学生展现自我与锻炼自我的平台。

即使在疫情期间，学校的健康动力课程、艺术动力课程和积极动力课程也从未中断。为提升审美能力，利用身边废旧材料，在小学低段开展昆虫王国等生活艺术主题创作，在小学中高段、初中开展"抗疫"主题创作，开发手机摄影课程。学生云传递作品 7000 余幅。开发手舞抗疫课程，让学生演绎家庭小剧场。积极开展劳动育人，进行了"劳动教育成果大盘点"活动，反响很好。加强体育锻炼，开发"跃动精灵""跃动成长""跃动青春"系列体育课程，因地制宜，创新运动。复学后开展"冥想操""阳光笑容满校园"等活动。丰富多彩的课程和活动让我们的学生懂事、有本事，家事、国事、天下事，事事关心。

三、育心，育爱，育真，重塑育人新理念

对于基础教育来讲，生涯教育既是目的，也是手段。生涯教育的深入开展，在催发学生生涯意识觉醒的同时，也进一步深化了该校对教育的理解，优化了该校的教育选择。这其中，积极教育理念的引入起到了重要的推动作用。

学校认为，从未来看今天，今天教育的所作所为要有利于至少是不阻碍学生以后的发展。从禀赋性向看，教育应是均衡教育（因材施教），是合适自己的教育。关注学生个体的优势，并用"优势迁移"的教育方式，将教师与学

生的思维锁定在已知的"优秀"，唤醒潜在的"优秀"，把握最近发展区，加速教师和学生的成长。从正面强化来看，我们的教育应是赏识教育。教出乐观的孩子，让每个孩子自信满满地走出校门。乐观的孩子才会充满希望。这些认识是该校作为九年一贯制学校开展学校德育的基础和定向。

"基础不牢，地动山摇"，作为学校的德育部门，学生发展处工作的服务定位又是什么呢？它不是扣分的部门，更不是生见生愁的处室。龙外试图打造理想中的德育处。它是一个"理想加油站"，为所有孩子的发展续航动力，而且是永动力。我们带领下的班级是"好奇心开发中心"。在这间教室里有雅致的环境，更应有温暖的师生关系。教室里的每个人都充满着无限可能性。

基于以上认识和理念，学校从儿童视角、认知心理、人文关怀、细节管理四个维度重塑学校管理文化，提出了德育管理"三原则"理念，以美育美，以爱育爱，以真育真。德育管理"三原则"为：由约束型管理向关怀型管理转变；由报应性正义向修复型正义转变；由固定式思维向成长型思维转变。

目前学校的老师都在学习用这样的三个原则去解决教育教学管理中的问题。此举取得了非常好的效果，化解了很多家校之间的矛盾，可以说是给每个学生、家长、老师赋能。家长也更了解、更信任、更支持我们的教育。2019年4月，学校老师参加龙华区教育局班主任节"锵锵三人行"汇智大赛。他们讲述的就是这方面的故事。该校从70多所参赛学校中脱颖而出获得了最高分，夺得第一名。耳濡目染，该校的学生也在悄悄地学习和践行这一理念，阳光、快乐、自信地成长。

志坚者，不以任重为难。

近四年来，龙外负重前行，不付重托，创造了新校崛起的奇迹。学校先后获得"中国教育科学院·龙华未来学校协同创新中心""2018年全国教育信息化示范校""深圳市2019年教育工作先进单位""第五届深圳教育改革创新大奖""2019年度最受关注十大新锐学校""龙华区文明示范校""龙华区儿童友好型学校"等一系列国家、市区级荣誉或称号。校本课程结出累累硕果，"爱之翼"舞蹈团登上2019年央视春晚，"爱之乐"行进打击乐团和"爱之翼"舞蹈团受邀参加"我爱你中国——庆祝中华人民共和国成立70周年深圳群众文艺晚会"。2020年5月，学校的"顶天立地，释放三能，探索有质量的'线上+居家'学习新样态"入选教育部线上学习优秀案例。

学校打造了一批具有龙外标识度的特色班级，涌现出了一大批优秀班主任。有三（7）小骏马等十个班级获得市、区级优秀中队称号。有曹新月、周慧敏等十几位老师被评为市、区级优秀班主任和优秀辅导员。

学生品行举止、学业特长取得巨大成绩，在各类教育教学大赛中，获奖805项，其中，获国家级、省级特等奖、一等奖、金奖79项，市级以上一等奖134项。其中，翁知鱼在全国2019年度"希望之星"星路风采英语大赛（小高组）荣获一等奖，蔡晨烨在2017中国童话节童话故事创作大赛中荣获特等奖，王瑞康在全国中学生英语能力竞赛中荣获一等奖，罗韵涛在第十七届"新作文杯"全国中小学生作文大赛中荣获初中组一等奖，苏太上在第五届全国阅读之星英语大赛中荣获特等奖，尹琪善、杨德霖、蔡鸿伟荣获"广东省优秀少先队员"称号，王可妮在"南粤最美少年"评选活动中，荣获"才艺好少年"称号。

第五节　向生命开放，KDL 体育与健康课程造福莘莘学子

不同于国家课程对知识体系的追求，校本课程不在于形成知识的闭环，而在于随着生命的生长向世界全方位敞开。耗散结构理论认为，"开放"是所有系统向有序发展的必要条件。课程也是如此，只有不断地从生活中汲取养分，促进生命向着世界敞开才能使自身富有生机，不断生长。

正如张文军（2017）所指出的"我们可以从课程着手，以课程创生来重申教育的人文主义价值，从而弘扬主体的多样性和复杂性，达成文化的多元共存和共生的社会"。①

强调人的本性、自尊、理想和兴趣，尤其是为学生的"兴趣"而生，为学生的"发展"而生，是校本课程的"宿命"所在。在校本课程创生中重申人文教育，实现多主体的多元共存与多元成长正是校本课程的使命。

龙华中心小学的 KDL 体育与健康课程②在帮助学生实现生命生长上的实

---

① 张文军. 关于未来的社会想象与课程创生 [J]. 教育发展研究，2017（12）：1-7.
② KDL 体育与健康课程教材由华东师范大学体育与健康学院汪晓赞教授主编，邵子洺是编委。

践，值得我们关注、借鉴。①

该课程明确提出将课程建立在积极心理学、积极教育的基本理念之上，提出三个育人目标："第一，培养全体学生（既不是个别人，也不是少数人而是所有的学生）积极的心理品质；第二，从健康和行为方面帮助学生更好地改善；第三，有助于学生主动地积极地充满热情地投入教育当中。"学校要求课程面向全体，对每一个人的发展充满着期待、信任，帮助每一位孩子做到更好，提出"只要有身体就是运动员的理念"，培养积极品质。

这一课程以 KDL 体育与健康课程为主体，以活力校园构建、家校联动开展、"'活力五色花'校长挑战杯"奖励计划、运动智能监控等为补充，形成五位一体的综合运动干预，提升学生运动能力和身心素养，促进全面发展。

一、上好 KDL 体育与健康课程，上活体育课

KDL 体育与健康课程有三个关键词，即："知之"（know it），课堂教学中学生的认知层面；"行之"（do it），课堂教学中学生的动作技能培养层面；"乐之"（love it），课堂教学中学生的情绪层面。其最终目的就在于将青少年培养成为懂（运动）文化、有（运动）能力、热衷于运动的人。

龙华中心小学在邵子洺的主持下，引进、推广 KDL 体育与健康课程，以改进、优化体育课堂教学。

1. 丰富课程选择

学校开设了篮球、足球、乒乓球、跆拳道、轮滑、田径、围棋等十余门体育校本课程，使学生能选到自己感兴趣的运动项目，让体育与生命本身的冲动联在一起。

2. 做好体育前测

学校每学期都认真组织学生进行体质健康测试、d2 注意力测验、TGMD-3 儿童身体基本能力测试等，开展学生、家长、教职工的问卷调查。以前测大数据支撑教学中的大运动，把教学建立在更为科学的基础上，让运动的节律与生命的节律同步跳动。

---

① 以下材料由深圳市龙华区龙华中心小学提供。

3. 以"3M"优化体育教学

在推广 KDL 体育与健康课程的过程中，邵子泾教师提出以"积极地动、尽量地动、科学地动"为核心内容的"3M 教学法"，抓住体育课的关键因素——"动"，激活体育课堂。注重体能训练，每节课均组织 10 分钟左右的多样化、趣味性的体能训练，以此确保运动密度在 75% 以上，运动强度达到心率 140~160 次/分钟。为确保运动的科学性，每周进行一次"心率带"智能监控，监测学生体能训练的效果，调整体能训练办法。以"动"为核心的科学的、有趣的、持之以恒的 KDL 体育与健康课程的开展，极大地改善了体育教学，提高了体育课的吸引力、有效性，为学生良好的运动习惯、生活方式的养成打下了扎实的体育认知、体育技能和运动意识的基础。

二、培育"一课两操三会四节五特色"，打造活力校园

"一课"是指 KDL 体育与健康课；"两操"是指大课间操和运动型眼操；"三会"是指综合性校运会、体能挑战大会和文化课堂微运动会；"四节"指"校长挑战杯"阳光体育节、篮球节、足球节和心理健康节；"五特色"是指全国篮球特色、省足球特色、区乒乓球特色、围棋特色和市跆拳道特色。"一课"是中心，围绕这一课，学校组织了丰富多彩的校园体育活动，让学校全方位向着生命开放，打造适合生长的活力校园。在这些活动中，文化课堂微运动值得关注，在细节处彰显了学校对生命的理解、重视与呵护。

文化课堂微运动是指在语、数、英等文化科的教学中短时间、微投入的课堂体育运动。研究表明，坐久了，学生尤其是低年级学生不仅身体容易感到疲劳，注意力也会下降。为此，他们开发出一组 3~5 分钟时长，有一定运动强度、动作简单、场景模拟真实的模仿练习活动，通过视频发布给各班，由各班根据课堂上的实际状况组织学生进行"微运动"。这一活动推广后，得到了师生、家长的普遍欢迎。d2 注意力测验也表明，学生在活动后展现出了更集中的注意力，课堂上更加专注，实现了身体与智能的"双赢"。

三、引入家庭支持，拓展运动空间

要实现 KDL 体育与健康课程"知之""行之""乐之"的课程目标，除了上好体育课，开展好校园活动，更需要建立"家+校""5+2"全链条、浸润

式体育育人系统。家校接力、环境营造、文化感知，使学生感受到体育运动带来的好处、乐趣，从而爱上体育，乐于运动。为此，学校首先通过家长会、家长学校、龙园社区健康会议，每月定期开展一次家长体育与健康培训活动，传播体育知识、体育文化，营造良好氛围。其次通过组织校内亲子体育活动，如亲子田径比赛、足球运动、亲子嘉年华比赛等，培养家庭体育兴趣，密切亲子关系。最后通过薪火家长志愿者队、社区公益组织，组织形式多样的家庭、社区周末体育运动。学校通过这些措施实现了体育运动向家庭开放，向生命全程开放，建立了体育与生命节律的同频协振，促进生命生长，打造幸福人生。

近年来，这一课程得到了多方面的关注。2019 年邵子洺老师获邀赴美国俄亥俄州立大学和北得克萨斯州大学交流研讨，主持的课题被评为 2019 年广东省教育教学成果奖（基础教育类）一等奖。2019 年，邵子洺因她出色的表现被评为全国优秀教师，登上全国领奖台。

龙华中心小学的 KDL 体育与健康课程有着鲜明的生命意识、开放精神，以学生兴趣为出发点，通过建构多样化的体育课程体系，满足学生的多样化需要。以"动"为核心，形成 3M 教学法，激活体育课程。家校联动，实现了体育向生命全程的开放、拥抱，使课程提出的面向全体、改善健康、充满热情的目标落到实处，实现了师生、学校、家长的多方共赢。

第六节　向实践迈进，校本实践课程推动精神生长

人本主义者提出课程内容的选择要遵循适切性原则，即课程内容既要与社会接轨也要与学生的生活经验相联系。只有与生活相联系，学生才会产生学习的动力和激情，乐于学习，并最终产生有意义的学习。[①]

强调与生活的有机联系，注重课程实施的操作性、实践性、体验性和生活化，是"以校为本，以学生为中心"的校本课程的理性选择。

行知实验小学的"小毛驴综合课程体系"和龙澜学校的 PMG 校本德育实践课程分别从知识学习和德育养成两个维度做出了有益探索。

---

① 黄琼兰. 人本主义课程视野下的中学语文教学［J］. 林区教学，2019（1）：54-55.

一、昆虫探究、木工 STEM、废纸再造、劳动教育，小毛驴课程把 "教、学、做" 合一落到实处

行知实验小学的小毛驴综合课程体系包括昆虫生态探究课程、木工 STEM 课程、新能源开发与利用课程和劳动教育课程。学校为每个课程配备了专属的教育空间。①

昆虫生态探究是学校一门重点校本课程。学校建有专门的融虚拟展示与实体展示于一体的蝴蝶馆。此举得到了被誉为 "中国蝴蝶公公" 的贵州昆虫专家冉启堂老人的关注。老人将自己三十年间捕捉的昆虫无偿捐献给学校。这一课程不仅开展知识性探究活动，更通过实地观察、虚拟互动、制作蝴蝶标本、撰写科学日记以及制作手抄报、绘本的实践形式，帮助学生形成操作能力、实践能力和探究能力。

废纸再造是学校新能源开发与利用课程的 "重头戏"，是一门融环保教育与造纸实践于一体的实践课程。课程以研究小组的形式，在学生通过实地调查了解废纸是怎样产生的基础上，组织学生进行废纸再造，让学生亲历浸泡制浆、机械打浆、纸模抄纸、晒干成型的全过程，体验造纸的乐趣与不易。学校通过组织各种不同的再生纸的探究活动、牛奶盒再造的 STEM 活动，升华实践过程，提升探究能力、创造能力。

木工 STEM 是学校新开设的一门新劳动创新课程。它以木工创客工坊为依托，分设低、中、高三阶段课程，从认识木工工具、木料以及传统木工制品起步，在培养学生基本木工技能的基础上，通过亲手制作小木椅、小木桌、小木船、小木桥以至小木屋等，培养学生实际动手能力，涵育对传统文化的热爱之情，培育文化自信，融创作与德育为一体。

新生活技能劳动课程，以生活技能小作业为载体，通过建立家校联动机制，将系鞋带、切橙子、包饺子、拧螺丝等 48 项具体而微的生活、整理、运动、交际等四类技能落到实处。

强调动手，强调实践，强调 "教学做" 合一是该校小毛驴课程的主要特色。学校注重场馆建设，使每一项实践性课程都做到有场地、有活动、有实

———————————
① 本节内容由深圳市龙华区行知实验小学提供。

效，使各项课程建设真正落到了实处。五年的努力结出累累硕果。学校被评为深圳市十大科技创新教育示范学校、深圳市馆校结合科技教育基地学校。2020年，学校从数百所学校的竞争中脱颖而出，被国家教科院评为"全国最佳steam 学习空间"。

二、在实践中浸润，在浸润中成长，PMG 校本德育实践课程以实践促进学生精神生命的蓬勃生长

PMG 由实践（practice）、浸润（moistens）、成长（grow）的英文首字母缩写而成。其中，学生主体性实践活动是主轴，是平台，是教育与成长的时空界域；浸润是方式，是手段，是教育与成长的基本形态；成长是指向，是目的，是学生主体性实践活动的价值归依与实现。该课程倡导在实践中浸润，在浸润中成长。①

为将这一理念落到实处，龙澜学校开发了"水润童心"校本德育实践课程。这一课程由"春风化雨——催生自我意识""水碧山青——净化成长家园""百川入海——融入集体生活""饮水思源——探寻传统文化""山高水长——彰显家国情怀"五个部分组成，将学校"上善若水，润泽无声"的办学理念融入德育过程，关注学生的生命意识、环保意识、集体意识、文化自信和爱国精神的培育。各年级均开设这一课程，在螺旋上升中促进学生精神生命的生长。

最值得关注的是这一课程的实施方法，它打破讲授式、认知性德育教学的传统做法，倡导、推行实践性、体验性、浸润式教学，打造德育综合实践课堂。

在一节以"感恩"为主题的教学活动中，老师不是给学生讲故事、谈感恩，而是让学生寻找自己小时候穿过的小衣物、用过的小物件、玩过的小玩具，和爸爸妈妈一起回忆发生在这些小东西上的故事，在课堂上分享给同学们听。课堂上，同学们带来的一个个小东西、小故事，或引来捧腹大笑，或引来若有所思，但它们所承载的父母子女间的深情却是相同的。老师没有刻意讲感恩，没有刻意讲孝顺，但这份情愫自在孩子们的心中流淌。

---

① 本节材料由深圳市龙华区龙澜学校提供。

在一节以"爱国"为主题的教学活动中，老师布置给学生的课前实践是和爸爸妈妈一道拍摄一个关于家乡变化的小视频，然后在群里分享，在课上展播、介绍。在课上，一段爸爸对女儿讲家乡变化的小视频引起了同学们的注意。画面上，父女俩在家乡的山水间、街巷上边走边聊，通过讲历史，说变迁，道现在，谈未来，女儿深刻感受到了家乡的变化。爸爸适时地以小见大，将女儿的视野引向更为广阔的空间，引向祖国。在这不长的视频中，处处流溢着对家乡的爱，对祖国的爱。教室无声，但情感澎湃。

更重要的不仅在此，更在于在实践的过程中，孩子通过亲手操作，亲身参与，切实感受道德事件的形成过程，在道德认知、道德情感、道德行为的相互浸染中形成德行的内化、升华。

学校通过实践，建立课程与生活的联系。不管是小毛驴的认知性、技能性学习，还是 PMG 的德育养成，都值得肯定、借鉴。

结束语

植根于学校办学理念，以实践为中心，向着生命、向着世界开放，校本课程承载着文化的使命、成长的使命，与师生生命共融共促。这是校本课程最美的图景，是校本课程开发者、执教者们最大的快乐所在。

正因这份最美，这份最乐，依托于校本课程的学校特色化发展之路，才有了最为深沉的价值底蕴，才有了最为深厚的生命之源，才会越走越鲜明，越走越宽广。我们相信，假以时日，龙华，必将孕育出一所又一所特色鲜明、发展蓬勃的明日之校，将龙华教育版图点缀得花团锦簇，姹紫嫣红。

第八章　坚守杏坛，以执着筑就无悔人生

百年大计，教育为本；教育大计，教师为本。习总书记指出：一个人遇到好老师是人生的幸运，一个学校拥有好老师是学校的光荣，一个民族源源不断涌现一批又一批好老师则是民族的希望。① 进入新时代以来，党和国家十分重视教师队伍建设，习总书记多次强调教师是立教之本，兴教之源，多次就教师队伍建设发表重要讲话，提出建设"四有好教师"的标准，鼓励全国教师队伍为党和人民再创新业，再立新功。

龙华教育同样重视教师队伍建设，反复强调"以积极的人培养更积极的人""以优秀的人培养更优秀的人"。在积极教育理念的引领下，全体龙华教育人，坚守三尺讲台，鼓足干劲，力争上游，听风弄潮，在龙华教育追赶时代浪潮，实现从跟跑到并跑，从并跑到部分领域领跑的进程中建功立业，创造出无愧于人生、无愧于人民、无愧于时代的不凡业绩。

第一节　听风弄潮领航人

治国理政，习近平总书记反复强调，要抓好关键少数。教育事业同样如此。龙华区积极教育的播种、耕耘、扬花、抽穗，无一不是因为牢牢抓住了校长——这一教育发展的关键少数。在夯实制度底线的基础上，赋能、放权，充分发挥他们的主动性、积极性、创造性，从而赢来了龙华教育的春色满园，也造就了一批心怀教育理想，扎根教育一线，敢闯、善谋、能干的优秀校长。正是他们撑起了龙华积极教育的朗朗晴空。

---

① 选自 2016 年 9 月 9 日，中共中央总书记、国家主席、中央军委主席习近平在北京市八一学校看望慰问师生时的重要讲话。

一、天地有大美而不言——记龙华区玉龙学校党支部书记、校长黄美芳[①]

黄美芳，玉龙学校创校校长，人们口中的大美校长。谈起创校历程，当年的艰辛，大美校长如今仍旧历历在目。

1. 天下大事必作于细

创办一所学校，不可谓不大。事关上亿的资金，使一方学子学有所成。当接过筹建通知后，大美校长深知责任重大，更懂得一所学校建设的成败不仅仅在于规划是否科学，还在于细处是否精心。因此，在敲定了学校建设的大格局后，大美校长并没有成为甩手掌柜，而是更为勤勉地投入到施工质量的监督上，投入到校园文化的建设上。

为使某一处设计更为完美，大美校长往往要和各方人员反复商讨。当有了一个好点子后，即使深夜，也披衣起床，经常是通宵达旦。她已记不清有多少个凌晨仍在用手机传递修改图和建议。为确保施工到位，她一次次走进烟尘弥漫的施工现场，亲临指挥，以致患上严重的鼻炎。

桩桩件件，历久弥新。正是凭着这份执着，两年后，在一片黄泥满地的工地上崛起了一座有着浓浓"玉龙风，中国味"的绝美校园：玉龙剧场高雅大气，宝玉阁玲珑剔透，图书馆雅静别致，创客空间动感现代……每一处都是一幅流动的画，一首静止的诗。学校连廊开辟成开放式图书馆、昆虫博物馆；开放的厨房不仅仅是用膳之处，还是师生学习烹饪的地方。真正做到了"大美不言，育人无声"。

而这，只有亲历其间的人，才能真正体会到大美校长付出了多少心血与智慧。

2. 飓风起于青蘋之末

2016 年，被评为深圳市好课程优化项目。

2017 年，受邀参加第四届中国教育创新公益博览会。

[①] 以上内容由深圳市龙华区玉龙学校供稿。黄美芳，深圳市龙华区玉龙学校党支部书记、校长，深圳市宝安区第六届人大代表、龙华区首届人大代表、龙华区人大常委会委员，龙华区名校长、龙华区十佳优秀校长、深圳市十佳青年教师，龙华区教育工作突出贡献奖获得者，广东省基础教育教学成果一等奖获得者。

2018 年，获广东省第二届中小学特色学校建设成果奖一等奖。

2019 年，获广东省第十届教育教学成果奖（基础教育）一等奖。

谁能想到当初一节不起眼的整理课，能长成新生活教育的参天大树，能一步步走出区，走向市、省，乃至成为在全国都有影响力的教育品牌？

但对大美校长来说，这是既定之策。对玉龙学校而言，新生活教育是学校发展规划的核心环节，它所关系的不仅仅是学校影响力、美誉度，更是以此统整、推动学校课程整体变革、学生成长模式整体变革的关键一招。

六年来，这一课程体系从无到有，从小到大，已逐渐发展成由"学会生活""学会审美""学会创造"三大模块，整理、剪纸、烹饪、烘焙、理财、沟通、情绪、鉴赏八大课程组成的课程体系，九年打通，一以贯之。与此同时，推动国家课程校长化实施路径的变革，打造"生成、生长、生活"的三生课堂，将课堂的生成、生命的生长建立在真实的生活之上。

这其中，有传承，更有创新。正是紧扣"生活"二字，在大美校长的带领下，玉龙学校在深圳城市中轴迅速崛起，被评为深圳市最具变革力的学校，成为深圳市教育科研基地学校、北京师范大学教育教学实践基地，获龙华区五一劳动奖状。每学年慕名而来的参观者络绎不绝，各级专家参观后都对学校给予了高度肯定。

3. 己欲立则立人，己欲达则达人

一位好校长就是一所好学校。而学校之好，不仅仅在于楼好，课程好，更在于人好，在于师生幸福成长。

为了给教师们解决住宿问题，大美校长一次次和有关部门交涉；为解决教师的午休问题，她一次次修改办公卡位设计方案，最终做到了两全其美；每一位怀孕的教师，她都会不时探望，叮嘱再三；每一位教师的生日，她都记挂在心。

更重要的是，在玉龙，大到绩效方案，小到校石题字，大美校长都充分征询教师的意见。正因充分民主，最棘手的绩效方案在玉龙得到了百分之百的通过。这一方案还被推到全市做经验交流。

比关心更重要的是成就。在促进成长，成就教师上，大美校长不遗余力。学校先后输出了两位正校级负责人，三位副校级负责人，多位龙华区撷英班、铸将班成员；学校涌现了区级年度教师一名，龙华区教育达人一名，深圳市教育达人提名奖一人。

筑巢引凤，不请自来。不少名校优秀毕业生慕名而来。玉龙学校目前毕业于 985、211 大学的教师占学校总人数的百分之七十。天地有大美而不言。这正是大美校长的真实写照。

二、只有文章最久坚——记龙华区行知学校党支部书记、校长满晓螺

在不断深化积极心理学在教育教学中运用的同时，龙华积极教育注重从中国传统教育智慧中汲取力量。其中，陶行知先生的生活教育、行知教育是重要的理论之源、思想之源、精神之源。在龙华，有这么一位校长，十余年执着于在深圳大地传承、推广、光大行知教育，先后创办了行知小学、行知实验小学、行知学校。她就是三所"行知"学校的创校校长满晓螺。

与她接触过的人都说，满校身上，有一种安静的力量，一种以温柔的执着直抵人心的力量。从一篇《阅读能超越现实甚至苦难，只有文章最久坚》的文章中，我们能感受到这份温柔的执着。现选编于下，让我们一起感受这份深沉的教育之爱。①

诗人聂绀弩曾写给友人这样的诗句，"彩云易散琉璃脆，只有文章最久坚"。以此告诉他的朋友，在经历了人生苦难后，有些情绪要放下，但千万不要放下写作。正是那一篇篇千古文章，超越现实甚至苦难，建构了美妙的精神世界。

1. 爱与教育：爱是教育最好的环境

丰子恺是我喜欢的一位画家，创造了一种别人难画难描的漫画：用毛笔捕捉生活、儿童、自然、家国琐事和人生刹那，寥寥几笔就勾画出了一个意境，平和随意而余味无穷。丰子恺说："我的心被四件事所占据：天上的神明与星辰，人间的艺术与儿童。"

---

① 以下内容选编自：满晓螺. 阅读能超越现实甚至苦难，只有文章最久坚 [N]. 中国教师报，2020-4-8. 本文是满晓螺校长应中国教师报的邀请，为全国教师推荐十本我最喜爱读的书而写的书评性文章。满晓螺，龙华区行知学校党支部书记、校长，正高级教师、深圳市党代表、广东省三八红旗手、深圳市十佳校长、深圳市五一巾帼标兵、深圳市优秀督学、深圳市三八红旗手、贵阳市名校长工作室领衔人、龙华区首届人才突出贡献奖、龙华区首批名校长工作室主持人、龙华区十佳"闪亮龙华人"。

去年9月我接手一所新办校，便把丰子恺先生的《山高月小水落石出》《人散后，一钩新月天如水》等多幅漫画挂在墙上，让它们停留在来来往往的师生眼中。

说到底，教育无非是提供一个环境，好的教育就是提供一个适宜学生成长的环境。《爱的教育》就是讲述环境对孩子心灵塑造的一本书。它写的是一个小学四年级学生安利柯一个学年的生活，其间穿插着老师每月给学生讲述的"故事"，还有父母为他写的许多具有启发意义的文章。一颗诚恳、素朴的童心一点一滴地感受爱、善良、正直、勤奋这些为人最重要的东西。每一篇小故事都如一粒粒温润的珍珠。

《爱的教育》的译介者夏丏尊说："我在四年前始得此书的日译本，记得曾流着泪三日夜读毕。这不是悲哀的眼泪，乃是惭愧和感激的眼泪……平日为人为父为师的态度，读了这本书好像丑女见到了美人，自己难堪起来，不觉惭愧流泪。书中叙述亲子之爱、师生之情、朋友之谊、社会之同情，都已近于理想的世界，虽是幻影，使人读了觉到理想世界的情味，以为世间要如此才好。于是，不知不觉就感激了流泪。"这一番话，令我感同身受，于是几十年来，我把这书一直当成珍贵的枕边书。

2. 思想与实践：在深圳的大地上传承行知教育

2005年，我有幸在深圳创办了第一所以陶行知先生名字命名的公立小学校后，又相继成为行知实验小学、行知学校的创校校长。在这先后15年的时间里，这条行知教育路是我一生最有意义的选择。常有人问我为什么选择"行知"做校名，我说基于三个考虑。一是陶行知先生的学术思想，如生活教育、自主教育、大众教育，以及他的"教学做合一""小先生制"的中国化教育实践十分宝贵。二是陶行知先生的人格伟大。"千教万教教人求真，千学万学学做真人"，他的教育不是停留在讲义、文章、教室里，他是行动派，他用自己的生命来诠释和表达教育理想。三是陶行知先生的文章最朴素，情感最真挚。我们每一个普通人都可以读得懂、用得上，心里欢喜。

《陶行知教育名篇》的主编方明先生是陶行知先生的学生，他曾任全国教育总工会主席，也是中国陶行知研究会会长。记得我第一次在上海见到他，向他汇报学校更名一事，他连说"好，好，深圳办行知小学更有意义"，并把他家的住址和电话用钢笔工整地写给我，还向我要了学校的邮寄地址。我回到深圳不久，就收到方明先生"千教万教教人求真，千学万学学做真人""爱满天下"等三幅题字。我收到后装裱好，挂在学校会议室和办公室。方明先生如今已离开我们，但我们不会忘记这位朴素而热忱的"行知家人"。

"高山仰止，景行行止"。今天，在教育突围的攻坚阶段，若我们回望陶行知先生这位教育先驱，亦会找到我们孜孜以求的真教育之路。

3. 生活与育人：让生命之树根植于大地

女儿很会养花。广东过年的习俗与北方不同。逛花市，买年花，都是重要的春节节目。家家户户买年橘，而我偏爱兰花的清幽动人。几年下来兰花越来越多，女儿把它们从小盆换成大盆，每天阳台上一片盎然，俨然造了一片兰花园。

养花如此，育人也是一样。花盆中能长出参天大树吗？当然不能。由此，我读懂了《瓦尔登湖》。抛去学术上的个人主义、集体主义的术语，简单直白地说，就是梭罗这位毕业于哈佛大学的人，通过隐居瓦尔登湖表达或实验一种新的朴素、自然、清醒的生活方式。就如同花需要换一个大盆一样，本质上都是要求一种更为广阔的生命空间。

对于生活之树，在必要的时候应该给它换个大盆器，或索性就让它根植于大地！

没有华丽的辞藻，一如她创办的每一所行知学校，朴素、淡雅。但行走其中，你总能收获一份惊喜，或是围墙上爬着的一片绿色，或是角落里生长的一株幽兰，或是门槛上一个极不起眼的小装饰，都让你由衷地感叹一声，这就是教育。

是的，这就是教育，安安静静，却直抵人心。

乱云飞渡仍从容。

龙华教育的发展，积极教育的推行，需要一支有情怀、懂管理、敢干事、能干事，且能干成事的校长队伍。他们要能从容应对复杂的办学环境，把握学校发展大局，引领学校破浪前行。这样一支队伍的锻造，不仅在选，还在育，更在用。龙华区从赋权、赋能两方面着手，全力打造一支教育家型的校长队伍。

赋权。从学校章程建设入手，逐步构建以党领导下的校长负责制为核心，以依法治校、民主管理、现代治理为主要内容的现代学校制度。以教师招聘为例，近年来，龙华区不再统聘统分，而是采用全区统筹、以校为主、双向选择的招聘办法。这一办法深刻激发了学校的招聘热情。每次招聘，各校校长亲自组队，亲临现场，从学校实际出发招聘真正需要的人才，有力地促进了各校人才结构的优化与升级。

赋能。当前教育发展一日千里，这需要校长队伍不断优化知识结构。为校长成长定向打造的航标工程，一方面组织高规格的专家培训，帮助校长把握教育前沿；另一方面组织实地考察，汲取各地先进的办学经验，丰富办学实践。实施两年来，先后组织了 4 次集中研修，2 次高端学术会议，1 次校长学术论坛，1 次跟岗活动。组织专家入校指导 22 所学校。同时开设线上课程，拓展培训空间。这一系列大密度、广视角、多领域的培训、指导与实践活动，为校长们把握前沿、审视自我、重塑路径提供了高端引领，为龙华教育发展向着未来挺进打造了一支思想前卫、敢于创新、锐意进取的校长队伍。

大美校长的热情、新生活教育的成功，晓螺校长的执着，行知教育的传承、推广，在龙华不是孤例，而是一种集群现象。龙华区玉龙学校、龙华外国语学校、龙华中心小学、书香小学、教科院附属创新学校、新华中学等多所学校被评为深圳教育改革创新领跑学校、深圳最具变革力的学校、阅读典范学校、家校共育典范学校、体育工作典范学校。龙华高级中学、龙华外国语学校、龙华实验学校、龙华第二实验学校、华南实验学校、未来小学、鹭湖外国语小学等携新校之冲劲，蓬勃发展。多校被评为深圳市最受关注新锐学校。民顺小学的儒雅教育、大浪实验学校的纳悦教育、观澜二小的至美教育、龙澜学校的润泽教育等从不同侧面践行着、丰富着积极教育，共同绘就龙华积极教育全面发展的锦绣华章。

第二节　不负平生青云志

国将兴，必贵师而重傅。

以积极的人培养更积极的人，以优秀的人培养更优秀的人。龙华教育决策者们深刻懂得，区域教育的发展不仅仅是盖大楼，建大校，更在于培养一支积极向上、追求卓越的教师队伍。教师积极则学生积极，教师优秀则学生优秀，教师卓越则学生卓越。

近年来，龙华区始终把教师队伍的建设摆在重中之重的位置上，以"人才5+"战略推动整个教师队伍的转型升级。与此同时，在积极教育理念的熏染下，感召下，一批又一批龙华教师积极有为，创新奋进，用高尚师德、卓越学识，创造性地开展教育教学工作，在换来桃李芬芳的同时，完善自我，超越自我。邵子洺、李晓桃两位"全国优秀教师"荣誉称号获得者，就是他们中的佼佼者。

一、从运动场上走出的高层次人才——记龙华中心小学邵子洺老师①

哨子，是体育老师的标配，也是这位龙华体育界巾帼标兵的网名、工作室名。学生们都亲切地称她为哨子老师。

哨子老师邵子洺，南粤优秀教师、深圳市十佳师德标兵、深圳市名师、深圳市"哨子"名师工作室主持人、深圳市地方级领军人才、龙华区龙舞华章高层次人才。2019年，她被评为全国优秀教师，登上全国领奖台。

熟悉她的人都知道这些荣誉背后的艰辛——一身巧克力色，见证了她三十年如一日在运动场上的摸爬滚打。

1. 她是学校篮球运动的开拓者

1996年与丈夫一道南下广东，任教于龙华中心小学后，她接手了学校女子篮球队教练一职。十三年来，她节假日不休息，把学校篮球队送上了街道冠军的宝座，一坐就是十三年；送上了区冠军的宝座，一坐又是六年，造就了一

---

① 本节内容由龙华中心小学及邵子洺老师提供。

支校队代表区参加市赛的传奇历史。

正是在她的带领下，学校从区、市、省篮球特色学校，一路成为全国篮球特色学校。篮球成为学校的标志，成为校园文化不可或缺的部分。

2. 她是学校体育科研的开拓者

她从校本小课题做起，探索发现式 3M 教学法，先后主持、参与了 9 项市、省和国家级课题；坚持推广 KDL 体育与健康课程，参与了华东师大体育与健康学院书记、长江青年学者汪晓赞教授主持的国家社科基金重大课题结题成果——《KDL 体育与健康课程》的出版，填补了国内"KDL 体育与健康"教材的空白。论文经过双盲选被 2018 年 SHAPE 国际健康与体育研讨大会和第四届国际体育与健康协会（ICSPAN）墙报展示并收录于论文集，她因此获邀赴美国俄亥俄州立大学和北得克萨斯州大学交流研讨。主持的课题被评为 2019 年广东省教育教学成果奖（基础教育类）一等奖。

3. 她是学校特殊教育的开拓者

2004 年的一天，一位家长带着他的脑瘫孩子找到邵子洺，希望邵老师能通过体育锻炼帮助孩子更好地恢复。邵老师二话没说，答应了这位家长的请求。一年半后，孩子终于投进了第一个球，邵老师和她一样开心。三年的陪伴，终于让这位特殊孩子的生活能力、身体素质都得到了很大的提高。

一次"偶遇"，终身结缘。此后，她坚持每周二为随班就读的特殊孩子上一节 KDL 亲子感统训练课；带领特教教师坚持每年一届为爱心班 8 位特殊孩子开展运动会和亲子嘉年华活动。通过总结经验，她推出了针对特殊儿童的"全才培养计划"。这一计划在"全国问题学生研讨大会"上得到与会专家的高度认可，在全国传播、分享。

4. 她是青年教师的良师益友

在主持"深圳市'哨子'名师工作室"和"龙华区邵子洺体育学科带头人工作室"的三年中，她培养了 7 位市、区级青年骨干教师和教坛新秀。

在谈及邵子洺时，龙华中心小学的校长肖德明说："邵老师把人生最美好的年华都献给了党的教育事业，献给了中心小学的孩子们。她爱生如子的教育情怀，永不自满的学习态度，踏踏实实的工作作风，不计得失的奉献精神值得我们学习。"

二、做师生的良师益友——记和平实验小学李晓桃老师①

与邵子洺老师同为"陶友"，同为"全国优秀教师"获得者的李晓桃老师，用自己的柔情与坚持，生动诠释了"积极教师"寻梦、追梦、圆梦的人生历程。

李晓桃，广东省特级教师、全国优秀教师、全国中小学优秀德育工作者、全国优秀少先队辅导员、第七次全国少代会教师代表、广东省十佳少先队辅导员、深圳市第六届人大代表、深圳市地方级领军人才、龙华区一类人才，曾获全国恩欧希教育信息化发明创新奖、深圳市"五一劳动奖章"。

与这些耀眼的光环相比，李老师身上特有的对学生的似水柔情更令人印象深刻。

1. 李老师，谢谢您

说这话的是一位在老师们眼中最难缠的家长，一位有听力障碍的孩子的妈妈。当平时只能考二三十分的孩子拿出一张 72 分的期末试卷时，她激动地流下了热泪。她知道，这背后是李老师的爱与耐心。

为了教好这个"不一般"的孩子，李老师每天放学后，把他留下来，从"a"开始，一遍又一遍地反复教，有时把孩子的手放在自己嘴前感受发音的气流。26 个字母足足教了三个月。当用不太标准的发音把全部字母读出来时，孩子兴奋地"咿咿呀呀"，手舞足蹈，李老师也热泪盈眶。

这份耐心的背后，是李晓桃对孩子深深的爱。爱是什么？正如她自己所说：爱就是不抛弃、不放弃、不嫌弃，像爱自己的孩子一样爱学生。

正因这爱，在一节赴贵州的支教课上，她放下既定的环节，一次又一次地指导一位错字连篇的孩子读对每句话。

正因这爱，她停下正常的进度，让一位语文课上画画的孩子，带着他的画走上讲台，介绍自己的"大作"。

正是这缘于爱的宽容，抹去了贵州女孩的羞涩，唤醒了画画男孩的热情，从此爱上学习。

---

① 本节内容由龙华区和平实验小学及李晓桃老师提供。

2. 李老师走到哪里，哪里就有正能量

同事、领导、家长之所以这样称赞李晓桃老师，不仅仅在于她的勤奋好学、教艺精湛——多次获得区、市、省以及国家级授课比赛一等奖，更在于她对少年儿童的深深热爱，对育人工作的深深热爱。

在担任少先队大队辅导员、德育主任期间，她坚持问需于童、问计于童、问效于童。她将电影课程引进校园，将理想信念与电影课有机结合。学校被评为"全国电影课示范学校"。因工作突出，李老师被评为全国电影课优秀教师。她探索出"一队一品"特色中队的创建模式。学校少先队活动在她的精心策划下，开展得有声有色，少先队被评为"广东省红旗大队"。她先后主持了市、省少先队辅导员带头人工作室，被评为"广东省十佳少先队辅导员"。在主持全区少先队工作期间，她的这些好的做法在全区得以推广，先后培育出多个省、市级少先队示范基地校。

3. 她是影响我一生的人

在一次市级"最美辅导员"的评选中，李晓桃工作室的两位学员同时入围决赛。备赛期间，李晓桃牺牲休息时间帮她们改稿、想点子，指导她们反复练习，鼓励她们互帮互助，携手共进。最终，创造了一个工作室两位选手获奖的赛场奇迹。

近年来，李晓桃老师坚持做年轻教师的知心人、指路人，指导20余位青年教师在全国等各级比赛中获奖。工作室学员冯丽好在2018年获得"深圳市十佳少先队辅导员"后，第一时间将这一喜讯分享给李老师，她对李老师说："您对我的恩情不在一时，您的精神、智慧与情怀，都深深地影响着我。"

积极，是主体的觉醒，更是自强不息的进取。

近年来，龙华区提出了价值引领、项目驱动、阶梯成长的人才队伍建设方略，实施未来教育家工程，引领人才队伍以"成家立业"——成教育家，立大事业为目标勠力前行。这一工程分设撷英工程、铸将工程、航标工程，针对不同成长期的人才梯队开展不同内容的培训。

这一工程的实施，为人才成长设立了清晰的目标体系，搭建了坚实的成长阶梯，深刻激发了人才队伍的成长内驱力。工程实施三年来，培养了各类教育人才近400人。不少优秀教师走上了领导岗位，成为学校发展的中流砥柱：李晓桃参与了和平实验小学的创建工作，成为该校副校长；江坚、赵燊、马强国、曾铁军、李志华等近40名铸将班学员走上学校领导岗位。其中江坚、赵燊等青年才俊成为学校负责人，为龙华教育开创了一片新天地。

第三节　杏坛求索领头雁

在龙华区，被评为各级名师，不仅意味着一份荣誉，更意味着一份责任——你不仅需要不断提升自己的教育教学水平，更有责任做一只杏坛求索的领头雁，带领年轻教师们上下求索，拥抱梦想，追求卓越。

一、最是书香能致远——记龙华区第三外国语学校党支部书记、校长，龙华区名校长工作室主持人聂细刚[①]

在担任龙华区第三外国语学校筹备组组长之前，聂细刚是龙华区书香小学的创校校长。在书香小学办书香校园是自然的选择。在书香小学6年，他倡导和践行"幸福教育"模式，让书香根植校园，芬芳四溢，浸润童心。

1. 让幸福在书香中潜滋慢长

教育的终极目标就是帮助孩子获得人生的幸福。

在书香小学，"1+6"是孩子们的幸福的密码。"1"指"一个理念"，即"书香致远，幸福成长"；"6"指"六大课程"，即书魂、书香、书堂、书生、书社、书韵。"书"贯穿于书香小学幸福教育的方方面面。每一本"书"的背后，都是书香小学别具一格的育人方式。

处处有书香味，时时听读书声。为营造一所具有书香味、幸福感的校园，学校别出心裁，专门为孩子们建造了"百草园"与"三味书屋"，让童年有书香为伴。"书香节"是书香小学最盛大的节日，每个班级都要举行"晨诵、午

---

① 本节内容选编自：聂细刚，一位小学名校长的梦想和实践［J］. 学校品牌管理，2017（7-8）及《专业引领，众行致远——聂细刚名校长工作室2019年工作总结》《龙华区第三外国语学校详解》（未发表）等材料。聂细刚，龙华区第三外国语学校党支部书记、校长，正高级教师、全国优秀教师、教育部小学校长培训中心授课专家、教育部在线教育奖励基金教育信息化先进个人、深圳市优秀教师、深圳市首批名师、深圳市骨干教师、深圳市教师培训系统先进个人、深圳市龙华区首批"名校长"、首批教育科研专家工作室主持人，曾获龙华区教育工作突出贡献奖。

读、暮省"活动，以此养成到校即朗读的好习惯，让琅琅书声溢满校园。

在书香，读书的不仅仅是老师，是学生，还有保安、工勤人员。因为，聂校长深深地懂得，在学校，每个人都是教育者。好的教育环境不仅在于校园的楼宇草木，更在于人，更在于每一个读书的人。

教育，最为讲究的是慢工出细活。一天又一天的师生共读，一年又一年的"书香节"，让书香小学名副其实。书香，于潜滋慢长中，浸润着每一个书香人的心灵，塑造着这所以"书香"命名的学校品格。2020年，在聂校长离开一年后，书香小学被评为深圳市年度阅读典范学校。颁奖词这样写道：

> "一个爱读书的校长，引领一批爱读书的教师，培养一批爱读书的孩子。"这是书香小学追求的幸福。从环境育人到"最美诵读"实验基地校，再到阅读课程开发，书香小学正向着更高更远的目标前行！

2019年，聂细刚校长调任龙华区第三外国语学校筹备组组长。学校变了，但聂校对"书香"的一往情深没有变。在他精心编制的学校发展蓝图中，书香仍旧四溢——打造"书香校园"是学校办学目标之一，"书香节"是学校三大主题节日之一。这所以"三外有三，卓尔非凡"为办学理念的学校，必将在书香的浸润下，茁壮成长。

注重课程育人，创新课程体系是聂校长的又一重要办学经验。在书香，他在国内首创"六书"课程体系；在三外，他精心建构"一主三层五维"特色课程，开设了舞蹈、合唱、啦啦操、小语种选修课、京剧、跆拳道等60多门选修课程，为学生提供多样化的课程选择。

2. 让团队在书香中携手同行

独乐乐不如众乐乐。

在办好学校的同时，聂细刚还担任了龙华区名校长工作室主持人，负责为龙华教育培养更多的管理人才。"把工作室建成龙华区校长及后备干部的成长孵化器"是工作室的既定目标。读书，是工作室为实现这一目标的主要措施之一。

在2019年工作室年度会议上，每位成员都收到了聂校长送给大家的书——《优秀校长最重要的标准》，接到一份任务——每天读书 1 小时，1 个月看完 1 本理论专著、写好 1 篇读书心得。6 月，工作室读书沙龙活动举行。工作室成员们没有辜负他的期望，每个人都侃侃而谈，有全书漫谈，也有主题阐释，更多的是结合自己的工作实际谈反思、谈期望。聂细刚校长鼓励大家，要把这股读书新风坚持下去，用书香提升教育品格、办学品质、人生品味。

在 2020 年工作室年度会议上，每位成员又收到了聂校长送的一套书——《做卓越的校长》。图书包括了《中国热点教育政策与分析》《美国教育启思录》《英国素质教育纪实》等 12 个分册。给成员赠书已成为工作室年度会议的惯例。

在读书送教的同时，工作室成员最喜欢参加的培训项目是聂细刚校长的讲座。而他也从不让他们失望，工作再忙，都会抽空为大家主持几场紧扣时代脉搏的前沿讲座。近年来，他先后为全体成员做了"学校管理的道与路""学校建设三部曲""品牌学校是如何打造的""精英教师的教学智慧"等 10 余场专题讲座。工作室成员也在活动过程中把自己的想法、困惑与大家分享。在这种热烈的学术氛围中，工作室成员迅速成长。

"一线教学法"是工作室成员快速成长的秘密武器之一。2019 年 7 月，刚接手龙华区第三外国语学校筹建工作的聂校把工作室成员召集在一起，研讨学校文化建设。在办学规划论证会期间，学校邀请北京师范大学安文铸教授等多名专家为办学规划听诊把脉。工作室成员全程参加。一场理论与实践结合的精神盛宴，让工作室全体成员受益匪浅。除校内研讨外，他还带领工作室成员赴观澜湖柏朗思学校、龙岗万科双语学校等外国语学校考察，召开现场研讨会，全方位了解外国语学校的文化特色。通过这一系列的活动，聂校长把团队成员带到教育决策的一线，教育管理的一线，手把手引领大家快速成长。

课题研究是推动成员成长的利器。近年来，聂细刚校长主持了多项省、市级课题，专注研究"小学幸福教育"。他的专著《书香致远，幸福成长》由广东高等教育出版社出版。在他的鼓励和带动下，所有成员都主持或参与了各级各类课题研究。他们以自己的教学实践为主线，以课题研究为载体，边学习边研究，促进了自己的专业发展，改进了学校工作。

立足龙华，辐射全国。

近年来，聂细刚校长足迹遍布全国，2017 年参加了全国中小学校长夏季论坛、广东省中小学特色课程建设展示会；2018 年在中国名校长广州夏季峰会、福建省泉州市校园文化建设校长论坛等重要教育峰会上做专题报告；2019 年赴泰国为泰国教育部民教委汉语教师做"课堂教学的艺术""学校管理的道与术"专题讲座；2020 年在第 21 届"京沪基础教育"在线论坛上发言。

同时，他带领工作室成员积极外出送教，先后到广东、江西、福建、海南、新疆等地送教 30 余场，为各地送去龙华的教育教学经验。

除了本土成员外，工作室还吸纳了其他省、市、区成员。聂细刚校长先后担任了全国 50 多所学校跟岗校长导师，到全国 300 多所学校做讲座，实地指导办学工作，提升办学内涵。2020 年，聂校长应邀担任信阳师范学院、教师教育学院校外兼职研究生指导教师，指导研究生 11 人，多次为学院师生做专题讲座。

百花齐放春满园。

在聂细刚校长的带领下，工作室成员茁壮成长，许多都成长为学校独当一面的部门负责人，不少还走上了领导岗位。工作室培养了一大批校级领导：张德芝担任龙华区民治中学集团民顺小学校长；温冠君担任龙华区教科院附属外国语学校校长；邓焕金担任龙华区第二小学校长；钟萍、马强国、沙珊珊先后任三所学校的副校长。另外，工作室助理曹元钟被中国教师网聘为教学处主任，培训教师上万人，被深圳城市学院聘为教师继续教育授课专家。

二、独行快，众行远——记龙华区首席教师、原初中语文教研员、玉龙学校副校长向浩

向浩说话，音量不高，语速不快，但每一句话都透露出一位语文老师特有的文化味，书卷味，中通外直，儒雅厚重。他的文字更是如此，简洁素朴，不蔓不枝，事说得明白，理道得透彻，常让人拍手称快。

作为一名语文老师，他把"为学生提供优质的语文教育"作为教育教学生涯的永恒追求，从不懈怠。作为龙华区首席教师工作室负责人、区初中语文教研员，他把"让每一位龙华区语文老师上好每一节语文课"当作自己的理想。他以工作室、中心教研组、区初中语文教研活动为平台，把语文"共生教学"推广到全区，让每个学生都上到优质的语文课。在一篇介绍自己语文教学的文章——《立志为学生提供优质的语文教育》中，向浩介绍了自己的

语文教学教研之路。让我们走入其间，走近向浩。①

1. "教师要给学生一碗水，自己要有一桶水"

刚刚参加工作的时候，我把"教师要给学生一碗水，自己要有一桶水"奉为职业圭臬，并认真坚守和执行。于是，用近十年的时间思考着这句话和优质语文教育的关系，并践行着。我近乎疯狂地给自己的"桶里"装水。读书，是必不可少的。十年间，我读过的古今中外教育教学专著不下千册，从前人那里汲取了丰富的教育教学养料，包括关于教育哲学的思考、中外名家的教育思想、中外教育史、教育教学方法论方面的论著，以及教育科学外的边缘学科论著，不一而足。

在不断蓄"水"的同时，我还在思考如何把桶里的水，变成源头活水，让学生受益。我想到的是课堂，即把每一节课上好。我潜心琢磨自己的每一节语文课，从内容的选择到活动的设计，再到教学的评价，每一个维度都精心设计。慢慢地，学生喜欢我的语文课了，学生的语文成绩也一直优异于其他班级。因为我热爱琢磨课堂教学，因为我喜欢基于学情思考问题，我的语文教学水平得到了飞速提高。2006年，经广东省中语会推荐，我被全国中语会评为"教改新星"。2010年，我受广东省中语会委派参加全国课堂教学大赛，一举夺魁，获得第一名。原中语会理事长苏立康教授称赞我是"很会上课的老师"。这些成绩的取得，归功课改这一宏大背景，其中对我帮助最大的是观念革新和方式转变。"以学生为主体、以教师为主导"的教育观、教学观和学生观，对我们这代恰逢课改的新老师的作用是非常大的；"自主、合作、探究"等教学方式，让我们的课堂真正活起来了，沉下去了，生长开了。

---

① 以下内容选编自：向浩. 立志为学生提供优质的语文教育 [N]. 中国教师报，2021-1-6. 向浩，深圳市龙华区玉龙学校副校长，曾任龙华区初中语文教研员。北京师范大学访问学者、江西师范大学文学院、岭南师范学院文学与传媒学院客座教授、硕士写作研究生兼职导师。国家质量监测命题组成员。国培计划培训专家、澳门中文教材编委、广东省中语会理事、全国"三新"作文研讨会常务理事、全国中小学写作教学研究会理事。曾被提名为深圳市"我最喜爱的老师"，曾先后 7 次荣获国家、省、市、区各级现场教学大赛第一名。2020 年 7 月 25 日中国教育报报道了"向浩名师工作室"相关事迹。

2."一个人可以走得很快，一群人会走得更远"

非洲有一句谚语这样说道："一个人可以走得很快，一群人会走得更远。"的确，单靠我一人的奋斗和努力，辐射面终究是有限的。语文教研员的角色，让全区的初中语文老师跟我一起走，一起顺应课改大潮往前走。

自从做了教研员之后，我主要思考的问题就是：在新时期，如何让每一位初中语文老师上好每一节语文课？于是我成立工作室，精心培养了近100名老师。同时，通过区级教研活动，开展扎实有效的主题教研活动，改变老师们的观念，革新老师们"教"与"学"的方式，我区初中语文教学质量蒸蒸日上。随着教研工作的扎实推进，我思考与高校合作，与名师同行，通过高校的高端引领，再加上我们孜孜以学，不断创新，成果丰硕喜人。一大批青年教师走向全国各地送课、支教，彰显着龙华语文人的精彩，传递着龙华语文人的智慧。这群人，在各级各类期刊发表文章近200篇，展示精彩课例50多节，获得各级各类奖项近200种。一个人，只能改变一个人的课堂；一个人，只能影响一个人的学生。要想让更多人享受到课改的红利，就必须思考如何将"一个人"的影响扩大至"一群人"的影响。这样，才能真正触及改革的根本。我们全区开展教研活动，主要是以"学习共同体"的形式。在这样的团队里，理念是主导者，文化是组织者，制度是督查者，人人都可以是首席，人人都可以得到他人的帮助。我和老师们一起努力，共同进步。每一天中每一节课，我们都力争为学生提供优质的语文教育。

3. 科技是第一生产力

1988年6月，邓小平同志在全国科学大会上提出了"科学技术是第一生产力"的论断。是的，用科学的思维和方式开展劳动，才能事半功倍。当教研工作步入深水区之后，我发现手把手地教老师"如何上好一堂课"固然有效，但远远不够。

我想：如果立足于语文学科的本体属性展开语文教学，学生就一定能接受到优质的语文教育。围绕这一脉络思考，我潜心思考和研究，陆续发表了100多篇文章，有谈语文本体属性的，有谈语文教学内容选择的，有谈语文教学方法的，有谈语文教师培养的……其中有4篇文章被人民大学资料室全文复印转载。这些文章，都是我们基于实践的深度思考而作。以研究的姿态展开教学，事半功倍。我和我的团队还致力于课题研究，把问题当作研究的逻辑起点，把成果推广开去，以影响更多的老师和学生。其中"'共生理论'下的初中作文教学研究"获得市级立项，"初中语文统编教材读写共生日常写作课程开发与实践研究"获得省级立项。在课题研究与实践过程中，我编写的"统编版读写共生写作日常课"由广东花城出版社出版，并在众多学校实践，让很多学生不仅不怕写，还能写得快，写得好。随着科研的不断深入，让一些老教师的教育观和教学观进一步发生了改变。观念的改变，带来的是行为的改变；行为的改变，带来课堂的改变；课堂的改变，带来学生的改变。在科研的驱动下，全区近3万名初中学生正在慢慢感受到优质语文教育的独特魅力。

"让学生享受优质的语文教育"，这是向浩的追求，也是龙华区初中语文教学的追求，作为龙华区初中语文课改的原动力，引领着龙华语文课改一步步走入深水区，在克难攻坚中，创造出属于龙华自己的语文教育特色，为龙华积极教育增光添彩。

鼓励名校长、名师成立工作室，发挥辐射效应，引领更多教师学有专长、教有所成是龙华区促进教师成长的重要举措。近四年，龙华区先后成立了72个各类名校长、名师工作室。这些工作室分布在龙华教育战线的各个层面、各个领域，像一团团火点燃年轻教师们心中的成长热情，如一道道光引领青年教师们朝着教育理想奋进。

第四节　丹心一片育桃李

2019年以来，先后有三位龙华教师在深圳教育改革创新论坛暨颁奖典礼中被评为年度教育人物。他们分别是深圳市龙华区教科院幼教集团总园长兼教科院附属幼儿园园长、龙华区学前教研员甘露，深圳市龙华区实验幼教集团总园长刘红喜，深圳市龙华区教育科学研究院综合部研究员张文华。他们对教育的忠诚、热爱与卓越贡献，赢得了世人关注，赢得满堂喝彩。

一、因为相信，所以美好——记龙华区教科院幼教集团总园长甘露①

甘露，来龙华时间不长，但她却身兼数职。既是龙华区教科院学前教研员，又是区教科院附属幼儿园园长，现在还成为区教科院幼教集团总园长。虽然身份在不断切换，但甘露对推进幼教改革、推进幼教创新的热忱始终没有变。她始终相信课程的力量、技术的力量、团队的力量，相信爱的力量。

1. 相信课程的力量

在甘露心中，课程始终是幼儿教育的中心。从"一日生活即课程"的认识，到致力于推进园本课程和高宽课程的融合，创造性地开创了探索性课程。甘露带领龙华幼教人一直走在幼教课程改革的前沿。

适宜是探索性课程的核心范畴，要求课程实践建立在对儿童的现有认识和原有经验之上，在生活中寻找课程资源，挖掘教育价值。基于皮亚杰的儿童认知发展过程理论，甘露认为，探索性课程要充分考虑幼儿年龄适宜性、个体适宜性、文化适宜性以及教师有效性，为儿童提供适宜性发展实践，推动儿童全面、自由、可持续发展。

在儿童眼中，世界是一体的。正是基于这一认识，甘露带领全体教师致力于推进环境一体化、探索一体化进程。打通室内外学习空间，以一体化思维重构室内学习区域、室外游戏区域，使儿童自由穿行在不同场域；打通不同课程模式间的边界，以儿童的一日活动为主线，以主题探究课程、区域活动课程、领域课程、生活课程、环境课程和大型活动课程为补充，带领儿童开展探索社会、探索自然、探索自己、探索交流、探索学习方式共五大内容的学习。其中，儿童一日生活是探索性课程的主线，在实施中，选择孩子终生受用的生活卫生习惯，将行为规范，基本礼仪，自我保护，感恩教育，音律、文学欣赏等

---

① 以下内容由龙华区教科院幼教集团提供。甘露，深圳市龙华区教育科学研究院学前教研员兼龙华区教科院附属幼儿园园长、广东省特级教师、华南师范大学兼职教授、腾讯大学学前教育顾问、深圳市首批名园长、广东省甘露名师工作室主持人、深圳市甘露名园长工作室主持人、广东省学前教育专业委员会学术委员、广东省教育督学、深圳市教育督学、广州市教育督学、广东省南粤教育先进工作者、深圳市第二届幼教蒲公英"十佳园长"、深圳市创新十大年度人物、深圳市 2019 年度教育人物、深圳市龙华区高层次人才。

内容融入贯穿于幼儿一日生活中进行潜移默化的教育，发挥隐性教育最大化价值。

在甘露持之以恒的带领下，龙华区幼儿教育课程开发、实施终于有了先进的理念引领、清晰的路径支持、扎实的内容建构，为幼儿教育园本化实施铺平了道路。

但甘露深知，课程建设，只有起点，没有终点。在未来，她将充分利用集团优势，继续推进课程改革之路，力争使龙华区每一个孩子都能享受最好的幼教课程。

2. 相信技术的力量

虽然"出身"于传统幼儿教育，但甘露并不排除现代数字技术在幼儿教育中的应用。她深知，在这个技术缔造的时代，孩子们是"原住民"，数字化学习是他们基本的学习、生活和生存能力。只有让技术融入他们的生活、学习，自然、自觉、自主地发生，他们才能成为技术的"自由人"，技术才能加持孩子们的学习。

在办学实践中，甘露积极加入龙华区"三龙"计划，推进智慧校园建设，申报、创建广东省学前教育"新课程"科学保教示范项目基地及广东省信息化技术试点校，探索利用人工智能、幼儿可穿戴设备、虚拟/增强现实等技术丰富幼儿学习方式，让技术助力学前教育的变革，为幼儿园智慧校园创新提供理论引领和实践指导。幼儿园开设机器人、编程课程，帮助幼儿实现各类新奇的想法，培养他们的探究思维、创新思维。龙华区教科院附属幼儿园智慧校园建设成为广东省唯一入选教育部《2018 中国互联网学习白皮书》的案例。

甘露深知，技术的变革，一定带来教育方式的变革。与其等待、观望，不如适应时代的需要，在深度参与、亲身体验、有选择的接受中，在技术与教育的深度融合中创造新的教育空间，书写新的教育故事。当然，在这一过程中要始终不忘儿童在哪里，教师在哪里，家长在哪里，以人为中心建构适宜的技术场域，推动技术为人服务、为儿童服务。

3. 相信团队的力量

为更好推动龙华区幼教事业的整体进步，甘露组建了一个覆盖全区的名园长工作室。组建四年来，甘露带领工作室全体成员共同学习、共同研究、共同推动龙华幼教改革。她始终相信团队的力量。

工作室是幼教学习的中心。在自主学习的基础上，甘露组织工作室成员通过对话、交流，结成紧密的学习共同体，实现分享型的互惠学习。2021年，工作室成员共同撰写的《悦读者——给幼儿园教师的阅读建议》一书即将出版。

工作室是科研兴教的引擎。四年来，甘露带领全体成员共完成了国家、省、市、区级课题10多项，内容涉及学前教育教学实践的各个方面，有效推动了所在幼儿园的教科研工作。四年来，甘露和工作室成员一起开展下园视导58次，视导幼儿园50所，开展各类教研活动80余场，以此纠偏、导航，推进全区幼教改革。工作室成员为龙华区提供了多份调研报告，多次参与市、区关于学前教育的政策文件的起草，为教育行政决策提供专业支持。编写、出版的《幼小衔接课程指引》，为全面幼小衔接工作的开展提供了范例支持。

工作室是教学示范的窗口。四年来，甘露积极发挥名师的教学示范辐射和引领作用，带领和指导工作室骨干成员，通过观摩、送教下乡、支教等形式，引领幼儿教师的快速成长。足迹遍布广西、西藏和粤北山区，充分发挥了很好的示范效应。

君子成己达人。

四年来，在甘露的带领下，区工作室成员苗壮成长。有5人考取了龙华区公办幼儿园的园长；5人考取了龙华区公办幼儿园副园长；6人成为龙华区"三名"工程名园长、学科带头人和骨干教师；工作室成员均被聘为"龙华区家庭教育讲师团"讲师；3人被聘为"深圳市学前教育专委会讲师团"讲师；持续为龙华区公办幼儿园推进提供人才储备与支持。

因信而爱，因信而立，因信而美。

正因相信，甘露在自己的幼教生涯中，一次次遇见美好，创造美好。

二、因为共生，所以共长——记龙华区实验幼教集团总园长刘红喜①

在龙华幼教界，刘红喜这个名字是与"共生课程"紧密联系在一起的。作为一种"幼有善育"的可行性模式——"共生课程"受到业界广泛关注，激发了全社会对学前教育的普遍关注和全新认识，影响力遍及粤港澳大湾区乃至全国，为学前教育做出了深圳贡献、龙华贡献。作为它的倡导者、实践者，刘红喜也因此受到人们的关注。而对刘红喜来说，更乐意看到的是，师生共生、生生共生的美好画卷。

1. 共生课程，让"幼有善育"落到实处

让每一位儿童获得可持续发展。

深耕幼教事业 30 余年，刘红喜孜孜以求的是每一位儿童的可持续发展。而把"可持续"三个字变成现实，并不是一件容易的事。它意味着儿童不是简单地认几个字，画几幅画，而是核心素养的全面发展，更重要的，是儿童对未知世界的好奇心、探索欲在经过三年的幼儿教育后不仅不会被削弱，反而得到更高层面的"膨胀"，更高水平的"生长"。如此，才称得上可持续。正是基于这一深刻的思考，刘红喜始终致力于幼教改革，致力于创设一种符合儿童天性、适合儿童发展的育人模式。共生课程正是这一探索的最新成果。

共生课程立足于生态学"一起生长"的观念、传统文化"和谐共生"的理念，是一种以儿童发展为本，以生活为中心，以共同成长为目标，共同生活、共同适应和共同成长的课程。共生不但是指幼儿之间一起成长，而且涵盖师幼间、亲子间一起成长，包括各园所间、幼儿园与家长、各社区间一起成长，幼儿教育与小学教育一起成长，要为幼儿创设全方位的成长环境与课程体系。

共生课程致力于环境的共生。对儿童来讲，环境即教育。在实验幼教集团梅龙幼儿园，刘红喜园长带领全体教职员工，把共生文化融入园内的角角落

---

① 本节内容的材料由龙华区实验幼教集团提供，部分选编自：吴灵珊. 多举措营造共生文化氛围"共享区域"游戏方式培植儿童素养 [N]. 南方都市报，2020-12-26（NA78）。刘红喜，深圳市龙华区实验幼教集团总园长。第十一届广东省督学，广东省教育评估协会评估专家，深圳市学前教育苗圃工程首批名园长，深圳市"刘红喜督学工作室""刘红喜名园长工作室"主持人。广东省学前教育专业委员会副秘书长、教师培训部主任，深圳市学前教育专业委员会副理事长。

落，一处一景、一角一韵，无不体现出"和谐共生，一起成长"的共生理念，于潜移默化中滋养着儿童的心灵。在教室，各类与学习、生活息息相关的标识，以儿童喜闻乐见的形式帮助他们建立起良好的安全感、秩序感和规律感，让儿童成为环境的主人。

共生课程致力于游戏的共生。对儿童来讲，游戏即课程。共享区域活动，是梅龙幼儿园在刘红喜园长带领下，以共生课程为指引，坚守儿童立场探索出的全新游戏的场馆。共享区域游戏活动以年级为单位，在同一年级不同班级创设语言馆、数学馆、科学馆、美工馆、戏剧馆等游戏场馆，打破班级的界限，幼儿根据兴趣需要自主串班游戏，实现空间、时间、材料、计划、活动、经验的充分共享。宽松、自由、平等的游戏氛围，为幼儿创设了更多的自主计划、安排、选择、交流的机会，让幼儿在合作、探索中尝试解决问题，体验成功的快乐。

教师"共生"则学生"共生"，刘红喜深谙此道。四养活动——精致环境养品位、艺术人文养雅趣、休闲娱乐养性情、茶歇文化养氛围——是幼儿园为老师生活、工作、成长精心打造的文化工程。它以精致、高雅、愉悦、和谐的文化环境、文体活动让共生文化深入教职员工的内心，使他们成为"共生文化"的理解者、创造者和传播者，让幼儿园人、物、事达到一种和谐共生的美好状态。

人物共生、师生共生、生生共生，和谐共生的环境、游戏、课程打破了幼儿教育小学化的痼疾。通过让儿童直接感知、实际操作、亲身体验，共生课程在不断培养、发展儿童核心素养的同时，让孩子们永葆一颗好奇之心、一双探索之眼，使"幼有善育"从理想走向现实。

当看到每一个孩子的脸上始终洋溢着快乐的笑容、眼中始终闪烁着灵性的光辉时，刘红喜心中充满了喜悦。她知道，自己的努力没有白费；她相信，共生课程正是她要寻找的实现儿童可持续发展的金钥匙。

2. 开放共享，让共生课程走向远方

一起成长，是共生课程的核心观念，也是刘红喜建立"深圳市刘红喜名园长工作室""深圳市刘红喜督学工作室"的初衷。刘红喜所梦想的，不仅仅是一园共生，而是师师共生、园园共生，是更多幼儿沐浴"共生"之光，快乐成长。

打造核心团队。近年来，刘红喜工作室以课题研究为抓手，以共生课程的研究与实践为主体，不断推进幼教改革与个人成长。两个工作室共有 14 项国家级、省级、市级、区级相关课题研究获得立项。她引领教师紧紧围绕教育过程中的问题和关键点开展研究，遵循"问题即课题，教研即科研，成长即成果"的研究思路，扎实推进研究进程。在研究过程中，工作室成员积累了大量可操作的资源，出版了 320 余万字的"实践与探索系列"丛书，为幼教改革提供了可资借鉴的成熟案例。四年来，有多个课题结题，并获得"优秀课题奖"，研究成果获得市级推广应用。刘红喜主持的"让儿童的游戏回归本真——'共生课程'探索与实践"课题研究成果荣获省级优秀成果奖一等奖。

发挥辐射效应。刘红喜既是共生课程的倡导者、实践者，也是它的推广者。她平均每学期对全国各地的园长、教师开展各级各类培训 10 余场，足迹遍及北京、上海、浙江、湖南、重庆、四川及广东各地，积极传递课程改革、创新管理、人才培养的"共生范式"。她所管理的幼儿园经常接待来自各地的幼教同行。他们在此参访、研讨和交流。幼儿园还承担各级各类观摩、开放活动，她在推广"共生课程""共生文化"的同时，为积极幼教事业的改革与发展做出了贡献。

作为广东省督学，省、市专委会副秘书长、副理事长，刘红喜积极承担社会责任。她多次参与各级政府学前教育相关文件、政策和评估指标体系的研究、制定，为学前教育发展献计献策；协助举办各类大型活动和专业研讨、培训活动；开展帮扶和指导行动，带头到薄弱地区支教，积极把"共生"理念推广到全国，弘扬学前教育正能量，发挥深圳、龙华幼教事业先行示范的作用。

刘红喜深耕深圳幼教事业 30 余年，以共生、共享、共融、共长的发展理念为指引，先后打造了 3 所广东省一级幼儿园，3 所深圳市一级幼儿园，1 所广东省《3~6 岁儿童学习与发展指南》实验园，2 所深圳市《3~6 岁儿童学习与发展指南》实验园。其中 4 所园被评为"深圳市优质特色示范园创建单位"。所管理的幼儿园均为所在片区牵头园。

因为共生，所以共长。30 多年来，刘红喜的人格魅力和对专业的执着追求，影响着越来越多的幼教人，为实现"每个儿童的可持续发展"而努力奋斗。

三、因为热爱，所以执着——记龙华区教育科学研究院张文华

与前两位深圳市年度教育人物不同，张文华博士是因为援藏工作而入选的。透过颁奖词中的一组数据，我们能读出的不仅仅是"艰辛"二字，更是他对教育炽热而深沉的爱。

他超越海拔 5000 米，抵达植物生长之极限，跋涉千里，挂职援藏。为了西藏察隅 400 名教师和 4000 名学生的改变，他翻山越岭，深入察隅县每一所学校观课上课，指导教研活动 300 多场。他 6 次将深圳、西安等地的 42 位名师请到察隅开展培训和教研活动逾 100 场；推动深圳与察隅手拉手学校开展教研活动近 20 场，捐书逾 10000 册，捐物近 10 万元。他筹集资金 18 万元，2 次将察隅 21 名学生和 4 位教师带到深圳研学。他用真情善良完成深察两地的亲情连线。他用坚毅行动彰显深圳教育智慧与力量，重塑察隅教育生态与文化。

让我们从张文华的自述中，走进他的援藏之旅——为了四百分之一和四千分之一的改变。①

1. 援藏初心：为了完善自我

"我之所以报名援藏，主要是为了来西藏这个神秘和神圣之地体验不一样的山、水、人和事，领悟世界的辽阔和人生的多样，反思、安顿和完善自己。"2019 年 6 月 29 日，进藏第二天，在察隅县委县政府召开的第九批援藏干部人才座谈会上，我对大家说："我来察隅挂职，不为改变世界，只为完善自我。因为，完善自我，才能更好地影响和助益世界。"

---

① 本节内容选自张文华的"成就四百分之一和四千分之一的改变——个人援藏工作述职报告"。张文华，北京师范大学外文学院博士、深圳市龙华区教育科学研究院科研员、中国英语阅读教育研究院专职研究员、广东省第九批援藏工作队队员。2019 年 6 月至 2021 年 3 月，他在西藏自治区林芝市察隅县教育局挂职，任副局长。

2. 学生来信：渴盼好的教育

然而，一封学生来信，改变了我的最初想法。2019 年 7 月 3 日，我跟随察隅县教育局局长陈伟华到古玉乡中心小学调研。课间巡视时，我听到五年级学生拖长声调唱读课文，便走进教室，带学生读生词，给他们正音，和他们聊天。五分钟过后，上课铃响起，我离开教室，继续巡堂。

午饭时分，一个小女孩来教工之家找我，塞给我一封信，扭头便跑走了。信中文字"虽然我们不认识，但是您的举动，让我感到很亲切……之前来我们学校的人，都是一张严肃的脸，但是您的笑，却是最好的……希望有缘再见……"让我百感交集。我万万没有想到，自己五分钟的逗留，在索朗旺姆心中，竟是"幸运"和"幸福"。回县城的路上，我好几次拿出信来重读，读着读着，不禁泪湿眼眶。我意识到：孩子本能地知道，什么是好的教育；他们渴盼好教师、好教育；而我，作为援藏教师、分管教学教研的副局长，可以试着去回应和满足"索朗旺姆"们的渴盼，可以邀请深圳名师前来察隅支教，指导教研、上课，为察隅师生呈现不一样的教育图景。

3. 充分调研：制定援藏计划

有效帮扶的前提是了解需求，了解需求的最好方式是实地调研。为了尽快了解察隅教育的基本情况和师生需求，我在不到一个月的时间里，走完了察隅县的三乡三镇。与校长、教师座谈，和家长、学生聊天，在此基础上制定了我的个人援藏计划：一是将全县 350 名在岗教师的课听一遍，以便全方位了解察隅县中小学校课堂教学现状，发现问题，予以解决；二是将深圳市尤其是龙华区的名师请到察隅来开展学科教研活动，深入学校，蹲点教研，每学期 3 批次；三是将察隅县最具潜力的教师和学生带到深圳去研学半个月，每学年 10 至 15人。在此让察隅的师生看到更多的可能，努力做出改变，创造更多的可能。

4. 坚毅行动：愿景成为现实

2019 年 8 月至今，我走遍了全县 7 所中小学校，深入课堂，观课议课，累计听课 260 节，深度议课 150 节（故而，我认识了全县近

200 名老师和 100 名学生，并能叫出他们的名字），并在每所学校执教研讨课至少 2 节，累计上课 48 节，涵盖语文、数学、英语、音乐、班会等学科。我邀请了来自深圳市和西安市的 6 批 42 人的学科名师，在察隅县中学、察隅县完全小学等 6 所学校蹲点教研，为期一至两周。这 42 位名师累计观课议课 400 余节，执教展示课 100 余节，开设讲座近 60 场。

我协同深圳市教育局，从福田、南山等 5 个区选拔了两批共 12 位骨干教师前往察隅县中学、察隅县完全小学、下察隅镇中心小学等 6 所学校支教，为期两个月或一学期。这 12 位教师扎根课堂、教书育人、培养学生，同时立足学科、深度教研、发展教师。他们累计授课 2400 余节，组织学科教研活动 80 余场。

我进一步推进察隅县政府与深圳大学的校地共建项目，选派了 6 位察隅县的学科骨干教师前往深圳大学参加为期 15 天的培训研修活动。协助深圳大学选拔了 3 位大学生志愿者到察隅县两所小学支教，任教美术、音乐、英语学科，为期半年。

我带头捐款 2 万元，并发动工作室成员捐款，募集资金 7.8 万元，将它设为"察隅县优秀师生研学基金"，全额资助了察隅县首个优秀师生研学团的深圳之旅。该研学团由 11 名学生和 2 位教师组成，于 2019 年 12 月 25 日至 2020 年 1 月 8 日，在深圳市龙华区行知实验小学跟班就读，入住结对家庭，体验都市生活，留下了终生难忘的美好记忆。2020 年 12 月 24 日，察隅县第二个优秀师生研学团（2 位教师和 10 名学生）赴深圳市龙华区行知实验小学开展为期 15 天的研学活动。

我积极联系深圳市龙华区的学校，促成龙华二小、和平实验小学、学府中学分别与下察隅镇中心小学、上察隅镇中心小学和察隅县中学手拉手，结成姊妹学校。2019 年至今，察隅县各学校共接受姊妹学校捐书上万册，物资捐赠近十万元。

我对接、协助深圳市关爱办，从全国招募了 10 位志愿者，到察隅县的 6 所学校支教一学期。由于沟通顺畅，深圳市关爱办还定向向古拉乡中心小学捐赠了 30 万元的物资。

我对接深圳市教育局、龙华区教育局、龙华区教科院，邀请深圳市 2020 年"年度教师"、龙华区积极教育研究联盟专家团队，到林芝巡讲，开设两个专场讲座，反响热烈。

我还应察隅县教育局的要求，成立了察隅县张文华教育科研工作室，吸纳了 15 位小学优秀教师、2 位教研员、2 位校长为成员。我带领他们坚持每天练一板粉笔字，每周朗读一篇课文，每月读一本专业书籍、写一篇读后感，每学期打磨一节精品课，每三年完成一项课题研究。

5. 不改初心：彰显深圳力量

在察隅一年半，我去过路途最远最险的察瓦龙乡 10 次，古拉乡 6 次，目睹过泥石流、雪崩、坠石，亲历过雪地车辆打滑，命悬一线。当深圳卫视记者吴晗问我"你为什么这么拼"时，我说："因为我要对得起深爱我的那些人；要对得起这段离开他们的时光；还因为我要在完善自己的同时，引发四百分之一和四千分之一的改变。"目前，察隅县有近 400 名在编教师和近 4000 名中小学生。

相信坚持的力量，相信生命自身自有的向上生长的力量。当稻香酒店的老板拦住我，对我说："谢谢你，张局长！谢谢你邀请那么多的深圳老师来给察隅的老师和学生上课。察隅的老师和学生都说，深圳的老师课上得好……"

虽然我即将离开察隅，但察隅有我的工作室，有我的学员和牵挂的人。因此，我仍将一如既往地关注和关心察隅教育发展。每年的暑假和国庆假期，我仍将带着我的深圳工作室成员，来察隅、去学校、进课堂，观课、议课、改课、上课，进一步科学有序地培养我的察隅学员，带着他们开展校本教研活动，促进学校课程与教学变革，激发学校内生力，培养教师专业成长自觉，唤醒和感召更多教师，改进课堂教学，提升察隅教育质量。

相信、共生、热爱，正是这些本源的生命力量，驱动着龙华教育人负轭前行，犁开龙华教育的沃土，播种下积极教育的种子，终换来苗壮、穗实、丰收在望的美好图景。

丹心一片，育得桃李芬芳。如斯之至也！

第五节　三尺讲台铸师魂

2015 年开始，龙华教育系统与深圳市教育局同步组织"年度教师"评选，至今已评过五届，共评出年度教师 12 人。他们是：杨博（2015 年）、吴炳生（2016 年）、仇金玲（2017 年）、李红梅（2018 年）、荀化（2018 年）、何泉君（2018 年）、王荟姝（2019 年）、单琼（2019 年）、王振鑫（2019 年）、陈妍（2020 年）、吴朝朋（2020 年）、董凌云（2020 年）。

他们是龙华教育的中坚力量，始终心怀理想，耕耘于三尺讲台，以高尚师德感召千万学子，以精湛师艺推动教育改革，为龙华，为未来，逐梦前行，不悔此生。在本节，让我们回到那激情澎湃的现场，重听四段演讲词；同时，走进一段教育故事，看龙华教师如何以青春美化校园，以梦想点燃热情。

一、任性前行——演讲者　龙华区新华中学杨博[①]

各位好，今天我演讲的题目是《任性前行》。任性，是我和孩子们学到的新词。比如他们会说，开学了，作业没写，就这么任性；比如他们会说，博博，居然进年度教师总决赛了，任性哦。

仔细想想，任性这个词用在我身上还真挺合适的。因为我最常听到的一句话就是："你疯了吧？"或者是"拉倒吧！别折腾了！"

如果我们班的小溪听到这里，一定会使劲儿点头。好吧，就来说说她！作为顶级学霸，小溪一直是男孩子心中的大女神，女孩子心中的小钢针。中考前一个月，只有她悠然淡定，霸气十足。同事们说："你有福啊，学霸在手，状元不愁！"可我却感到隐隐的不安。那不安，来源于她嘴角玩世不恭的微笑，还有高傲不羁的眼神。

那个早晨，小溪又在班级里闹腾了。"哇！小雨，烂成这样的铁

---

① 杨博，深圳市新华中学科研处副主任，课题中心负责人。龙华区首届"年度教师"，龙华区"铸将班"二期学员，龙华区名师"领雁工程"领航班学员。曾荣获深圳市"五一劳动奖章"、深圳市年度教师提名奖、深圳市班主任技能大赛初中组一等奖、"最佳口才奖"。先后获评为深圳市第二批中小学班主任工作室主持人、深圳市师德标兵、深圳市"我最喜爱的班主任"、深圳市"创新经济技术创新能手"、龙华区"学科带头人"称号、龙华区"年度教师"、龙华区"德育团队带头人"。

皮文具盒，限量版哦！"刺耳的笑声里，我看到小雨愤怒的面庞。

我不能再等了！

放学后，我把小溪请到了办公室。"学霸，我在做家庭教育的课题，你来做助手吧。"她的眼睛亮了，"哇，课题，高大上哦，我可以吗？""当然可以。今天就开始！走，调研去！""好啊，好啊！"她就这样掉进了我温柔的"陷阱"。我们的目标：小雨家。污水横流的菜场小摊位里，小雨身患癌症的妈妈无力地坐在收银台后，而她的爸爸许多年前就不知去向。空气仿佛凝固了，我看到了小溪的震惊与不安。我轻声说："小溪，下个星期，每天到小雨家10分钟，然后完成一篇观察报告，好吗？"她郑重地点点头。

意料之中的质疑随后就来！小溪妈妈说，要中考了，四大名校啊，浪费时间啊！朋友们说，成绩好就行了，瞎折腾啥？可我，却依旧任性地坚持着，因为我要的不是一个冷酷的学霸女神，而是一个有温度、懂尊重的美丽生命。

中考结束，我收到小溪的微信："博博，我真幼稚，原来每种生活状态的背后都有艰辛。对了，中考作文是《刹那间，我发现了自我》，用的就是这个素材，机智吧？还有，昨天我和妈妈又去小雨家了。"

我任性的坚持，终于唤醒了美丽的灵魂。

当然咯，我的任性不止这些。我和孩子们会偷偷地少做几套习题，然后写脚本，拍微电影；我们会在紧张到窒息的复习周里，组织嗨翻天的大擂台"一站到底"；我们绕开可怕的惩罚，让容错文化在小小的世界里生根开花。

我时常在想，我们的教育，是不是需要一点任性呢？

当所有的孩子都乘着知识的高铁飞奔向前时，我们是不是可以任性地喊一声"停"，等一等那些稚嫩的灵魂，因为对生命意义的追问才是他们一生的课题；当所有的人都在对着一个无可救药的孩子摇头叹息时，我们是不是该心怀悲悯，任性地选择相信，相信生命有向上、向善的力量呢？

我们的教育，不应该丧失梦想，屈就现实，不应该一味顺从，盲目否定；我们的教育，需要尊重生命、弘扬个性，需要勇于变革、敢于担当；我们的教育，呼唤反思与行动，呼唤坚守与任性！

深圳不也是一座"任性"的城市吗？它拥有敢为天下先的勇气，它任性地走在时代的最前沿。35 岁的我，35 岁的深圳，原来，我与它有着如此奇妙的缘分，是它赋予我坚持的力量！那么，就让我踏着这方热土，继续任性前行吧！我是杨博，我在路上，我很幸福。

二、我是谁？——演讲者 吴炳生①

我——阿炳，是今天的唯一，因为我是男生；又是下一届的第一，因为我最后一位登场。今天决赛一结束，便意味着下一届，已经开始！

深圳教育者，敢于结束，更敢于开始。

下面，我带来我的演讲——我是谁？

2006 年大学毕业，我分配到观澜中学任教高中历史。当时，我就问了自己一个问题：老师到底是干什么的？

传道、授业、解惑？教书育人？我，一直在寻求。

我记得，2004 年 6 月，教魏晋南北朝史的陈长琦教授在学期最后一节课时说："往后人生旅途中，遇到困惑、遭遇挫折时，就时常问问自己'我是谁？'"

因此，在这十年中，我一次又一次问自己："我是谁？"

此刻，我的答案是："我是深圳市观澜中学的一名高中历史老师——吴炳生。"

吴炳生，是我的姓与名，是父母给予我的礼物，即生命，我永怀感恩。

高中历史老师，是我的职业与任教科目。身为老师，我的价值何在？我的理解，老师就是帮助学生建筑梦想的人，"成人一愿，胜造七级浮屠"。

---

① 吴炳生，深圳市名班主任工作室主持人，2016 年获深圳市年度教师提名奖，2016 年被评为龙华区年度教师。2018 年参加深圳市教育局组织的第 31 期赴美国纽约海外培训班。龙华区优秀共产党员。现任龙华区教育科学研究院综合发展研究部负责人。

　　我上好历史课、任备课组长，成为优秀班主任、做年级长。这一路，陪伴着孩子们，也见证他们的成长。我不停地为他们加油。因为他们的希望就是我的希望，他们的苦难就是我的苦难。

　　我看着他们泪流满面，我看着他们活出精彩……我看着他们，我不停为他们加油，因为我就是他们的一部分。

　　我不忍我的学生：未曾年轻便已衰老，未曾追求便已放弃，未曾希望便已绝望。

　　刚才 VCR 里面的帅小伙：曾繁坚，是我的第一届学生，我参加他的婚礼，当证婚人；他与我同时守在产房门口，等待我家儿子铁蛋的到来；现在他家的西瓜弟弟和我家的铁蛋哥哥也成了好兄弟。

　　我们不常见面，可每次见面，别离时，我俩都会紧紧抱着对方，在彼此耳边轻声说："十年后，你会是谁？"

　　那一刻，有一种力量，从指尖悄悄袭来，有一种关怀，从眼中轻轻放出。那一刻，我们无言以对，唯有祝福：让无力者有力，让悲观者前行。

　　不是杰出者才做梦，是善于做梦者才杰出。

　　为什么我们总是眼含泪水，因为我们爱得深沉；为什么我们总是精神抖擞，因为我们爱得深沉；为什么我们总在不断寻求，因为我们爱得深沉。爱深圳这片热土，爱我们的校园，还有我们的孩子们。

　　我是谁？我是帮助学生建筑梦想的人。

　　我会是谁？我将会是一辈子的老师。

三、做一名现代教师——演讲者　仇金玲[①]

　　各位评委，在座的每一位嘉宾，下午好。我是 6 号选手仇金玲，来自新华中学。

　　前几天"年度教师"的投票工作进行得轰轰烈烈。我细细读了网页上的每一条留言，有肯定，有鼓励，有回忆，有鞭策，非常感

---

　　① 仇金玲，现任龙华区第二实验学校科研处副主任，原为新华中学教师。龙华区初中英语学科带头人，兼职教研员，龙华区优秀教师，深圳市中考先进个人，龙华区"名师领雁"精英班成员，深圳市教育局第18届赴英海培班成员。

动。有这么一则留言让我印象深刻："仇老师很棒，现代教师的榜样。""现代教师"，这个词一下子吸引了我。

我，做过 17 年的学生，遇见过许许多多性情各异的老师。有的温柔可亲，会被学生欺负得掉眼泪；有的怒目一瞪，学生便噤若寒蝉敬而远之；也有的爱生如子、以校为家，却无法兼顾自己的家庭。我常常在想，有没有这样一种老师，他们享受工作，热爱生活，更不会辜负自己的人生。这就是现代教师的特征吧！

做一名现代教师，她一定会享受自己的工作而不是疲于应对。她的课堂不会死气沉沉，她的学生不需要在题海书山里挣扎，她更不会因为繁琐的班级事务而心烦意乱。教学上，她会力求把每一节课上成"公开课"，有趣，有效；班级管理上，她充满智慧，运用现代管理学原理，以"爱"治班，依"法"管班，而不是毫无效率地眉毛胡子一把抓。

做一名现代教师，她一定会平衡好工作和生活。她会有自己的兴趣和爱好。她会花上一周时间用自行车轮去丈量家乡的山山水水，也会花上一个月时间驾车穿越欧洲大陆九个国家去感受各地的风土人情。她去看英语书上出现的美丽的卢瓦尔河谷，她去走历史书上出现的慕尼黑的街巷。挪威的卑尔根鱼市，她会掏出 200 大洋买一条炸鱼和几根薯条，只为了弄清为什么 fish and chips 后面谓语动词要用单数。回来后，她告诉学生们，世界这么大，要去看一看！从孩子们闪闪发亮的眼睛里，她知道她已经播下了诗和远方的种子！

做一名现代教师，她一定会爱自己。每时每刻，她都满足而自信，善良而乐观，始终保持着对这个世界的热爱和好奇，也能淡定地笑对自己和孩子们的不完美。她深知，教育就是一棵树摇动另一棵树，一朵云推动另一朵云，一个灵魂唤醒另一个灵魂的过程。她坚信，桃李不言，下自成蹊。逼迫的言行只能奏效一时，榜样的力量才可以影响终身。只有爱自己的老师，才能塑造出自爱自信的学生。

亲爱的老师们，不要害怕，也不要怀疑，做这样的现代教师并不意味着输掉成绩，输掉孩子们的未来。我连续带了六年毕业班，每一年的中考，我所教的学科，所带的班级，都收获了优秀的成绩！更让我幸福的是，我的孩子们，那些年轻美好的生命，在告别的时候一个一个走过来，告诉我：老师，将来我想成为像你一样，闪闪发亮的人！

现代教师，可以是我，也可以是你，是他，可以是每一个在平凡岗位上发光发热的我们。加油吧，老师们，请活成自己想要的样子！爱工作，爱生活，也爱自己！谢谢大家！

四、故事里的事——演讲者　李红梅[①]

今天，站在这里，我能跟大家分享些什么呢？回望自己 19 年的求学经历和 11 年的工作经历，在我的脑海中浮现出两个字——"故事"。今天我演讲的主题是《故事里的事》。

孩子们都说我是故事大王，我说，其实你们也是啊。因为每个人都有自己的故事，我们又从故事中了解了别人的事。

1997 年，刚刚初中毕业的我，以全县第一名的成绩成为一名中师生。三年后，我考入大学，选择了历史专业。四年后，我来到北京，继续自己的求学之路。

在七年的专业学习中，除了大量的阅读文献，我还热衷于实地考察，各种大大小小的博物馆、展览馆、名人故居、古城遗址。深入扎实的学习，帮我提高了历史的像素，还原了历史的细节。在我的脑海中，历史不是故纸堆里落满尘埃的文字，而是一张张鲜活的面孔，一段段曾经的过往，一个个等待我去传承的故事。

工作以后，我最喜欢的，是给孩子们讲故事；最欣慰的，是孩子们喜欢听我讲故事。而这些故事，或许正在悄悄地改变着什么……

前天上午，我们龙华区进行了历史的期末统考。考试之前，怡婷拿着清朝的疆域图来问我："老师，我记得您曾经说过，右下角没有九段线的中国地图，不是真正的中国地图，为什么呢？"我告诉她："我们中国除了拥有 960 万平方公里的陆地面积，还有 300 多万平方

[①] 李红梅，深圳市新华中学教学处副主任、历史科组长、初三历史备课组组长。曾被评为 2018 年龙华区年度教师、龙华区三八红旗手、初中教学工作先进个人、"三名工程"骨干教师、学科带头人培养对象，是"未来教育家"撷英工程第一期学员。

公里的海洋领土。这些都是我们的土地，一尺、一寸都不能丢失。"

历史考试结束后，一个瘦瘦小小的男生，拿着自己的试卷，第一时间冲到了我的办公室。"老师，有答案吗?"对完答案后，他兴奋地告诉我："选择题全对，材料题也没错几个，上90分应该没问题!"从他那骄傲的眼神里我读懂了两个字——成长! 大家能想象到吗? 就在上个学期，他还因为上课睡觉、多次迟到、与同学打架，而被我请家长过来共同教育。

学生的改变，就这样悄悄地发生着，而我，也悄悄地发生了改变……

小小的我，萌发出了大大的"野心"。

我想用"最强大脑"来武装我的学生，让他们不再因为记忆历史年代而愁眉不展;我想把自己所做的微课、教学博客、微信公众号，做成历史教学的网络资源库;我想把故事讲给更多的人听。只有当孩子们真正了解了祖国文化的博大精深，才会有一种文化自信根植于心。这，也是一名历史教师义不容辞的责任与担当!

我，用故事教书、用故事育人，同时，也在书写着自己的教育故事。成长之路没有终点，潜心共育桃李，红梅愿化春泥! 谢谢大家!

五、她将美术专业用到极致——走近校园文化设计师王荟姝[①]

2018年7月13日，南方教育时报刊登《王荟姝:校园文化的首席设计师》，主要从两方面报道:创新设计，把校园当作崭新画布;由心而画，创作百个"魔发少女"故事。

2018年8月19日，"深圳少年派"公众号刊登《她把学校当作画布，设计成了艺术馆》:建校仅4年的龙华区玉龙学校，常让到访的专家学者和家长感叹——这里更像一座艺术展馆。学校里几乎所有的艺术设计均出自美术老师王荟姝的画笔，她也因此被同事们亲切地称为"王工"。

---

① 以下内容由深圳市龙华区玉龙学校提供，选编自《她将美术专业用到极致——走近校园文化设计师王荟姝》。王荟姝，玉龙学校办公室主任、校园文化首席设计师。广东省"强师工程"美术骨干教师、深圳市第三批教师继续教育授课专家、深圳市优秀教师、2019年龙华区年度教师、2019年龙华区教育达人。

2018 年 8 月 21 日，宝安日报以题为《玉龙学校王荟姝　校园文化"首席设计师"》对王荟姝进行了报道，文中这样点评："作为校园文化的首席设计师，她将美术专业用到极致"。

2019 年 6 月 25 日，在 2019 年龙华区"寻找教育达人"的评选现场，王荟姝老师凭借不俗的表现和瞩目的成绩，捧回"教育达人"和"年度教师"双项桂冠。

随之，深圳特区报、深圳电台先锋快报、南方日报、晶报、南方教育时报、龙华新闻等多家媒体对此进行报道。今天，我们就来走近"将美术专业用到极致"的校园文化设计师王荟姝，看"王工"与玉龙的美丽邂逅。

1. 校园文化设计师

2014 年 9 月，玉龙学校建成，彼时的玉龙学校，素颜以对。谁也没有想到，几年后的玉龙，会成为龙华区最美的校园之一。而完成这一奇迹的，正是刚刚调入就被黄美芳校长任命为校园文化首席设计师的王荟姝。

2014—2019 年，王荟姝以校园文化首席设计师的身份，在黄美芳校长的带领与支持下，组织了 10 期校园文化建设研讨会。围绕"新生活教育"办学特色，她依据课程设计建筑空间，依据美学形成特色文化，手绘设计草图百余幅。通过整体布局，局部雕琢，让内外空间与课程融通，实现一课一室，多室联动，历时 5 年完成新生活教育场所 60 余处。整个工期，她坚持全程跟踪工程进展，紧敲设计细节求品质。即便生产的前一天都在坚持，最终打造出"玉龙风、中国味、国际范"的校园文化育人环境，让校园处处皆为风景。如：140 平方米整理空间、70 平方米烘焙乐园、50 平方米快乐厨房、90 平方米剪纸天地、90 平方米的茶艺室、1000 平方米的生活创客大列车以及开放性地理园、开放性图书角、艺术大连廊、蝴蝶昆虫博物馆、分类果园、生活大农场等清雅的空间让新生活课程有了专属的阵地。开放性的功能场所让学习随时随地发生。

新生活，新空间，新环境，在玉龙，新生活教育与新文化空间相得益彰。7 年间，吸引了国家行政学院、江苏省名校长访问团等国内外参观团 160 多个，参观人数 10000 多人次。

为推进校园文化建设可持续发展，她申报的"中小学校园功能空间文化建设"课题，被教育部学校规划建设发展中心立项。2019 年，课题通过验收，课题成果《中小学校园功能空间文化建设案例集——以深圳市龙华区玉龙学校校园空间文化建设为例》列入出版计划。

2. 学生成长知心人

王荟姝说，没有美育的教育是不完整的教育。她从不把美术当成副课，而是坚持上好每一节课，把每一节课当成开发学生艺术潜能的黄金时间，从不懈怠。每个学期，王荟姝都是超课时量工作，坚持开设油画社团，为热爱油画的孩子打开一扇通往油画世界的窗。她在提升艺术专业素养的同时，体验成功的快乐。几年来，油画社团的孩子先后在各级各类美术比赛、展出中获得近 30 余项奖励，其中不乏深圳市青少年创新大赛科幻绘画比赛一等奖、深圳市中小学生艺术展演一等奖和广东省中小学生电脑制作活动一等奖等大奖。

兼任校园文化首席设计师的她，更懂得，涂鸦是孩子的天性，孩子们更热爱布满自己"作品"的校园。为此，她为学生争取到操场围墙的空间，不但满足了孩子们在墙上自由涂鸦的心愿，而且凸显玉龙办学主题文化的"七会"墙也在孩子们的画笔下尽情绽放。她还为即将毕业的初三学生争取到"创客号"大列车的美化工作，让孩子为母校涂绘最珍贵的纪念。不仅这些，小学部一到五楼的开放图书角的主题绘画，洗手间外墙生态系统的创作，均由王荟姝带着孩子们在课余共同描绘而成。

每次看到孩子们因找到自己的"作品"而得意不已时，王荟姝都会露出会心的微笑。这就是她想要的——一所由师生共同创造的心、物合一的美好校园。

3. 美术科研引领者

君子成人之美，导人以善。

作为一所新学校，玉龙年轻老师多。如何引导年轻老师快速成长，帮助他们迅速站稳讲台，是学校领导的心中大事。作为一名相对成熟的老师，王荟姝想学校之所想，毅然担下这一重任。

她从成立"王荟姝简笔画工作室"做起，着眼学科融合，吸纳全学科教师深入学习，跨界成长。与此同时，协助学校领导创办玉龙君子论坛、组建玉龙教师成长营，为年轻教师成长搭平台、压担子、造声势、长精神。她主动担任玉龙教师成长营班主任，以两年周期、隔周研修的形式，带领年轻教师通过理论学习、教学研讨、积极参赛等形式迅速适应教学、提升教学，助力青年教师卓越成长。正是通过这一平台，一批青年教师脱颖而出，在区、市，乃至省级比赛上斩获大奖，如：陆泽璇老师荣获龙华区五一劳动奖章，邹盈蔓摘得深圳市美术教师基本功大赛一等奖等。她自己也因卓越的"传、帮、带"表现，多次获得"校长特别奖""首批党员示范岗""好师傅奖""魅力教师"等校内荣誉。

在带好本校青年教师的同时，王荟姝还积极走出学校，在区内外发挥示范引领作用。2016 年，王荟姝被评为深圳市第三批继续教育入库专家，开发"简笔画在教育教学中的运用"课程，为全市教师开课；2017 年 3 月，执教深圳市美术公开课"花卉与纹样——青花瓷纹饰初探"；2019 年，王荟姝组建龙华区美术特色教研工作室，带动区域美育共同发展。2020 年疫情期间组织在线教学，王荟姝工作室共开发微课 44 节，为龙华云校、深圳空中课堂和广东省"粤课堂"输送精品课例，惠及万千学子。她执教深圳市美术学科名师在线教学公开课，反响热烈。

在设计师眼中，世界无处不美；在老师心中，教育无处不美。

入职以来，不管有多么艰辛，王荟姝都始终坚守教育人的神圣使命，以美的视角审视世界，审视教育，让生命充满设计感，让眼中的一切美出高颜值、美出新生活、美出新高度，以极致之美为孩子们的成长助力！

第六节　民办教育点火人

在龙华，第一书记对于民办学校来说，是学校和党委政府的桥梁；对民办学校的教师们来说，是改善工资待遇、促进专业成长的使者；对民办教育来说，则是推动民办教育整体转型升级的点火人。他们的到来，正推动着龙华民办教育发生一场不动声色的自我革命。而这场革命，正决定着他们的未来。

进入民办学校后，这群点火人，从党建到校建，从管理到师资，从德育到教学，无人不倾注全力，以点燃民办学校再创业、再发展的热情。

一、用新思想带领师生重建精神宇宙——记锦明学校第一书记李忠旺①

2020年6月，李忠旺作为龙华区委教育工委继2018年后再次向7所学校派驻的第一书记中的一员，带着目标，带着压力，带着资源来到锦明学校，开启了继驻点社区防疫后的再一次"驻点"工作，只是这一驻至少是一年。

1. 来了，就是锦明人

有着14年党龄的李忠旺下沉社区抗疫3个月后，刚一回来，便带着龙华区委教育工委、区教育局的使命赴任锦明学校第一书记。2020年6月8日以来，他与学校创办者吴达强、校长邱成菊及全体师生、家长齐心协力，坚持党建引领，践行积极教育，努力以高质量党建促高质量发展。锦明学校办学条件迅速提升，师生面貌焕然一新，取得办学史上众多突破：党员人数达到23人，位居全区民办学校第二；首获区"民办学校教育进步奖"；全区唯一入选首批"馆校合作"美育研学实践基地的民办学校……

"来了就是锦明人。"这是第一书记李忠旺对全体师生的承诺。第一书记和全体党员在努力践行党的群众路线，做到"从群众中来，到群众中去"。

李忠旺立足党建主业，坚持全心全意为师生服务，引领学校从软件和硬件两方面着手提升校园文化，用新思想带领师生创造幸福和美好，重建师生的精神宇宙。

为此，校党支部进一步加强思想教育，落实"三会一课"，推出了7期《书记讲坛》，启动党员示范岗，全体党员戴党徽上班，组织党员家访慰问贫

---

① 以下内容选编自：张瑜. 用新思想重建师生的精神宇宙［N］. 宝安日报，2020-12-22（C09）. 李忠旺，中共党员，深圳市龙华区未来教育家工程铸将班成员，原任丹堤实验学校校长助理、教学处主任，2020年6月起挂任民办锦明学校第一书记。曾获深圳市优秀共青团干部、龙华区教坛新秀、龙华区优秀党务工作者、民治街道抗疫先进个人等荣誉。

困学生、带头为重病学生捐款，开展书记思政课和党员示范课活动，开展党员"1+3"帮扶工作，亮明党员身份，时刻做好为师生服务的准备。

于是，校党支部积极壮大党组织力量，半年来新吸纳党员、积极分子5人，全校党员创新高，达到23人，位居全区民办学校第二。

2. 一切从实际出发创特色

全心全意为学生服务，就要以生为本，一切为了学生的发展，提升学生的素养。

"之所以选定体艺、国学、诗歌为办学特色，打造广播操、跆拳道、跑操融合的特色课间操，在一至九年级普及《三字经》《论语》等国学经典诵读，均是基于现有功能室、学生父母文化、家庭经济，以及现有可借助资源和投入成本等实际。"李忠旺说。

转型升级只有起点，没有终点。"我希望我离任后，学校转型升级的火苗会越烧越旺，希望之光会越来越亮。"李忠旺常这样说。

下一步，锦明学校将不负区委区政府、区委教育工委和区教育局所托，继续优条件、提质量、创特色，让师生越来越有盼头、越来越幸福，让党的关怀和积极教育之花绽放得更加灿烂，为龙华区实现教育均衡优质发展和学有优教做出新的更大贡献。第一书记李忠旺也多次承诺："无论我将来在哪里，我都会关注、关心锦明学校的发展，并义无反顾地给予支持。"

二、"6步谋划"促"6化工程"① ——记格睿特高级中学第一书记于艳

如何助力民办学校均衡发展？看她如何用"6步"促"6化"！于艳在2020年6月被派驻到深圳市格睿特高级中学担任第一书记后，带领学校党支部精准实施"6步谋划"（即：第一书记走进学生课堂，把关专业复习；党员教师走到学生身边，辅导学生查缺补漏；党支部书记走进学生心里，帮助学生缓解和释放压力；以学习和活动为主线，抓支部思想建设；以师德师风为核

---

① 本文选自：张瑜，李文军. 用6步谋划促6步工程［N］. 宝安日报，2021-1-19（C08）. 于艳，女，深圳市格致中学筹备组副组长，2020年被龙华区委教育工委选派民办学校做第一书记。先后获评为深圳市高考先进工作者、宝安区教坛新秀、龙华区优秀教师等。

心，抓支部作风建设；以发展党员为重点，抓支部组织建设），打造"6化工程"，助力学校提质增效，办学成效逐步突显、办学条件不断改善……为学校带来诸多改变。

"民办学校不容易，区委教育工委看到了，我们很感动；民办学校藏龙卧虎，力量无穷，区委教育工委也看到了，我们很满足。区委教育工委和民办学校的这座桥由第一书记搭起来了，方向明确，坚固无比。"格睿特高级中学校长兼董事杨培平说。

1. 民办学校第一书记走进学生课堂

"作为第一书记，一定要认真履行第一书记职责，以党建促业务，以业务促发展，全面提升学校党建和教育教学工作质量。"在学校第一书记派驻现场，龙华区委教育工委书记、区教育局局长王玉玺郑重交代。

深圳市格睿特高级中学坐落于观湖街道樟坑径社区，创办于 2017 年，是一所由深圳市教育局审批设立的民办普通高中，现有学生 876 人，教职工 112 人。2020 年 6 月 9 日，学校党支部召开第一书记到任后的第一次会议，全体党员佩戴党徽，发挥党员模范带头作用，明确分工，各展所长，全方位零距离助力学生高考备考。

构建了专业课堂"1+1"模式，学校第一书记走进学生课堂、主导课堂，任课教师辅助教学，配合集中研讨，关注学生专业学习情况，及时调整教学策略。构建了课上课下"1+1"辅导模式，成立"党员教师义工队"。党员教师利用课余时间，有针对性地辅导有学习疑问的学生，及时解决他们学习过程中的问题。构建了心理辅导"1+1"模式，党支部书记带队，配合心理老师，开展学生心理健康教育工作，时刻关注高三学生心理动态，走进学生心里，帮助缓解和释放压力。

2. 以"6步谋划"打造"6化工程"

格睿特高级中学始终坚守社会主义办学方向，积极落实立德树人的根本任务，在精准"6步谋划"基础上，打造"6化工程"（奖助学金多元化、学情管理制度化、升学途径多样化、生活管理军事化、制度执行标准化、后勤管理集团化）。以此激发学校工作活力，助推学校质量稳步提升。

仅 2020 年，学校就提供十几万元专项资金，用于奖励优秀学生。同时，家庭困难的学生还可以申请助学金。本学期，学校投入专项经费和人员，设学情部。学情部负责学情工作，以打造高效、和谐课堂。为顺应高考深度变革，促进学生个性、特色发展，学校特设了普高班、艺体班等。2020 年高考，一名学生被清华大学录取。

此外，学校还投入专项经费和人员，设军训部。通过升国旗唱国歌、上团课等，军训部对学生开展思想教育、政治教育、法纪教育和道德教育；制定《教学常规考核》《德育常规考核》等制度和标准手册，提高学校管理水平和教职工的工作效率。

第一书记，是荣誉，更是责任。龙华区先后派出的 12 名第一书记牢记党的嘱托，始终以党员的高标准活跃在民办教育的第一线。他们同民办学校师生同吃同住，一同奋斗。在想方设法推动民办学校教育改革与发展的同时，也充分发挥着党员先锋示范的作用。召唤着民办学校的教师们向党组织靠拢、看齐，使党的教育方针在民办学校落到实处，使党组织的战斗堡垒作用在民办学校落到实处，从而使民办教育沿着党指引的方向不断发展、壮大，成为社会主义教育的重要组成部分。

对龙华区的民办教育而言，第一书记的派出是创举，是实打实的民生实事。未来将证明，民办教育的发展，第一书记们功不可没。

第七节　山区播火不言悔

2017 年以来，龙华区教育局累计派出 115 名干部赴新疆喀什、西藏察隅、广西东兰、广西凤山、广东紫金等地支教、驻村。2019 年以来，龙华区教育局先后向以上地区派驻 3 名教育局副局长、1 名副校长。他们作为支教工作负责人，负责联系两地以及领导支教队工作。近两年来，作为两地联系人，他们与两地教育行政管理部门紧密合作，推动了教育扶贫工作与对口扶贫县教育发展深度融合，使之成为当地教育发展的推动器；作为支教队队长，他们充分发挥自身专业优势，带领支教人员把龙华好的教育教学经验带到当地，使支教工作成为当地教育教学改革的催化剂。

而他们自身，也在教育扶贫中得到完善、升华。

一、来了就是凤山人——记龙华区第二实验学校副校长、凤山县教育局挂职副局长张国胜①

作为农村长大的孩子，去山区支一次教，是张国胜始终萦绕在心的一个愿望。2020年，他终于如愿以偿。在学校田宝宏校长和家庭的支持下，这位新校副校长、初三学生的父亲毅然踏上了去广西凤山的支教之路——挂职凤山县教育局副局长，党组成员。一年来，他坚持党的领导，以精准扶贫为指引，以龙华教育为依靠，以务实实干为底气，和凤山教育共成长。

1. 不负使命，临时支部情系山区学子

坚持党的领导是支教工作的第一原则。完成好组织交接后，张国胜于第一时间组建了凤山支教队临时党支部，以党支部为战斗堡垒推动支教工作。

一年来，在张国胜的带领下，临时党支部牢记龙华区委教育工委、教育局领导的嘱托，不忘初心，牢记使命，以党员的赤诚之心奔走在教育扶贫的路上。

三月是开学准备的关键时期，春寒犹在，但疫情未止，防疫物资的准备成为重中之重。他和支部党员在了解到部分县直学校缺乏防疫物资后，积极联系龙华的学校、亲朋好友，共筹集了约8.4万元防疫物资，确保学校顺利开学。

筹措扶贫善款，心系凤山学子。

一年来，临时党支部先后为乡小、村小送去饮水机、讲桌、书柜、扩音器、打印机、学生营养餐食等，价值约5万元，改善了当地办学环境。在临时党支部的联系下，龙华区第二实验学校为林兰小学赠送价值2.6万元的教研、会议设备，花5750元购买床垫在冬季为孩子们带来温暖；龙华教育局也为林兰小学各班级购置讲桌和书柜；支教队从民族小学协调35张床解决林兰小学

---

① 以下内容由龙华区第二实验学校、龙华区驻广西凤山县支教队临时党支部提供。张国胜，中学物理高级教师，龙华区第二实验学校副校长，龙华区"铸将工程"班一期学员，2020年挂职广西壮族自治区河池市凤山县教育局副局长。曾荣获"广东省优秀结核病防治志愿宣传员"、区"先进教育工作者"、区"家庭教育先进工作者"、区"法制宣传教育先进工作者""河池市优秀支教教师""凤山县优秀教师""粤桂扶贫协作教育扶贫优秀教师奖"等称号，被评为区"教坛新秀""中青年骨干教师"。

困难，协调 9 万元为林兰小学学生新建洗澡间。

在得知凤山学子韦妮重病，党支部捐赠 2200 余元，书记张国胜同志协调龙华第二小学师生捐赠善款 5000 余元；党员秦亚楠亲手为女孩作画鼓励孩子勇敢面对，并祝她早日康复。张国胜同志、龙华区心理教研员段新焕老师还分别承担两个特困生在校生活费 15000 元、24000 元；联系龙华中心医院医生和教育系统教师，为凤山高级中学 14 位品学兼优学生每人资助 5000 元助学金。

一年来，在抓实自身党建的基础上，凤山县支教队临时党支部积极行动，为当地干部群众带去了实实在在的帮助，为当地扶贫事业做出了自己的贡献，让党旗在支教阵地上高高飘扬。

2. 凝神聚气，扎根课堂助推教育变革

进入凤山后，张国胜和支教教师们时刻不忘习总书记"扶贫先扶智"的要求。作为挂职副局长、支教队队长，张国胜反复叮咛支教队的老师们，要常葆支教初心，常记支教使命，扎根课堂，扎根班级，教好书，带好班，为凤山教育助力，为龙华教育添彩。

挂职期间，张国胜心系教学，经常下校检查、指导教学工作。他走进支教老师们的办公室，和他们一起备课、研讨，为老师们上好课出谋划策。他走进支教老师们的课堂和孩子们一起听课，课后和老师们一起评课、议课。他还和支教老师们一起走进凤山老师们的课堂，在深入研讨中，在思想的碰撞中，一同推动凤山的课程改革、教育变革。

充分发挥支教队的教研引领作用是张国胜常常挂牵的事情。每到一个学校，他都要求支教队一定要主动承担教研活动，上好示范课、公开课；积极参加所在校的各项教研活动，积极参与所在校的青蓝工程，带好年轻教师，播好教研的火种。在张国胜的带领下，支教队的老师们在参加好常规教研活动的同时，充分利用龙华网络课程开发优势，将龙华教育微课资源分享到凤山。他们不仅授人以鱼，更重授人以渔，开展网课制作系列培训，提升凤山教师的现代教育技术水平。

在调研中，张国胜发现当地的家校互动、学生社团等工作相对落后。针对这一现状，张国胜带领支教队的老师帮助所在学校完善家校合作组织，开展好学生社团活动。陈燊老师参与组建了凤山县第一支家长义工队——实验小学家长义工队。张宇、秦亚楠老师组建了"凤鸣油画社"，在他们的带领下，社团学员的美术素养迅速提升。2021 年 1 月，由该社举办的凤山"绘我家乡、情满凤山"师生画展顺利开展。何子英老师组建了"爱之音口风琴社"，为民族小学培养了第一支口风琴队。除此以外，凤山县第一支红领巾礼仪队、第一个红领巾国旗班在支教队老师的推动下——成立，为凤山教育带来勃勃生机。

3. 聚力助学，积极教育花开凤山大地

一年来，张国胜在推动好教育扶贫，带好支教队的同时，在龙华区教育局、教科院和各学校的大力支持下，积极引入龙华教育资源，将龙华积极教育带到凤山，在凤山开花结果。

疫情期间不便开展现场交流活动，支教队不等不靠，开设"云端名师大讲堂"：冲刺十连讲，观澜中学十位名师十次高三网络讲座助力高考；名师月月见，龙华高层次人才实验学校张岩峰老师、第二实验学校潘唯女老师、龙华外国语学校石桂花老师、创新实验学校宋飞老师、深圳外国语学校龙华学校于光明老师、深圳市龙华区第二外国语学校龙李刚老师、龙为小学左灿副校长为凤山县的老师们送上精彩的云端讲座。

时难无阻教育人，源头清泉引活水。

疫情过后，在张国胜及支教队的努力下，"积极教育凤山行"项目顺利启动。龙华区教科院负责人朱美健、第二实验学校田宝宏校长、行知小学尹志波校长主讲教育论坛，传播积极教育理念。龙华教科院初中数学教研员林日福、初中物理教研员王龙凑、心理教研员段新焕、学前部教研员甘露、小学语文教研员路成书、小学数学教研员吴贞旺、龙华初中语文名师工作室主持人戴蓉、初中物理学科带头人何泉君、龙华区小学数学学科带头人张岩峰、第六幼儿园曹立峥园长、第七幼儿园秦贝宁园长等多位龙华教研员、名师来到凤山，通过同课异构、听课议课、主题讲座等形式为凤山送来教改新风，注入教改活力。

与此同时，张国胜与临时党支部积极联系龙华各学校，推动校际柔性支教。一年来，龙华区潜龙学校、观澜二中、玉龙学校、第二实验学校等学校组成临时送教团队深入到凤山各校送课、送讲座、献爱心。在面对面的交流中，龙华教育更直观地展现在凤山师生的面前。

在引"龙"助"凤"的同时，张国胜也积极引"凤"入"龙"。2020 年

10 月 8 日，张国胜带领凤山 55 名骨干教师赴龙华跟岗学习一个月，全程参与学校教育、教学、管理工作，开阔眼界，更新观念。一个月的零距离接触，深深触动了凤山教师们的心灵，也进一步坚定了他们在凤山践行积极教育，推动深度课改的决心与信心。

正是在张国胜以及支教队的不懈努力下，龙华教育与凤山教育得以深度融合。

2020 年 7 月，凤山与龙华、紫金、东兰、察隅共同发起、成立了"积极教育研究联盟"，推动积极教育在各地生根、发芽。

来了便是凤山人！

一年来，张国胜和支教队临时党支部、支教队全体教师一道以凤山为家，扎根山区教育，用真情、用行动收获了信任、感激与情谊，为山区教育点燃了前行的火把。

回首一年支教路，张国胜说："值！"

二、裂变·积极的力量——记龙华区第三实验学校副校长、紫金县教育局挂职副局长江梓润①

2020 年 4 月，江梓润被龙华区委教育工委、教育局选派到广东省河源市紫金县教育局挂职副局长。一年来，他始终以推广积极教育为己任，最终促成紫金县形成"积极教育+三个六"教育发展顶层设计，为紫金教育未来发展注入积极教育的蓬勃动能。

1. 裂变·积极的火种

一个偶然的事件，坚定了江梓润把积极教育理念带入紫金的决心。为做好疫情期间师生返校复课后的心理教育工作，江梓润联系龙华区心理健康讲师团，让他们以线上线下相结合的方式为紫金的师生做一次心理培训。这次参加培训的师生达到了 8 万人次，创紫金教育历史新高，起到了很好的教育效果。在活动中，支教队打出"龙华区对口紫金县教育帮扶积极教育系列活动"的横幅，有位紫金教育同行把江梓润拉到一边，小声地善意提示他横幅内容有问

---

① 以下内容由龙华区第三实验学校、龙华区派驻紫金县支教队供稿。江梓润，龙华区第三实验学校副校长，龙华区"未来教育家"铸将班成员、龙华区优秀教师、龙华区德育类学科带头人。2020 年 4 月至 2021 年 1 月，挂职紫金县教育局副局长。

题：见过某某地区的教育，但"积极教育"是不是打错了，没听过呀。江梓润耐心地跟他解释，说"积极教育"是龙华教育的发展理念，简单的描述是：秉承积极的态度，采取积极的手段，谋取积极的效果。这位同行似懂非懂，礼貌性地点点头。这件事给江梓润很大触动，相比硬件帮扶，理念更新不容易，但更为重要。只有产生理念更新，才能触及教育的灵魂；只有产生精神的化学反应，才能带来行为的改变。江梓润下定决心，以积极教育的传播、推广为重心，做好一年的挂职工作。

2. 裂变·积极的行动

心动更重行动。

确定好工作重心后，江梓润与支教队一起确定好支教计划，要求所有的支教活动都围绕积极教育开展，贯彻积极教育，体现积极教育。他要求每一位支教老师都自觉做积极教育的践行者、宣传者、推广者，用自身积极的教育行动树立积极教育的良好形象，把积极教育的种子播撒在紫金大地上。

要求别人做到的，江梓润自己先做到。

返校复课前夕，紫金教育系统口罩缺口达到 7 万个。关键时刻，江梓润挺身而出，主动接单，星夜赶回龙华，向龙华区教育局反馈紫金困难。在龙华区教育局的正确指导下，他仅用两天时间就筹集了 7.5 万个口罩及其他部分防疫物资，火速送达紫金，解除了防疫物资紧缺的燃眉之急。在连夜赶回龙华的前一天，他由于水土不服，出现严重腹泻、呕吐、失眠的症状。但他仍坚持参加返校复课疫情防控会议，奔赴各个挂点学校督查、指导防疫工作。他用自己的积极行动在紫金烙下了积极教育的第一个印记。

来自新华中学的廖紫微老师，在完成一学期支教任务之后，因舍不得山区的孩子，决定申请继续支教。在出发前，她发现自己怀孕了。几经纠结、矛盾，她说服了家人，再一次来到了紫金。半年多来，她忍受妊娠反应的痛苦，忍受家人牵挂的内疚，和队友们一道到边远乡镇送教，上示范课、开讲座。在支教总结会上，她的支教历程感动了在场的所有人。

"精准帮扶，积极有为"是支教队的队伍文化。一年来，支教队抓实"点、线、面"，做到每月"三个一"。即做好本职工作，影响身边教师，形成辐射效应；每月至少下乡调研一次，承担公开课一节，开展教学讲座一次。8 个月的时间，支教队下乡送教达到了百余节，用积极的行动发出积极的声音。

在上好课，做好教研工作的同时，支教队组建了"龙·紫"积极教育心理健康讲师团、家庭教育讲师团，积极开展心理健康教育和家庭教育指导工作。龙华区观澜二中心理健康教师黄丽梅先后上课、开讲座21场次，做过120余个个案辅导，编印了8期心理月刊。作为心理健康讲师团队长，她还培养了13名本土心理健康教师，增强了紫金心理健康教育的力量。2020年暑假期间，由于担心爷爷奶奶指导不了留守儿童的暑假学习，已返深的龙华区大浪实验学校彭凯老师独自返回紫金，把爷爷奶奶和孩子们请回教室，开了一堂"爷爷奶奶"家庭教育指导课。课堂有点乱，但效果却很好。"龙·紫"家庭教育讲师团成立后，以"隔代教育"为重点，陆续开展了一系列"爷爷奶奶课堂"。启用本土教师，用爷爷奶奶们听得懂的家乡话、大白话讲解家庭教育方法。爷爷奶奶进课堂成为"积极教育"在紫金的一道亮丽风景线。

3. 裂变·积极的转变

江梓润带领下的支教队的积极教育行动引起了紫金教育局黄汝荐局长的关注。在一次长谈中，他向江梓润全面了解了龙华积极教育的情况。龙华区以积极教育理念为引领，在短时间内实现从跟跑到并跑，以至在部分领域领跑的发展"奇迹"深深震撼了这位想改变区域教育现状、引领区域教育发展的局长的心。

2020年7月，黄汝荐局长积极回应龙华区教育局关于共同发起成立"积极教育研究联盟"的倡议，亲自参加了成立大会和首届高端论坛。在江梓润的陪同下，拜访了龙华区教育局领导，进一步了解了龙华区积极教育的发展情况；走进龙华教育现场，与学校校长、教师、学生深度接触、交谈。几天下来的所见所闻，使他进一步坚定了在紫金引入、推行积极教育的决心。他认为紫金教育振兴发展需要优质教育资源，更需要龙华积极教育所蕴含的精、气、神。

返回紫金后，黄汝荐局长召开班子会议，专题研究了"积极教育"在紫金如何落地生根的问题，决定从理论学习入手，打破紫金教育固有的思维模式。从龙华区教科院要来100本《积极教育的探索与实践》，下发全局及各校校长，要求深入研读，理解要义。2020年8月28日，邀请了龙华区教科院专家朱美健、刘洪翔、段新焕到紫金开展积极教育系列培训。9月，紫金县"积极教育+三个六"教育发展顶层设计正式推出。在全县校（园）长"积极教育"理念专题培训会上，黄汝荞局长对这一顶层设计做了具体说明，要求从宣传培训、落地生根、积极引领三个层次推进积极教育、践行积极教育。

至此，一场以积极教育为引领的教育变革在紫金正式拉开帷幕。

4. 裂变·积极的生长

为进一步加深全县师生对积极教育的理解，推动"积极教育+三个六"的顶层设计落到实处，2020年10月16日，紫金县教育局主动承办了积极教育研究联盟"紫金行"主题论坛活动。论坛以"积极教育开新局，区域发展育新机"为主题，来自联盟各成员区、县的领导和专家围绕积极教育与区域教育发展的新趋势、新理念、新方法进行全方位交流，共同探讨积极教育的未来之路。河源市教育局副局长钟小明对活动给予了高度评价。此次论坛是紫金县教育发展史上的第一次高规格、高质量的教育交流活动，对紫金教育发展影响深远。

在"积极教育+三个六"顶层设计引领下，紫金开展了积极德育、教育教研、积极教育校际联盟组建、"三名"工程、人才培养体系组建、师资培训、心理健康教育、家庭教育、信息化建设和学生综合素养培养等工作。在积极教育理念的引领下，紫金教育呈现出积极向上的良好态势。积极教育理念已经渗透到紫金教育的每个角落。在紫金的任何一所学校都能感受到积极教育的气息。深圳外国语学校龙华学校王宏利校长应邀到紫金县最偏远的好义镇中心小学调研、讲学，她惊喜地听到了校长、老师们在谈论积极教育，在校园宣传中看到了积极教育的文化。在紫城镇仅有50人的教学点澄峯小学调研期间，江梓润第一眼就看到了宣传栏里张贴的"积极教育+三个六"的工作思路，负责人和老师也分享了积极教育理念对学校的积极影响。

沉舟侧畔千帆过，病树前头万木春。

一年，时间不长。但江梓润与他的支教团队队员们，以"积极教育"行动，引发了紫金教育的"裂变"——一场与固有教育模式决裂，建立全新教育发展态势的深度变革。

江梓润说："紫金之旅，无怨无悔。"

三、移动的光——记深圳市观澜中学德育处副主任、广西河池东兰深圳龙华小学挂职副校长夏卫兵①

> 路是群山的白飘带
>
> 飘荡在墨绿的半空中
>
> 他是移动的光
>
> 照亮深山、田野和密林
>
> 他是清晨带着露水的一抹绿色
>
> 他是逶迤群山里一声清脆的鸟鸣
>
> 他是所有美好凝聚而成的光
>
> 带来温暖、祝福和多彩的梦想
>
> 他来了
>
> 他们来了
>
> 他们肩并肩
>
> 站在东兰的土地上
>
> 世界在脚下移动

"山清水秀东兰美，人杰地灵气象新"，这是时任国家总理温家宝在东兰考察时对东兰的盛赞。2020 年 4 月，曾于 2018 年到紫金县支教半年的夏卫兵，再次响应号召，主动请缨到广西革命老区东兰县开始为期一年的支教工作。

在挂职东兰县东兰深圳龙华小学副校长期间，夏卫兵以东兰深圳龙华小学为支点，在东兰县推广积极教育，用积极教育理念引领、促成学校改变、学生改变。

1. 成就一所学校：东兰深圳龙华小学

东兰深圳龙华小学是由深圳市龙华区对口帮扶援建的一所完全制小学，是

---

① 以下内容由观澜中学、深圳龙华驻广西东兰支教队供稿。夏卫兵，深圳市观澜中学初中部语文教师，德育处副主任。深圳市优秀班主任、深圳市教育学会会员、深圳市中小学德育专业委员会会员、宝安区初中教学工作先进个人、龙华区初中教学工作先进个人、龙华区优秀教师、龙华区优秀共产党员、龙华区"积极德育建设工程"中心组成员、龙华区"未来教育家工程"之撷英二期学员、龙华区骨干教师等。先后支教于紫金县苏区中学，东兰县东兰深圳龙华小学挂职学校德育主任、副校长。先后被评为"粤桂扶贫协作教育扶贫先进个人""河池市优秀支教教师""东兰县优秀支教教师"等。

东兰县易地扶贫搬迁安置区配套设施建设项目。学校于 2017 年 12 月开工建设，于 2019 年 9 月正式招生，现有教学班 31 个，在校生 1700 人，教职工 92 人。

作为东兰深圳龙华小学第一任挂职副校长，夏卫兵充分发挥自己的优势，主动挑起学校的德育工作重任。成立学校德育处、建立班主任学习共同体，他带领德育团队不断创新工作形式，并将积极教育理念融入东兰深圳龙华小学，初步形成"积极德育·幸福成长"的德育理念，构建了"三全育人"德育体系。目前，学校在德育常规、德育课程、德育活动、家委建设、班级文化建设、班主任队伍建设等方面渐有起色，并且成功举办了一年级新生入学礼、东兰深圳龙华小学首届班主任节等大型活动，产生了良好的社会效应，形成了山区学校少有的德育新气象。

为了加快学校发展速度，夏卫兵积极响应龙华区教育局"多帮一"帮扶政策，主动联系龙华区鹭湖外国语小学、龙华区和平实验小学与东兰深圳龙华小学结对帮扶，实现了 1+1>2 的帮扶效益。2020 年 7 月 16 日，协议正式签订，开启"多帮一"教育帮扶工作。2020 年 9 月 26 日，东兰深圳龙华小学选派 10 名优秀骨干教师回访龙华区鹭湖外国语小学、龙华区和平实验小学，进行深度交流。此外，夏卫兵还联系了龙华区丹堤实验学校、玉龙学校、龙澜学校等到东兰深圳龙华小学开展党建帮扶。龙华各校与东兰深圳龙华小学的校际帮扶，引发各级媒体的关注和相继报道。

为实现龙华区教育局王玉玺局长调研东兰深圳龙华小学时提出的"集中力量，打造粤桂帮扶品牌"帮扶目标，夏卫兵向龙华区教育局申请学科骨干和专业教师集中赴东兰深圳龙华小学支教。功夫不负有心人，2020 年秋季学期，龙华区教育局向东兰深圳龙华小学派出了 6 位支教教师。教师龚玲华、林美笑分别承担语文、英语科组教研工作，坚持听课、评课、议课，以提升科任教师的教育教学能力。朱均仁老师将民顺小学体育科组建设的经验传递给东兰深圳龙华小学。美术教师刘占磊成立了版画社团，信息教师张凯将信息技术融入课堂并成立学生社团，弥补了山区学校信息教育与艺术教育的不足。

2. 打造一个团队：东兰支教队

2020 年，龙华区教育局先后派出 18 位优秀教师前往东兰支教或驻村。夏卫兵深知，支教队是龙华教育在东兰的一面旗帜，他们只有干好，才能不辱使命，不负龙华。为增强这支队伍的凝聚力、战斗力，夏卫兵与队员们一起制定了《东兰支教队公约》，提出了"践行积极教育理念、传递积极教育思想、搭建积极教育平台、讲述积极教育故事"的帮扶理念，还制作了队旗。

一年来，在积极教育理念的指引下，东兰支教队累计参与弄彦村"七个一"工程建设 1 个、校园提升工程 3 个，资助帮扶贫困学生 18 人，党建示范引领活动 21 次，教育教学专题培训 24 次，爱心定向捐赠 38 次，各类公开课示范课 64 节，科组教研活动 86 次。绝大多数教师承担一线教学工作的同时，还兼任学校管理岗位，带领团队抓实学校建设，发挥示范引领作用。

为大力支援对口学校，夏卫兵与支教教师们主动联系后方学校、企业及爱心人士，累计捐赠 56 万元现金和教育教学物资。更难能可贵的是，支教老师还自掏腰包为对口扶贫学校及贫困学生购买了近 4 万余元学习用品及生活物资。

东兰支教队用实际行动诠释了龙华积极教育的深刻内涵，为龙华东兰两地教育搭起了友谊的桥梁。东兰县委县政府、东兰县教育局及受援学校对东兰支教队所做的贡献予以高度肯定。2020 年 7 月，东兰支教队所有教师被评为"河池市优秀支教教师"。2020 年 8 月，东兰县委县政府授予支教队 16 位教师"粤桂扶贫协作教育先进个人"荣誉称号。2020 年 9 月教师节，夏卫兵与另外 6 位支教教师再次被东兰县人民政府评为"优秀支教教师"。夏卫兵作为优秀支教教师代表在全县教师会上做典型发言。

此外，东兰支教队的故事相继被南方日报、龙华区委宣传部、东兰电视台、东兰县融媒体中心、东兰县委宣传部报道，其先进事迹在东兰当地产生了良好的社会影响力。

3. 帮扶一个乡村：大同乡弄彦村

弄彦村隶属广西河池市东兰县大同乡，是国务院挂牌督战未脱贫村（现已全部脱贫）。由于地处自然条件恶劣的大石山区，交通不便，季节性缺水，贫瘠的土地只能种植玉米，经济十分落后。作为东兰县的对口援助地区，龙华区各界高度关注弄彦村的脱贫工作。

从东兰县城到弄彦村虽然只有百余公里，但路面崎岖不平，每次往返需要近一天时间，有时还会遭遇山体滑坡，每一次出行都是严峻的考验。受龙华区教育局嘱托，夏卫兵 6 次深入弄彦村慰问驻村干部及贫困家庭，自掏腰包慰问贫困户累计 12 家。他先后走进板坡小学、坡白小学及坡白幼儿园慰问贫困学生，主动对接坡白小学与弄兰小学的校园提升工程，联系龙华区爱心企业及龙华区第六幼儿园，为坡白小学、幼儿园购买紧缺物资，解决了坡白小学的燃眉之急。为解决弄彦村"七个一"民生幸福工程问题，夏卫兵主动联系当地工程队，利用暑期多次深入弄彦村开展工程监督，以确保工程按期保质交付使用。为解决弄彦村贫困孩子的读书问题，夏卫兵与龙华区爱心企业家共同发起了"一校一村"（东兰深圳龙华小学、弄彦村）对口帮扶贫困家庭爱心行动，解决了一校一村贫困学生从幼儿园到大学的读书问题。截至目前，已累计帮扶18人，含小学生5人、初中生6人、高中生4人、大学生3人，其中友好家庭结对11人，企业帮扶7人。

4. 搭建一个平台："深爱东兰"公众号

为弘扬教育扶贫精神，大力宣传教育扶贫典型事迹及支教教师鲜为人知的故事，夏卫兵自己申请公众号"深爱东兰"。为达到宣传效果，并产生良好的社会效应，夏卫兵对每一篇推文严格把关，校正、编辑、审核，每一字每一图都反复斟酌筛选。为此，他时常工作到深夜。

截至目前，"深爱东兰"已累计推送推文36篇，转发东兰深圳龙华小学帮扶推文13篇，相继推出"东兰支教队的故事""为了大山里的孩子"专题报道。此外，"深爱东兰"部分推文陆续被"粤桂扶贫协作""美丽东兰""深圳教育""东兰身边事""东兰教育"等平台转发。

惟其艰难，方显勇毅；惟其磨砺，始得玉成。

在龙华区委区政府及龙华区教育局的共同领导下，夏卫兵汇聚龙华教育人的智慧和力量，以梦为马、笃定前行，用自己的实际行动，把积极教育之光带到东兰，照亮孩子们成长之路。

做一束移动的光。这是夏卫兵对自己东兰支教工作的期望。他，做到了！

四、积极援疆，埋头苦干不言悔——记龙华区2020年援疆支教队①

> 5500公里，
>
> 这是它到深圳龙华的导航距离；
>
> 天山山脉与昆仑山脉交汇处，

① 以下内容由龙华区2020年援疆支教队提供。

这是它的坐标；

塔克拉玛干沙漠不老的胡杨，

这是它的精神；

这里是祖国广袤版图的西极——新疆喀什。

满怀着建设边疆的梦想，立志为龙华区积极教育代言，2020 年，十位深圳龙华教师援疆支教，与喀什结下了不解之缘。一年来，不管是上半年的"下土"，还是下半年的冬雪，都未能阻挡他们前行的脚步。他们用爱与坚守谱写了来自深圳中轴的绚丽诗歌。

1. 踏实开拓，专注美育

作为龙华援疆支教队的队长，尽管被喀什市委组织部任命为喀什市教研室副主任（挂职），他却更清楚自己是一名音乐教师。在一年半的援疆时间里，他以喀什市音乐教研员的身份有效推动了喀什中小学音乐教育向前发展。"积极主动、不计付出、不忘初心、不枉援疆"成为他的口头禅。他是来自龙华区清湖小学的音乐教师王伟。[①]

他用近一个学期的时间，走访调研了喀什市 30 多所中小学，写出了一万多字的调研报告。在此基础上，他为自己设立了"一二三四"援疆工作规划。

"一"是成立一个名师工作室——喀什市王伟中小学音乐名师工作室。15名来自各校的各民族教师踊跃参加工作室的各项活动，积极进取、努力提升。

"二"是两个音乐课题。一个是"喀什市中小学建立学生合唱社团的实践研究——以东城三中和阳光小学为例"，由王伟主持。另一个是王伟指导和主要参与的"中小学乐器进课堂——乐器选择的实效性研究"。

"三"是建立三个中小学音乐社团。三个社团包含东城三中喀什雏鹰合唱团、阳光小学阳光少年合唱团和帕哈太克里乡中心小学口风琴实验班。三个社团都以内形成品牌效应并进行推广辐射为目标，目前都在稳步推进中。

"四"是四个学科活动。它包含了音乐骨干教师现场课活动、名师送课下乡活动、微课云课堂活动和青年教师教学技能展示活动。

---

① 王伟，龙华区清湖小学总务处主任，深圳市龙华区音乐学科教研中心组成员，龙华区骨干教师，深圳市龙华区音乐家协会常务理事，先后获评为深圳市艺术教育先进个人、龙华区优秀教师。2020—2021 年赴新疆喀什市支教，担任龙华援疆支教队队长，挂职喀什市教研室副主任。

规划容易，实施难。但认准的事情，王伟从不会改变。

在当地，学生音乐社团建设还处于可有可无的状态。与多所学校领导沟通后，最终有两所愿意做这件事，但却要在午休的时候进行训练。王老师 20 多年的午睡习惯就此作罢。

喀什市教研室地处喀什郊区，交通极为不便。为此，王老师特意买了一辆自行车，每天中午骑车前往。入冬以后，寒风刺骨，积雪路滑，王伟曾经两次摔倒，幸好穿衣厚实并无大碍。孩子们演唱的时候缺少辅助定音乐器，王伟花了 5000 多元买了竖笛和套装打击乐器捐给两所学校。

看到学生的进步，王伟会心地笑了，更感念积极教育理念的内涵和带来的快乐。

疫情期间，帕哈太克里乡中心小学抗疫物资短缺。王老师积极与龙华教育局、清湖小学协调，在教育局和清湖小学樊光合校长的大力支持下，促成了两校结成帮扶关系。一年来，清湖小学为帕哈太克里乡中心小学累计捐赠物资和款项达到 11 万元以上，为帕哈太克里乡中心小学更换了校园广播系统，推动了该校管理面貌发生巨大的改变。

一年半以来，王伟以积极教育理念为引领，积极投身喀什美育教育改革的事业，为更新音乐教学理念，改革课程评价体系，推进示范性社团建设做出了卓越贡献，与当地音乐教师们一道行走在成长之路上。

2. 老当益壮，二次援疆

本已在 2019 年年底结束了前一届援疆任务的龙华中学教师邓拥军[1]，选择了再次援疆，并成为本届龙华援疆支教队的副队长。

2019 年的冬天，他的学生们听说了他即将结束援疆返回深圳的消息后，争先恐后地找邓老师诉衷肠、倾心声，恳求邓老师留下。早已犹豫不决的邓老师就此心一横，决定再援疆一届，带这些孩子走完整个高中历程。

除了保质保量地完成一个班每周 10 节语文课和早读晚修的任务外，邓老师还带了三名徒弟，上了两节示范课，参加每周半天的科组教研活动或备课组活动，坚持每天为三四个学生辅导，和他们谈心。邓老师是个热心肠，看到当地学生出现困难时，他会马上出手帮助。仅 2020 年下半年，他就为经济困难

---

[1] 邓拥军，深圳市龙华中学资深语文教师，2018 年秋季至今，援疆支教于喀什市特区高级中学。

的学生购买学习资料、代交费用近 3000 元。

作为支教队的"元老"，他处处以身作则，积极参加学校和支教队的多项活动，团结同志，互相促进。在喀什特区高级中学和深圳支教队中，邓老师都有着良好的口碑。特高师生更是人见人夸，都舍不得邓老师离开。

3. 贴心帮扶，行动援疆

在喀什市阳光小学，几位校领导想到挂职的陈靖①副校长半年之后就要离开，总会长吁短叹，无限惋惜。这份提前半年就到来的依依不舍，只因为援疆教师陈靖是一个功底扎实的实干型教师，他将喀什市阳光小学当成了自己的家，把喀什市阳光小学的成绩当成了自己的最大的骄傲。

2020 年 2 月突发新冠疫情，尚在深圳的陈靖得知喀什市阳光小学一"罩"难求，立即在支教组发出募捐倡议，共筹集到 13440 个一次性医用口罩、1000个 N95 口罩和 100 瓶免洗洗手液，第一时间寄达喀什市阳光小学，帮助学校顺利复课。

2020 年暑假前夕，陈靖建议喀什市阳光小学教师暑假多读一些专业书籍，而学校没有经费买书。她联系后方学校大浪实验学校，在罗威林校长的大力支持下，为喀什市阳光小学捐赠《小学语文部编教材文本解读及学习设计》《小学数学教材中的大道理》《英语自然拼读》以及各学科《新课标解读》等教师专业书籍 374 册，价值近 2 万元。

2020 年 9 月上班第一天，陈靖发现六年级新办公室没有窗帘，40 多平方米的空间坐了 18 名教师，也没有空调和电扇，再加上整面墙的玻璃反射的阳光，办公条件非常艰苦。她二话不说，立刻联系窗帘店自费购买 4 幅窗帘，第二天就装到了办公室。

"援疆就是来做事的。一年半之后就看我们能不能带出一批优秀的年轻人，能不能为南疆留下一批教育的精兵强将。"陈靖经常这样勉励自己，勉励支教组的同事。

她带领支教组结合受援学校实际，逐步探索出五步教学指导法：集体备课—师傅上示范课—课后评课—徒弟上"葫芦课"—二次评课。她先后带了 8

---

① 陈靖，深圳市龙华区大浪实验学校校长助理兼教学处主任，2020 年 3 月赴新疆喀什支教，挂职喀什市阳光小学副校长，深圳市优秀教师。执教的数学课两次获全国中小学互动课堂教学比赛二等奖，参加深圳市数学说课比赛获一等奖。多篇论文在全国、省、市获奖。

个徒弟。一年来，她听课 582 节，给徒弟和年级组老师上示范课、先行课 54 节，为喀什市阳光小学数学老师和新教师做培训"让学习在对话中发生"等 3 次，主持喀什市课题"民族地区小学数学概念课教学模式实践研究"。每学期她都还抽出一周时间下乡，到村小送课、听课、指导集体备课。2020 年，陈靖辅导喀什市阳光小学 3 位数学老师参加喀什地区教学骨干和教坛新秀评比。其中，邓丹被评为数学骨干教师，马昕被评为数学教坛新秀。指导杨亚莉老师参加喀什市优质课比赛获二等奖，指导常凤霞老师参加喀什市骨干教师评比获二等奖。

4. 丹堤四杰，团队援疆

来自丹堤实验学校的邹先平[1]老师在深塔中学挂职副校长，妻子杨彩萍[2]也在这里一起援疆支教。说不清是谁先动了念头要到边疆去奉献，最终是两人携手谱写了一段支教佳话。

在丹堤实验学校，参加了本届援疆工作的还有彭颖[3]和刘玉玲[4]两位老师。虽然他们入疆的时间略有不同，但服务边疆、支教扶贫的初心却是一样的。

由深圳帮扶援建的喀什地区塔县深塔中学是一所完全中学，有 2600 多名学生，200 多名教职工。邹先平任教的初二（9）班，统考成绩由第十一名进步到第四名，学生在古诗文、书法等方面都有很大的提高。他为全校语文老师上公开课"记承天寺夜游""中国石拱桥"，做讲座"语文老师应该把字写好一点"；他为全体初三老师做讲座"教育情怀，职业幸福"。参加青蓝工程建设，所带徒弟古扎努丽尔、张梦寒都有很大进步。《到小杏树家访问》《山江一言驷马难追》《我在春天等你们》共 3 篇文章在深圳新闻网发表。杨彩萍老师则充分利用自己精通诗歌朗诵的优势，组建了塔吉克族学生朗诵社团，为少数民族孩子的国语教育付出了自己的努力。

---

① 邹先平，龙华区丹堤实验学校语文教师，广东省优秀作文指导老师，宝安区名师，深圳市程少堂专家工作室成员。主持深圳市级、国家级课题 3 个，参编专著 4 本，在省级、国家级刊物发表文章 10 余篇，辅导学生作文 400 余篇。2020 年 2 月开始援疆，任新疆喀什深塔中学援疆副校长。
② 杨彩萍，龙华区丹堤实验学校教师，2020 年赴新疆喀什支教，担任喀什市深塔中学初中部语文科组长。
③ 彭颖，龙华区丹堤实验学校英语教师，2020—2021 年赴新疆喀什市阳光小学支教。
④ 刘玉玲，深圳市龙华区丹堤实验学校语文教师，被评为深圳市"我最喜爱的班主任"、龙华区闪亮班主任！2020 年 9 月中组部第十批援疆教师，现任喀什市第十八小学语文教师兼语文科组长。

在喀什市阳光小学，彭颖老师主要负责中高年段的英语教研及指导 4 位徒弟的日常教学工作。从入校以来，她频繁听评徒弟们的课，帮徒弟们研磨各级公开课，积极参与科组的集体备课等教研活动，分享教育理念与教学方法。在 2020 年的下半年，她指导徒弟马英、马文玉两位老师参加了 2020 年喀什市教坛新秀录像课的教学设计与实施，两位老师最终都获得了喀什市小学"教坛新秀"称号。

刘玉玲是中组部第十批援疆老师，2020 年 9 月入疆，任喀什市第十八小学五（1）班语文教师，同时负责五年级语文教研工作，还要带 5 个徒弟。

她时刻牢记国赋家予援疆老师的责任和使命，按照《深圳市援疆干部人才行为规范"十严禁"》严格要求自己，保持自律。既与支教老师搞好团结，也与所在支教学校的老师搞好团结。努力把深圳先进的教育理念和当地实际相结合，把"五个认同"润物细无声地渗透进孩子们的心中。

她坚持每周上好一节示范课，重点在老师们感到棘手的作文教学方面，从"作前指导课、作后评讲课"给予引领。每周听评课 6 节以上，给徒弟有针对性的指导。本学期，辅导徒弟阿孜姑老师参加自治区骨干教师评选活动；辅导学校 4 位老师参加喀什地区骨干教师评选赛前备课；同时担任评委，参与学校暑期教师微课评选、老师书法比赛评选、校级优质课竞赛评选；编制综合试卷 6 套（月考卷 1 套，期中模拟卷 2 套，期末模拟卷 3 套）。疫情期间制作微课 11 节，和同年级语文老师分享。利用周末时间，参与下乡扶贫，了解当地风俗民情。

一个学期的时间，他们过得短暂而充实。对于新的学期，丹堤四杰充满期待。

5. 行知双英，大爱无疆

龙华区行知小学梁梅芳[①]老师在喀什市教研室担任数学教研员，一年来共调研了 23 所学校，上示范课 15 节，听、评课 100 多节，在调研过程中针对发现的问题进行现场、即时微型讲座 10 余次。她还对老师们的备课、作业批改情况进行抽查，并根据调研情况向学校负责教学工作的领导做反馈。她先后撰

---

① 梁梅芳，深圳市龙华区行知小学数学教师，2020 年赴新疆喀什支教，担任喀什市教研室数学教研员。

写调研分析报告 14 篇上交喀什市教研室。

调研中她发现各个学校新老师较多，缺少专业培训和引领，于是她成立了"喀什市小学数学教师共同成长训练营"。她组建钉钉群，制定公约，通过网络形式带领老师们共同学习成长。目前训练营有 200 多位老师加入，按照公约要求每周做到"三个一"：共品一节课，共写一篇观后感，共写一篇教学设计。每学期要做好"三个一"：读好一本书，写好一篇读后感，讲好一节课或写好一篇教育教学论文。

另外她还担任喀什市"小学数学说题比赛""小学数学优质课""小学数学教坛新秀""骨干教师评选"等活动的评委工作，并撰写相关活动简报。2020 年 11 月，因疫情紧急，所有学校只能停课并开始线上教学，梁老师根据教研室安排对 6 所农村小学进行网上巡课及线上教学小结。

除了专业引领之外，梁老师还一直积极做好结对帮扶工作。

2020 年 5 月 30 日，她代表行知小学二（7）班的孩子和家长跟喀什市第三小学二（7）班建立了"手拉手班级"，为深喀学子搭建友谊的桥梁。

2020 年 6 月，她了解到当地学校防疫物资匮乏的情况后，主动联系后方学校及家委，共筹集爱心捐款二十多万，购买了大批儿童口罩、额温枪、硫黄皂等防疫物资，分别捐赠到深喀第二高级中学、育才小学、喀什市第三小学和东四学区各学校，为当地解除了幼儿园复课找不到一片儿童口罩的燃眉之急。

2020 年 10 月，她又积极联系行知小学与喀什市第二小学签订了缔结友好学校协议，两校建立了长期帮扶交流关系。

艾志勇[①]是喀什市育才小学的支教教师。随着时间的推移，他越来越迷恋雪与沙漠产生的那种难以名状的冲突美，情不自禁写下的诗歌已经在朋友之中流传。援疆以来，他一直承担着喀什市育才小学毕业班六（4）班的语文教学任务，每周课时 12～16 节。每天的早读、午读课，也都陪伴学生进行背诵与听写。他还多次自费购买了书籍作为奖品奖励给学生，为孩子们开设公众号，发表与分享学生们的作品，让学生体会作品发表的喜悦。另外，带徒弟、做讲座，他也一丝不苟，每一个细节都追求完美。

---

① 艾志勇，中共党员，国家二级心理咨询师，现任教于龙华区行知小学。2020 年 4 月，赴新疆喀什支教，担任喀什市育才小学六（4）班的语文教师。

6. 体育援疆，自有芬芳

李邦银①，一名山东大汉，来自民治中学。作为一名有多年体育教育教学经验的中学老师，他特别看重体育学科的价值。他心目中认为援疆最有意义的事情就是让边疆各民族的孩子们身强体壮、身心健康。在他援疆的深塔中学，他担任着初三5个班的体育课，还要负责体育高考班的训练工作。任务量虽大，他却从无怨言。他常和龙华援友们说：来援疆，好好做事就行，一定要对得起这里的孩子们。

他和科组的同事们一起围绕体育中、高考的目标制定了深塔中学体育教学和训练的三年规划，组建了两支负责体育高考训练的教师队伍。他带头参加体育科组的集体备课，并使之制度化。疫情期间，他和本校老师参与集体抗疫，根据学校安排进班进宿舍组织管理学生学习和生活。

五、因为支教，此生无悔——记青年支教教师陈秀红、廖紫微②

2017年以来，近百名龙华教育人走进大山，成为一名光荣的支教教师。在山区，每一位支教教师就是一面旗帜，他们用自己的实际行动践行着积极教育，传播着积极教育。

1. 用爱点亮山区孩子的求学梦——陈秀红③

"今天上课讲到新年愿望时，问学生的新年愿望是什么。有一个男孩子回答，他想存一些钱然后买一件新衣服给奶奶。那一瞬间我的眼眶红了，全班同学也自发地响起了热烈的掌声。爸妈都在外面打工，是奶奶一个人在家带他们三兄妹。从一个简单的新年愿望，能看出一个山区留守儿童的心酸、无奈和懂得感恩的心。"陈秀红老师在日记中写道。后来，陈秀红组织开展了"你的梦，我来圆"活动，号召深圳的师生及社会爱心人士帮助108个山区孩子实现新年愿望，共有108个深圳的家庭参与其中。

---

① 李邦银，龙华区民治中学体育骨干教师，曾连续三年荣获龙华区中小学生田径运动会综合实践比赛一等奖。
② 陈熊海.龙华区教育局让"积极教育"在大山深处开花结果［N］.南方日报，2020-10-30（特19）.
③ 陈秀红，龙华第二小学英语教师，被评为2019年河池市优秀支教教师、2020年粤桂扶贫协作教育扶贫先进个人、2020年龙华区抗疫优秀教育工作者。

陈秀红不仅仅是一名支教教师，更是一名传播爱与希望的使者。2019年9月，她主动请缨赴广西东兰县支教，新婚燕尔的她果断推迟婚假。年支教期满后，善良的她放不下山里的孩子，又申请延期支教半年。

扶贫先扶智，授人以鱼不如授人以渔。支教期间，她积极教研，通过开展集体备课和示范课给当地带来全新的教学理念。

她不仅对教学工作一丝不苟，对学生也关爱有加。她经常让周末留守学校的学生来宿舍吃饭。支教期间，她邀请100多名学生分批次到宿舍吃饭，亲自下厨，并跟他们促膝长谈，了解这些孩子的家庭情况和学习状态，并鼓励他们发奋图强。

她在日记中写道："我跟他们一样大的时候也哪里都没去过，甚至连县城都没有去过，但是我工作以后去了很多自己想去的地方，做了很多自己曾经想做的事情，也过上了自己想要的生活。这一切都是通过我的努力得来的，不是不劳而获。我也曾经那么艰难和困苦，但我没有放弃过任何一丁点希望，勤奋刻苦地学习，努力考上大学，找到一份自己喜欢的工作。不知道他们听进去多少，又理解了多少，但是希望我说那么多有那么一丁点的作用。如果有一个孩子听进去了，那也值了。"

此外，陈秀红还开展了"手拉手，书信传情"的活动。通过写书信让山区孩子和深圳孩子互相沟通和联系，给相隔千里的两地孩子搭起了爱和希望的桥梁。她还发起了爱心助学的倡议，在龙华第二小学师生中筹得三万元助学金，用于一对一资助东兰县国清中学的30个贫困学子。

她在支教期间写下"广西支教记录"系列文章。众多深圳的师生、家长和爱心人士看了以后深受鼓舞和感动，更多的人因为受她感染而积极参与支教扶贫工作。她带着爱心和责任心去开展支教工作，用爱点亮希望，也用自己的微光点亮了贫困地区莘莘学子的求学梦。

2. 把有意义的事情做得有意思——廖紫微[1]

"因为你的出现，我希望成为更好的人""对于我们来说，您是幸运的遇

---

[1] 廖紫微，新华中学教学处副主任，曾被评为深圳市十佳师德标兵、龙华区名师"领雁工程"精英班成员、"三名工程"学科带头人培养对象、骨干教师、"撷英班"管理干部、"润泽家长课堂讲师"，曾获区优秀教师、初中教学工作先进个人、紫金县"优秀支教教师"等称号。曾荣获深圳市青年教师技能决赛一等奖。

见与温暖的陪伴""就是因为您，我爱上了历史""希望以后你见到我时我很优秀，令你骄傲""我会为了'让优秀成为习惯'这句话，一直努力下去的"……学期末，60多封学生信件和多条留言出现在她的办公桌上。这些稚嫩的文字、真挚的感情、沉甸的爱意，顿时让她眼眶湿润。

她叫廖紫微，是深圳市新华中学的一名历史教师。2019年9月至2020年7月，为了山区的孩子，她放下家中年仅5岁的幼女，奔赴紫金支教。她用一年时间，身体力行诠释着支教初心：把有意义的事情做得有意思，把有意思的事情做得有意义。

开学初，她便深入紫金中学实验学校进行充分调研，撰写文章《让教育管理真实地发生——赴紫金县支教的思考》。她与学校负责人沟通探讨学校管理机制，促进学校办学水平稳步提升。她先后担任"紫金县初中课堂教学大赛"初赛和决赛评委，并指导彭赛平老师参加河源市教学大赛，助其课例一举拿下河源市特等奖，创造了紫金教育的历史。

她倡导有魂、有趣、有料、有效的历史课堂。学生在她的点拨引导下，学会了绘制年代尺、设计思维导图、总结归纳知识要点、进行学科思维等有效学习方法。学生学习历史的兴趣和积极性被极大唤醒。她所带的3个班级，成绩稳居年级前列。

她不仅把课上好，还在德育方面引导学生。在2020年元旦文艺汇演中，她带的八（9）班是全校唯一一个全班学生上台演出的班级。她与学生共同演绎的情景剧《那些天，我们在一起的日子》，荣获"最佳表演奖"。她结合学生实际，先后开展20余次重引导、重启智、重理想、重沟通的班会课，与全体学生共同制定班级公约、口号、目标和个人座右铭，渗透"让优秀成为习惯，让优秀走向卓越"的班魂引领。

另外，作为龙华紫金支教队副队长，她先后深入走访10余所乡镇学校进行教研示范，开展6次全县公开课。每次坐一个多小时的车送教下乡，她都会带上一些小糖果以表心意。

支教期间，她发现自己意外怀孕，但她没有选择放弃支教，而是毅然坚持下去。她笑说："我都佩服自己，我就是为教育而生。上课是自己一天状态最好的时候。最艰难、黯淡的日子全靠孩子们的真心和快乐的课堂来支撑！"

支教，是一段特殊的人生经历。暂时告别都市的繁华，走进大山深处，所忍受的不仅仅是不尽如人意的生活环境，还有孤独与思念。但一支支龙华支教队、一位位龙华支教老师却克服了一个个困难，以自己有声的教育、无声的行动，在山区播下积极教育的种子，收获的是满满的爱与成长。

第八节　少年心事当拿云

在龙华的每一所学校，你都能看到一张张朝气蓬勃的脸。他们有的是刚毕业没几年的新教师，年轻，充满活力；有的是已在三尺讲台耕耘近十载，却依然散发着青春光芒的老教师。正是他们，用青春热血催生出龙华教育最美的花。

一、少年心事当拿云——记龙华区第二实验学校青年教师王亦铭①

"孩子，你想加入龙华教育么？"

"当然，我已经准备很久了。"

"好，加油！相信自己。"

三年前的冬天，一次看似不经意的谈话，坚定了王亦铭——这位东师才女入职龙华教育的决心。而当得知这温暖亲和的长者竟然是龙华区教育局王玉玺局长时，一股强大的力量包裹了她。正如她自己所说："这简短的对话不仅让我走向了龙华杏坛，更教会了我'师爱之重'。"

良言一句三冬暖。

1. 脚踏实地，立稳课堂

背负这份暖意，2018 年 9 月，王亦铭走进了龙华，走进了龙华区第二实验学校，走上了一条行深致远的新师成长之路。

入职之初，王亦铭牢记龙华区第二实验学校田宝宏校长的谆谆教诲：坚守教学这块"主阵地"，时刻提醒自己不忘初心，脚踏实地。在初中语文老师的岗位上，她埋头苦干，从钻研教材到撰写教案，从精研教法到琢磨学法，从不

---

①　本节内容由龙华区第二实验学校供稿，部分选编自龙华教育微信公众号相关推文。王亦铭，深圳市龙华区第二实验学校中学语文教师、初中语文科组长，曾被评为龙华区教坛新星，龙华区"三名工程"骨干教师培养对象，在第五届"七省九地区"初中语文教研共同体课堂教学比赛中获特等奖。

懈怠，认真上好每一课。

2. 雏凤清音，一鸣惊人

一年后，她接到了区初中语文教研员向浩老师给她的"七省九地区散文教学比赛"通知。她知道，这是机会，是信任，更是成长路上不可多得的磨刀石。

备赛的日子宛若旋风过境。

她翻遍书架上所有相关书籍，写下了几千字的文本解读；一遍又一遍地撰写、修改甚至推翻重写教学设计；一遍又一遍到各班试讲、打磨；夜深人静，独自对着镜头试讲，对着视频反思……

功夫不负有心人。

当从容完成课堂教学后，她收获了满堂喝彩，捧回了"特等奖"的灿烂奖牌。

3. "C位"挺立，华美绽放

2019年11月，区教科院举办了"2017—2019年入职教师基本功展示活动"。在历经"教学设计与观课议课""教学片段说课"两个环节的比赛后，王亦铭晋级到最后一轮比赛"话题演讲和答辩"，并走上了"积极新力量"新教师培训结业典礼的舞台中央。

"无论世人是否为繁花喧嚣，我希望，自己始终是一株默默拔节的会思考的芦苇。"王亦铭的深情叙述深深打动了评委。"你特别棒！在我心里是第一！"赛后区小学语文教研员路成书老师在微信留言道。

短短两年，王亦铭完成了从站稳课堂向胜任无虞的跨越，成为新教师中的佼佼者。来自北大的郭晓敏、胡容，人大的尹璇，武大的车雨，北师大的刘汉、邓嘉欣，华中师大的冉上，中传的张译文……都在各自的学校、各自的岗位上大步向前，茁壮成长。

近年来，为突破教师队伍"大而不强"，整体水平"中位徘徊"的发展困境，龙华区做出了加快引进国内外著名学府优秀毕业生的重要决策。实施三年来，共引进国内985、211大学及世界200强学校优秀毕业生1888名，其中不乏名校博士生、研究生。

引才更重育才。

龙华区印发了《中小学新教师专业发展三年培训实施方案》，确定了"一年适应、两年发展、三年成熟"的育才目标，建立了以按需培训为原则，以校本培训、区域通识培训、网络研修和学习共同体建设为载体的育才体系，助推新教师快速成长。

一年一度的全区新教师入职典礼、新教师岗前培训，三年一次的"入职教师基本功展示活动"和"积极新力量"结业典礼，让成长之路更加坚实。

积极，是主体的唤醒，是内心的蓬勃，是成长的冲动！

正因着力于此，龙华区新教师成长从自为走向自觉，从个体走向团队，朝着既定目标稳步前行。

这1888名新进优秀毕业生，是龙华教育的未来。我们有理由相信，五年后，十年后，当他们立稳脚跟，吸饱能量，必将一飞冲天，响遏行云。

后浪，终将成为巨浪的潮头！

二、时光有痕，木铎有声——记龙华区鹭湖外国语小学青年教师汪科[①]

7年教龄，15个一等奖。汪科，用短短七年的时间成长为校长们口中别人学校的老师。但对汪科来说，最重要的不是一次又一次的获奖，而是课堂上每一个孩子眼中闪烁的光。因为，她知道，这每一道光的背后都是生命的拔节。

时光有痕，木铎有声。让我们静静地听几段她自己讲述的成长故事，同她一道追寻教育的真谛。

时间，是个温和而严苛的匠人，总是那样不经意又分外明晰地雕刻着，打磨着，在每个人身上留下或温润、或硬朗的痕迹。回望这七年光阴，萦绕在心间的，不仅是收获里的喜悦、蜕变时的自省、迷惘后的笃定，更是怀着的一份绵长而深切的感激。

1. 把自己教成孩子

还记得十岁那年，我迷上了写作。幸运的是，我遇到了一位富有

① 本节内容由汪科提供，有改动。汪科，深圳市龙华区鹭湖外国语小学语文教师、教学处副主任，龙华区"撷英工程"一期学员，龙华区小学语文中心组成员。曾获龙华区五一劳动奖章、龙华区优秀班主任、"三名工程"教坛新秀等荣誉。曾获2017年深圳市小学语文教师技能大赛一等奖、龙华区2017年教师职业技能大赛特等奖、龙华区2020年小学语文教学能力大赛一等奖、龙华区2016年教师综合素养大赛一等奖。

才情的语文老师。有一次，我战战兢兢又沾沾自喜地拿着自创的诗集，请老师点评。他微笑着在扉页上写下：你是一个能将生活写成童话的女孩。加油，孩子！

那时我什么都不懂，但我知道，将生活写成童话，是一件多么富有诗意的事啊。因此，我萌生出这样的念头——以后我也要像他一样，成为一名语文老师，给更多的孩子注入梦想的力量。

多年后，我如愿走上了讲台。但当我第一次翻开学生的作文时，现实差点把我击败了。有的错字连篇，写着"我使出吃妈的劲往前冲"；有的为了凑字数，写道："公园里有许多花，一朵、两朵、三朵……"，足足写到一百朵。望着这样的作文，我又生气，又无奈，不禁开始怀疑自己。

就在这时，我脑海中浮现出儿时的那本诗集。我也曾经认为"妈妈笑成了一朵花"是我创作的最有文采的句子，现在看来不也是很幼稚的么？但那时，我的语文老师依然笑着对我说："你是一个能将生活写成童话的女孩。"

我突然读懂了老师的心。难怪于永正先生说，他教了四十多年书，最终把自己教成了孩子。我豁然明白了，做一名老师最重要的就是生长出一颗孩子的心。面对孩子的稚气，多一份宽容；面对孩子的笨拙，多一份耐心；面对孩子的期待，多一份鼓励。于是，我为每篇作文认真地写下评语，给予温暖的鼓励。第二天，当我看到学生翻开作文本时欣喜的眼神，我仿佛看到了十几年前那个充满期待的自己。

以生为鉴，观照内心，把自己教成孩子，才会有情感的尊重和包容，才会有思想的成长。于是，我努力将教师视角转变为儿童立场，让每一节语文课在倾情朗读、动情演绎、潜心书写、畅所欲言中变成一个有趣的磁场，让学生体验语文学习的快乐。

2. 把课堂还给学生

还记得 2013 年龙华区"卓越课堂"比赛，刚踏上讲台不足三个月的我初登赛场。借助着龙华第二小学先进的教育理念和团队的精诚合作，我有幸闯过了前两关——撰写教学设计和说课，入围现场上课的决赛环节。比赛前夜，我在会场里一次一次地演练着教学环节，一句一句地预设着师生问答，一遍一遍地请教着我的师父（候春明老师），这个难点我该如何处理，那个活动我该花多少时间。而我的师父，只用一句话回答我："你这样的状态，是在走流程，而不是教学生。"轻轻的一句话，却重重地敲在我的心上。

是啊，课堂的意义，不是教师的独角戏，而是师生间的交流碰撞。只有把课堂还给学生，课堂才会有意义的流转，才会有生命的拔节。比赛的意义，不在于呈现出一场完美无缺的表演，而在于学习的真实发生，在于自身的成长和蜕变。

对我而言，那场比赛最大的收获，并不是最终的"一等奖"，而是师父的那句话，让我真正叩开了课堂的大门，懂得了"教学"二字的含义。

于是，后来的我把每一场比赛都当作一块磨刀石，精读教材，钻研教法，不断夯实专业功底，提升综合素养。在专业书籍中汲取智慧，在学情调研中更新理念，在教学反思中细数得失，在赛场展示中练就心态。更重要的，每堂课我都牢记师父的教诲，把课堂还给孩子，让真正的学习在课堂上发生、流转、升华。7 年教龄，15 个一等奖，在每一次比赛中品尝专业成长的喜悦，感受团队助推的坚实力量，更在每一双期待的眼睛中聆听生命拔节的声音。

3. 把爱酿成清泉

2020 年 4 月，作为张文华工作室学员，我前往西藏林芝察隅县开启了两周的支教之旅，内心的震撼如远处的雪山一般绵延不绝。最难忘的，是邂逅了心中的那汪清泉。

走进下察隅镇中心小学的那个午后，阳光正好，孩子们在操场边洗衣服、晒被子。他们清亮的眸子中，带着一份怯生生的好奇。大胆一些的孩子，会凑到你跟前打招呼，喊着"老师好"；害羞的小女生则会远远地望向你，然后浅笑着低下头去。

这所学校共有 500 多名孩子，却仅有 30 余名教师。上课备课，帮孩子们洗头理发，睡前检查寝室……都是老师们日常工作的"必修课"。虽然辛苦，但从老师们的眼中，能读出他们对孩子的关爱。学校里不乏坚守多年的老教师，他们把最好的年华都留给了这片土地。聊起学校近十年的变化，说起孩子们的成长，他们眉宇间的那份骄傲和满足，着实让人动容。

在支教的两周中，我不仅为教师们的坚守之爱而感动，更为孩子们的学习热情而触动。那是一节五年级综合性学习课——关于姓氏的历史和现状的研究报告。孩子们从来没有上过综合性学习课，没有参考书籍，没有手机和电脑，如何进行信息收集和整理？如何结合藏族孩子的学情来撰写报告？

面对重重困难，我只能"因地制宜"，利用课间跟孩子们聊天，让他们选出"白玛""卓玛""江措""扎西"等8个姓氏组的组长。引导他们采访身边的老师，了解姓氏的起源或含义；调查五年级中某个姓氏的人数和男女比例，并形成数据表格；采访班级同学，了解名字中包含的故事或祈望；汇总、梳理收集到的信息，在课上进行小组汇报。

第二天的课上，我欣喜地看到孩子们热情高涨的模样——高大的男生挥舞着手里的自制调查表，扎着长辫子的卓玛走上讲台细声细气地讲述着，脸蛋黝黑、笑容明亮的江措一边向老师提问、一边做着记录……虽然他们的语句不够流畅，调查内容也很单薄，但那份对学习的热忱和专注却格外动人。

当他们或欣喜、或投入、或迷惘的眼神望向我时，我的心里也泛起了涟漪。我想，这个年龄段的孩子，学习的劲头和潜能都是热腾腾的，会像温泉一样"咕咚咕咚"地往外涌。只要你给予他们充分的支持和信任，多留一点课堂空间给孩子们去尝试、去体验，总能看到他们的惊喜蜕变。

不同于以往的送课支教，察隅之行让我真切地感受到不同地域的教育生态，也触摸到教育本真的力量。察隅之行，虽说是支教，但我总觉得给予的太少，收获的更多。老师们的爱、孩子们的爱，如同一泓清澈的泉，洗涤和温暖着我，让我重拾教育初心。

感谢学生的给予，感恩师父的教诲，感念雪域的触动，一路走来，对我而言，每一次心灵的悸动，都是成长中珍贵的馈赠。我想，我们遇见的每一个人，经历的每一件事，上过的每一节课，读过的每

183

一篇文章，都会在我们身上留下印痕。我愿把自己雕刻成一只沉稳坚毅的木铎，像身边的每位好老师一样，不断传递着语文的声音、文化的声音、生命的声音。

三、融合教育的示范者——记龙华教科院附属实验学校张灵会

这其实是一封家长来信。一位患有阿斯伯格综合征的特殊孩子的家长，怀着一颗忐忑的心把孩子送进学校。他非常担心孩子不能很好地融入班集体，也害怕孩子受到老师、同学的歧视，甚至被劝退。但他很幸运，孩子更加幸运，他们遇到了毕业于名校的张灵会老师。虽然任教时间不长，但张灵会老师以爱与耐心，以及巧妙的育人技艺，不仅让孩子融入了班集体，还得到了应有的发展。为此，孩子的家长给教育局领导写了这么一封信。

在此，我们全文收录这封感谢信。让我们一起去感受这位青年教师博大的仁爱之心和精湛的育人艺术。

尊敬的龙华区教育局领导：

你们好！

我是龙华区教科院附属实验学校三年级一班一名特殊孩子的家长，同时也是社区残联的一名专职委员。我的孩子到这个学校接受融合教育已经快三年了。看着孩子在这个学校一步步成长，一点点进步，作为母亲的我真的特别感恩。

他是一名患阿斯伯格综合征的孩子。陪伴孩子的成长，家长比任何人都清楚自己孩子的问题。而入学问题是当时最让我焦虑的，勉强将孩子送入班级，可能就像一颗不定时炸弹，你不知道下一刻会出现什么状况。孩子入学之前，我也被网上铺天盖地的文字譬如"歧视""被劝退"吓到。迎接他的校园生活会是什么样的呢？这个学校的融合教育做得怎么样？我的孩子能不能很好地融入呢？由于按学区划分，不能选择学校。这个时候，对于一个好老师的渴望，无异于沙漠迷路者对水源的渴求。

很幸运，我们遇到了张灵会老师。张老师是名校毕业的研究生，从一年级开始担任他的语文老师兼班主任。初次见面，她给我的感觉

特别亲切，就像邻家大姐姐一样。开学不久，我就忐忑不安地跟张老师说了孩子的状况。当时我记得张老师的回复："子扬妈妈，请你放心，子扬既然做了我的学生，不管他是什么样的，我都有责任、有义务教好他，请您放心。"有了张老师的这一番话，我心里顿时觉得轻松了不少。事实证明张老师真的做得特别好。

我知道这类孩子对大众来说，相对还是不太了解的。孩子的自我约束能力不好，上课时经常走出教室，影响了老师的课堂教学。张老师学习了很多特教的相关知识，经常很晚了还会跟我讨论孩子的问题，怎么样去解决问题，及时分享孩子在学校的表现。

课间都会安排一些同学一起跟他玩，制造一些社交的场景促进和孩子的融入。做到了怎么样照顾到他，又能保护他不受歧视。在张老师日复一日的、潜移默化的引导下，在班级里，照顾他成了一项特别光荣的任务。

与心理老师和资源教室的特教老师一起探讨这类特殊孩子的问题，阅读相关专业书籍，制定了针对他的一个个别教育计划，做到了普校和特教老师的结合教学，这个也是我们融合教育里面所提倡的共同合作。我听到她跟别的老师说，她好想再去学一门特殊教育的课程。多么有责任心的张老师啊！

上课的时候张老师总是创造很多发言的机会给他，这一点对于我们的孩子特别的难能可贵。孩子在课堂上找到了存在感与认同感。教了他一年的温柔的数学老师彭莹莹就是通过在课堂上多给发言的机会来鼓励他，让他对数学这门学科产生了浓厚的兴趣。还有我们活泼的音乐老师冯俊超，课堂上鼓励他发言，表达得不好的地方能帮他巧妙地圆过去。漂亮的英语老师李艾玲也给了他很多特别的照顾。

很多事情都是张老师利用自己的休息时间来做的。作为一年级的班主任，她教学任务重，事情特别多且烦琐，但是每次从张老师脸上都能看到明朗的笑容。张老师的课堂生动有趣，课间又化身孩子眼中的知心大姐姐，孩子们都爱她。张老师无条件地接纳我的孩子，让他成长在一个有爱的环境里，创造了一个对特殊孩子来说特别有利的融合环境。欣赏孩子有进步的点点滴滴，传道授业解惑，人类灵魂的工程师，我觉得张老师为教师这个职业做了很好的诠释。

这几年，尽管孩子在各方面的表现与其他同龄孩子比较尚有许多不如人意之处，但是孩子在学校的进步还是很大的，交到了朋友，行为和情绪问题几乎很少了。即使作业做得乱七八糟，所有老师也会认真批改。记得期末颁发最佳进步奖的时候，张老师在台上说这个奖要颁给这学期进步最大的同学。所有的同学都说了他的名字。我当时在现场流泪了，有感激，有欣喜，还有感慨，谢谢辛苦的老师们。即使跟别的孩子比起来他的进步是那么微不足道，但我坚信每天进步一点点，守护成长，静待花开。

常言感激，常怀一颗感恩的心，这个世界在我们眼中就会变得愈加美好，而我们和孩子将获得更多的爱和帮助。有时候我可能觉得孩子是不幸的，但是幸运的是他出生在深圳，成长在龙华。龙华残联给了这类孩子很多方面的特殊照顾政策。龙华教育从全国各地招聘了一大批优秀的青年教师。这些老师学历高，素质高，有爱心，能力强。我们的孩子遇到这样的老师真的是他们的福分。还有学校的魏畅彪校长也是鞠躬尽瘁。新学校开学那几天，有家长看到凌晨三点校长还在学校盯着工程进度，我在校园碰到他，他也会跟我聊聊孩子的情况。魏校长引领了学校这批高素质与充满爱心的教育者。他们的爱心与敬业精神，令我们非常感动。学校心理老师胡海炼老师不时找机会和我谈心，让我不要太焦虑。老师们不仅有敏锐的洞察力，还有可贵的爱心，对于这一切，我们感激不尽。但是内心现在既有不安，也有期盼。

"不安"的是：一个这样的孩子可能无形中会给学校与老师增加烦恼和压力，会新添更多的工作、花费更多的心思，同时也难免给其他孩子带来一些困扰，为此我们内心有深深的不安。所以我们向学校申请了随班就读，在珍惜这来之不易的教育环境的同时也希望不要给老师的教学带来太大的压力。

"期盼"的是：孩子能在学校和家庭的帮助下顺利完成六年学业，并获得各方面发展的大突破。孩子在走向康复的同时，家长和老师也能因此走向成功教育，获得一份特殊的成就感。而班级的同学在帮助孩子的同时，也能得到一份团结友爱的现实教材。我们期盼着我们能成为风雨路上真正的勇敢者，坚强些，再坚强些，相信"沉舟侧畔千帆过，病树前头万木春"。

特殊孩子的融合教育在有的地方起步得比较晚，我们所在的大岭社区还有很多在普通班级融合的孩子。每个孩子的情况不一样，根据家长的反馈来看，大部分老师对我们的孩子都是很用心的，现在尤其是我从张灵会老师这里看到了希望，因为有我们龙华教育旗下的这些优秀的老师们，他们做了很好的表率，相信特殊孩子的融合教育明天会更好。

祝龙华教育，欣欣向荣，蒸蒸日上！

祝老师们，身体健康，万事如意！

敬礼！

三年级（1）班家长：关彤[①]

2021 年 1 月×日

青年教师，是龙华教育的宝贵财富。他们的今天，决定龙华教育的明天。套用梁启超《少年中国说》中的"少年强，则国强"，我们说"青年教师强，则龙华教育强"。我们欣喜地看到，龙华的青年教师，一个个都如初生牛犊，勇猛有为。

你说，有这样一支青年教师队伍，龙华教育还愁没有繁花似锦的明天么？

结束语

积极教育首先是人本主义的，它始终坚持以人为本，注重发现、发展、发挥人的美德与性格优势等建设性人格力量，抓住关键发展期顺势而为，为实现人生幸福和社会蓬勃奠定基础。

积极学生的培养如此，积极教师的培育也是如此。

---

① 此处为化名。

　　龙华积极教师的培育正是抓住每个成长期的关键要素，启发自觉，激励自强，赋能生长，从而开创出"百花齐放春满园"的喜人局面。

　　陶行知先生曾说：人生天地间，各自有禀赋。为一大事来，做一大事去。

　　这一百年前的行知格言，至今仍闪烁着智慧的光芒，是积极教育的题中之义，更是许许多多龙华教育人的自觉追求。他们坚守教育一线，以今天的努力，换来人生无悔，换来龙华教育的灿烂明天，换来莘莘学子的幸福人生，换来伟大祖国的繁荣昌盛。

附:

以"汉字"育"美德"①

——《汉字德育读本》创新小学思政课

汉字,既古老又鲜活,她不仅承载着丰富的文化知识,还是启迪思想、陶冶情操的文化宝库。中国人的哲学思考、伦理道德、审美情趣、民俗礼仪无不包含其中。当汉字文化与德育要素相融合,会产生奇妙的"化学反应"——激活汉字的德育功能,培育师生的文化自信。《汉字德育读本》应运而生,它不但是弘扬汉字文化的读本,更是立德树人的好教材,开启了"五育融合"的新思路。

一、集体智慧成就耀眼新产品

"汉字德育"不是"汉字+德育",而是在汉字文化的探索中展开德育。这个过程如同开发"富矿",需要勘探、采掘和冶炼,方能炼成"真金"。"发现"这座"富矿"的是在汉字文化领域深耕数十载的顾作义、李人凡两位专家。他们精心策划。龙华区教育科学研究院的领导独具慧眼,敏感地认识到这个选题的可行性和重大意义。袁再旺院长亲自担任编委会主任,及时确定"开采"方案,组建以民治中学教育集团为核心的编写团队。在首席教师张德芝的带领下,民顺小学、民治小学、教科院附属实验学校、行知小学、未来小学、观澜中心小学、振能学校和坪山区实验学校的一批骨干教师参与其中。他们执行力强,研究深入,进展神速。推广期间,博恒实验学校(民办学校)也加入其中。最后完成"加工"任务的,是广东教育出版社。编辑老师把握火候、改进"工艺",使《汉字德育读本》成为耀眼的新

---

① 王玉玺. 以"汉字"育"美德"[N]. 南方日报,2020-9-10 (A16). 作者系中共龙华区委教育工委书记、教育局局长。

产品。

是什么力量促使宣传界、教育界、出版界形成如此强大的合力？我们认为，是对未成年人思想道德建设的关注，是培育青少年文化自信的情怀，是文化认同、国家认同的教育使命，是对于"积极德育"的创新精神。

二、思政课的创新发展

从培养"有中国心的中国人"出发，编写团队选择汉字作为切入点，把德育要素提炼成纲，组合成经；把汉字文化梳理成目，罗列成纬。经纬交织，编写成这本《汉字德育读本》。

1. "寻"汉字文化，打下"中国底色"

这是一个"勘探"的过程，把汉字里蕴含的德育要素搜寻出来，摸准其中的真、善、美元素，锁定关键靶区。"汉字德育"的灵魂，在于创造性地转化汉字文化，创新性地发展汉字文化。我们依据学生的年龄特点、认知规律，精心选择 96 个汉字，通过解汉字、读故事、吟诗词、导行动，让学生感受中华文化，帮助儿童打下"中国底色"。

2. "询"道德智慧，融入"品格教育"

这是一个"采掘"的过程，需要科学勘探、深度挖掘有效的育人元素。我们以汉字文化学习为切入点，探询蕴藏其中的道德智慧，激活它的育人功能，提炼优秀品格：爱国、诚实、勇敢、责任、宽容、坚持、有序、守时、主动、热情等，按照道德养成的难易程度，逐步落实。

3. "循"学思践悟，实现"价值养成"

这是一个"冶炼"的过程，要将采掘出来的"矿产资源"反复锤炼、不断提纯，去伪存真。"德育"归根到底是"育德"。品格的养成、人格的完善，始终伴随着"学"和"育"，是学、思、践、悟的完整过程。把汉字学习与品德教育有机融合，在活动中探究、体验、发现、发展，实现"价值养成"。

"追寻汉字文化—探询道德智慧—遵循价值养成"形成一个闭环，不断修正，不断提升，最终促进学生优秀品格的养成。

三、特色鲜明的全国首创

2017 年以来，龙华教育提出并大力践行"积极教育"理念，即：秉持积极的态度，采用积极的手段，寻求积极的效果。推改革、优结构、强管理、提质量，适应新时代发展的新要求，锐意创新，努力推进以"积极德育"为引领的新时代区域德育建设探索与实践进程，基本实现了理念重塑、主体激活、课程创新服务优化，推动了德育工作的整体提升。《汉字德育读本》是积极德育的又一研究成果，是上好思政课的又一创新举措。对创建文明城市、培育和践行社会主义核心价值观都有着重要的作用。作为全国首创，本套书具有鲜明的特色。

1. 以字为基，德智相融

以汉字通识国学，以汉字融合德育。汉字与德育，二者互动诠释，相得益彰。细心的读者会发现，《汉字德育读本》贯穿了中国精神这一主线，注入了自强不息的民族精神、天人合一的价值理念、革故鼎新的创新意识、精忠报国的爱国情怀，把中国精神的基因植入孩子的血脉之中。

2. 溯源探真，务实求活

此处之源，一是国学之源，二是汉字之源，三是教育之源。三源合流贯通，在于求真，指向立德树人。全书的内容紧扣中国精神、中国道德、中国艺术，能明道，可启智，善审美，可怡情。读本使德育贴近儿童，让社会为德育提供不竭的智慧资源。

3. 循序渐进，学用结合

读本紧扣儿童的身心特点，循序渐进，循循善诱，观照儿童成长大计。如低年级设计了"汉字魔法屋""故事大风车""小小智慧树""行动蘑菇街"等别出心裁的栏目，配以大量童真、童趣的插图，把德育的自我感悟、自觉行动提到了一个新境界。以汉字育美德，"汉字德育"助力学生成长，把"立德树人"落到实处；助推教师成长，培育了一批"课程设计师"；反哺学校文化，形成独特的德育课程图谱。我们有理由相信，"汉字德育"必将引领师生返本开新，走出中华文化自觉自信的坚实一步！今后，我们将集合力量用好资源，力争将"汉字德育"打造成为省市乃至全国领先的思政课程范例，为促进未成年人思想道德建设提供强有力的支持！

下 编

春风化雨：积极教育在现场

大音希声，大象无形。

积极教育的成功，不在于框架的建立，模式的建构，而在于它的理念能转化为教育现场上每一个能够引发真学习、真成长的教育教学行为。

在龙华，我们能看到老师们正在为此而努力：课堂正逐步走出独角戏的尴尬，成为师生对话、生生对话以及人与文本、与知识对话的活动场域；德育正走出教条化的泥潭，成为和风细雨般的生命关怀；家校联系不再是单向度的冷漠，而是基于理解的信任，基于信任的携手。

一切在变，不变的是龙华教育人对生命的热爱与呵护。

第九章　走出独角戏的尴尬

最恼人的课堂，是老师或一厢情愿、或一手遮天式地自说自话，眼中、心中、手中完全没有学生。偶然提个问，那也只是点缀，不少还是没油没盐的"是不是""对不对""同意不同意"式的一问众答。

还好，随着课程改革的不断深化，积极教育的推广、实践，在龙华，这类课堂越来越少。相反，老师们逐渐把学生"请"回了课堂，放在了中心。老师不再是春蚕吐丝般的知识传授者，而是通过扎实的课前功夫，以看似无形，实则蕴含巧思的文本裁剪、活动设计，引领着一群嗷嗷待哺的学生自己去发现知识、建构知识。同时，让文化的积淀、意义的生成，以至精神的生长伴随着知识的丰富而发生、发展。

本章选择三节语文课，其中两节实录，一节教学设计，以此展示积极教育在教学现场中的样态，或者反过来说教学现场中积极教育的样态。这三节语文课中，一节来自初中语文教学大咖——向浩，一节来自小学语文教学后起之秀、近年来多次获得龙华区教师教学比赛一等奖的汪科，一节来自初出茅庐在2019年新教师教学设计比赛中获得一等奖的邓雅迪。之所以选择语文，不仅在于它的基础性，更在于它的综合性。毕竟，语言是存在的居所。

第一节　比喻是天才的标志

2015年3月，受首届全国"三新"作文研讨会的邀约，向浩在江苏省苏州市工业园区星海实验学校执教了作文课"如何写好喻体"。在整个教学过程中，教师不讲写作概念，弱化写作知识的讲解，主要通过学生写作过程体验比喻的常见写法。方法的获取主要来自同学和教师，部分来自经典著作，这就是

"共生教育"的基本课型的浅层糅合，即生生共生、师生共生和他者共生。在随后的评课中，来自江苏省张家口市教研室的蔡明老师以"天才向浩"为题对这节课点评。

一、案例："如何写好喻体"（教学实录）①

1. 巧妙生成喻体，寻找比喻教学起点

师：来苏州之前，朋友们跟我开玩笑，说苏州出美女，我告诉他们自己是去讲课的。（台上台下笑）今天上午听专家讲座，才知道苏州，在古代是出状元最多的地方，在现代是出科学家和院士最多的地方。（学生点头）这真是一个人杰地灵的地方啊，那你们就是这些状元和科学家们的后代了。（学生们点头）今天我们就在全国的老师面前一展苏州孩子的风采，大家说好吗？

生（齐）：好。

师：现在请大家向老师这里看过来，从上到下仔细打量向老师，就外形而言，看看向老师哪一处地方长得最有特点。

生1：肚子。

生2：脖子。

生3：眼睛。

师：眼镜？眼镜还是眼睛？

生3：老师的眼睛。

师：眼睛，如果是眼镜的话就麻烦了。我说长在老师身上的东西是吧！

（生齐笑）

（板书：肚子、脖子、眼睛）

师：好了，今天这堂课的第一步，就是运用比喻把向老师这三个地方描写一下。

师：比喻我们都学过了。可以考考你们吗？

生（齐）：可以。

师：好。一个常见的、比较完整的比喻句，往往是由哪几部分构成的？

生4：本体，喻体和比喻词。

---

① 向浩."如何写好喻体"课堂实录［J］.新作文（中学作文教学研究），2015（Z2）：44-47.

师：看来大家对比喻还是比较熟悉的。再问，运用比喻进行描写有什么好处？

生5：可以写得生动形象。

（板书：本体、喻体、生动形象）

师：下面就请大家分别就向老师的肚子、脖子或者眼睛中的某一处写一个比喻句，不用动笔，在心中想好就行。开始。

生6：向老师的肚子就像一个圆圆的大西瓜。

师：圆圆的大西瓜。

（板书：西瓜）

生7：向老师的脖子就像一张几经折叠的白纸。

师：几经折叠的白纸，有很多的肥肉。

（生偷偷地笑）

师：感觉很好就说出来，想笑就大胆地笑出来，不要含蓄，知道吗？课堂上我们要尽情一些。

（板书：白纸）

生8：向老师的眼睛像珠子一样黑亮。

师：我就写"珠子"两个字。

（板书：珠子）

生9：向老师的肚子像被风吹鼓的船上的帆，也像吃得很饱的熊肚子。

（生大笑）

师：吹鼓的船上的帆，还比较贴切，是一个比较好的比喻句。但后面的就不太合适了。（学生笑）倒不是我嫌弃"熊肚子"，而是"熊肚子"和向老师的"肚子"是同类事物，不能构成比喻。谢谢你带给大家的笑声。

（板书：帆）

我特别喜欢星海实验学校的孩子，因为在短短的时间内，你们说了这么多比喻句。我很喜欢这些比喻句，尽管其中有些句子有丑化我的嫌疑。（学生笑）尤其喜欢这其中的三句，大家知道为什么吗？谁来猜一猜？

生10：因为它们生动形象地写出了向老师的特点。

师：同学们，他非常聪明，聪明到接近狡猾。因为刚才我在上课时强调过生动形象，他就认为和这有关系。有一点点关系，你很厉害，坐下。

师：我告诉大家，写好比喻句，选择喻体非常关键。而选择喻体是通过联想达成的。喻体和本体的关系，就像人与人的关系一样，有时候适当地拉远距离会产生一些美感，就是常言道的"距离产生美"。我们一起来看看屏幕上的这个句子。

2. 选择陌生喻体，妙搭比喻写作支点

屏幕显示：

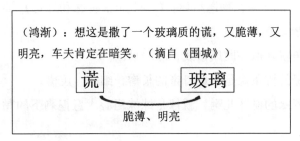

（鸿渐）：想这是撒了一个玻璃质的谎，又脆薄，又明亮，车夫肯定在暗笑。（摘自《围城》）

谎　　玻璃

脆薄、明亮

师：咱们一齐来把这个句子读一下。

（生齐读）

师：脆薄，应该读"cuì báo"，我们再读读。

（生齐读）

师：这个句子出自钱锺书先生的长篇小说《围城》，里面有700多条比喻句，非常精彩，有时间不妨去读读。下面我问大家，这个比喻句的本体是什么，喻体呢？

生（齐）：本体是谎，喻体是玻璃。

师：这样设喻有什么妙处？

生1：写出了谎言的容易被识破的特点。

生2：谎言看不到，摸不着。玻璃可以更加直观地感受。

生3：玻璃虽然很常见，但很难一下跟谎言联系起来。

师：是的，谎言是看不到摸不着的，是抽象的事物；而玻璃是看得见摸得着的具体事物，两者不在同一范畴，但钱锺书先生通过"明亮、脆薄"将二者联系起来了，写出了谎言容易被识破的特点。这给了我们一些启示，那就是在选择喻体的时候，我们尽量把联想的路径拉远一些，选择一些相对陌生、不常见的喻体来比喻本体，会别有一番风味。一起来试试吧。

（生点头）

师：如果再用向老师的外貌作为本体，很难激活大家的思维了，也很难写出美丽的比喻句来，因此我果断决定换掉本体，请大家看屏幕。

（屏幕显示：垂柳图）

师：现在就请大家选择一个比较陌生的喻体，来写写柳条。开始。

（学生在学案上写比喻句，时间大约3分钟。）

师：好。大家都停下来，我们一起来听听大家写的比喻句。先听她的好不好？我等下有一份神秘礼物送给你。（学生非常疑惑和好奇）谁愿意来读一读自己的比喻句？

生4：柳条就好像一段风筝线，脆弱易断。

生5：碧绿的柳条像是大地母亲的长辫，细密，茂盛。

生6：那翠绿的柳叶儿啊，就像是妹妹粗心大意捏剩下的黏土屑儿，细碎且柔软。

生7：柳条就像农户家中屋顶升起的袅袅炊烟，随风飘动。

生8：柔软的柳条，好像丝丝春风，可以去除人心里的不快。

生9：柳条就像一条条翠绿的绒线。

生10：柳条就像一串串鞭炮，庆祝着春天的到来。

生11：这柳条软软细细地从柳树上垂下来，如同一根根挂面。

生12：柳轻轻地飘着，带着些许愁绪，一些不知名的、淡淡的愁绪，亭亭地立在岸边。

师：哦，这个句子没有明显的喻体，是将柳条人格化了，应该属于拟人，注意区分一下。但这个拟人句写得很唯美，很有诗意。刚才我们听了几位同学写的比喻句，我感觉句句都非常精彩。特别高兴的是，同学们选择的喻体已经"陌生化"了，妙趣横生。

师：想不想知道我准备给她送什么神秘礼物啊？

生（齐）：想。

师：我的礼物是描摹这位同学的眼神。请你站起来吧，我来描写你的眼神。（生笑）

"她的眼神像深山里缓缓流出的一股清泉，干净，澄澈。"

（生鼓掌）

3. 写得生动形象，落实比喻写作节点

师：谢谢大家。我刚才在巡视的时候，留意了一下这位同学的比喻句，我们一起来听一听。"柳条如纤纤细手，抚摸着波光粼粼的水面，缓缓地，轻轻地，悄悄划出一道道涟漪。"知道为什么要把这个句子留下来吗？

生1：他的比喻句后面还有续写，这样更加生动形象。

师：对了。当我们选择好喻体，写成了比喻句后，我们还可以将喻体的性质特点，或者运动状态写出来，这样的比喻句更加生动形象。一起来看看屏幕上的这个句子。

屏幕显示：

> 可是这**欢喜**是空的，像孩子放的气球，上去不到几尺，便爆裂归于乌有，只留下忽忽若失的无名怅惘。
>
> （摘自《围城》）

师：咱们班谁朗读得最好。就你是吧！把它读一下。

（生读）

师：怅惘，读"chàng wǎng"。大家一起把它读一遍。

（生齐读）

师：我知道大家为什么喜欢他读了，他声音很有磁性，很好听。一起来看这个句子，它的本体是什么？喻体呢？

生（异口同声）：本体是"欢喜"，喻体是"气球"。

师：把看不见的写成看得见的，很形象。最关键的是钱锺书先生在后面还写了一段描述，说明这种"欢喜"很短暂，一会儿就没有了。因此就给我们一点启示：把比喻句写出来以后，我们还得对它进行描述和补充，让它更加生动形象。

师：接下来我们可以续写刚才描写柳条的比喻句，也尝试着进行一段描述，让它生动起来。我也跟大家一起，继续描写这位女同学的眼神。开始吧。

（学生写作，大约5分钟。）

师：好，大家停下来。是想先听我的呢？还是想先听你们的？

生（齐）：先听老师的。

师：想先听我的，好吧。请你站起来，我来继续写你的眼神。（生笑）

"她的眼神像深山里缓缓流出的一股清泉，干净，澄澈。流经我的眼睛，流入我的心里，还在我的心房里高兴地腾起了朵朵浪花。"

（生鼓掌）

师：来读读你们的比喻句吧。最好朗读出味道来。

生2：随风吹起的柳条，如同挥舞的皮鞭，柔软而顺滑，抽打着似有若无的空气，拂起了游人们无名的怅惘。

生3：柳条像一个不谙世事的小娃娃，在河畔嬉戏玩耍，从这荡到那儿，从那儿荡到这儿。嬉闹声响彻这个河畔，好像要把这个大地吵醒。

生4：柳条上的柳叶，就像摩天大楼上一层一层楼房里的灯火一样，颜色艳丽地垂了下来。在阳光下一闪一闪的，仿佛春的精灵在拨弄它们的开关似的，非常可爱。

生5：柳叶装点在柳条上，仿佛是千万颗晶莹的珍珠用一根细绳连接着，戴在春的脖子上。但似乎一抓住柳枝，那一颗颗珍珠就会掉落下来，无声落在草丛里，落在湖水里，落在春天的裙摆上。

生6：瞧，这倾泻而下的柳幕，像瀑布一般，多么密，多么美啊！那垂在上面的片片青叶，用针轻轻一触，怕是会流出水来的吧。缀在柳枝上的青叶，轻拂我的面庞，只觉得一阵清香。"叮叮当当"的声音，是风铃一般的柳幕。

4. 多角博喻连珠，巧成比喻教学终点

师：多么精彩的比喻句啊。同学们，你们都具有写好比喻句的天资和潜力。好，既然同学们写得如此精彩，我就再教大家最后一招。听我继续写这位同学的眼神，看看老师这次写的跟前面写的有什么不一样。

"她的眼神像深山里缓缓流出的一股清泉，干净，澄澈。流经我的眼睛，流入我的心里，还在我的心房里高兴地腾起了朵朵浪花。她的眼神就像我儿时放学路上闻到的一股栀子花香，清新扑鼻，沁人心脾，令我一夜无梦。"

师：有什么不一样？

生1：喻体由清泉变成了花香，后一个比喻成香气，是嗅觉，角度不同。

师：你很厉害，很敏锐。请坐。同学们，我们可以调动不同的感官来写比喻句。我再来续写下去，你们再认真听听。

"她的眼神像深山里缓缓流出的一股清泉，干净，澄澈。流经我的眼睛，流入我的心里，还在我的心房里高兴地腾起了朵朵浪花；也像我儿时放学路上闻到的一股栀子花香，清新扑鼻，沁人心脾，惹我一夜无梦；还像从阁楼上飘来的李健的歌声，轻盈浅唱，低回婉转，让我的心为之沉静，为之陶醉。"

（生鼓掌）

师：谢谢大家。这个句子有什么不同？

生2：用了听觉。

师：是的，当我们描写本体的时候，可以调动各种感觉来选择喻体，然后进行描摹，思路会更加开阔，比喻会更加生动。下面请大家从视觉、听觉、嗅觉、味觉、触觉等角度任选一个或两个，再来写写这柳条，尽量做到"喻体陌生化""描写生动化""角度感官化"。请接着刚才的比喻句续写。开始。

（学生写作，大约8分钟。）

师：同学们停下来，时间马上就要到了。其实大家在刚才又悄悄掌握了一种方法：博喻。也叫博喻连珠。它可以让我们的比喻句更加丰富饱满。

（板书：丰富饱满）

屏幕显示：

> 喻体陌生化，描写生动化
> 角度感官化，本体博喻化

师：我们一起来感受这五位同学的比喻句。

（背景音乐《雨的印记》响起）

生3：柳枝似文字一样生动有趣，让人感到富有诗意。瞧，那飘动的柳絮又如同千万条发丝一样随风飘动，柔顺而又散发着一股清香；还如同一朵朵浪花向我飞奔而来，感到清爽。柳絮摆动的妙音让我听到好鸟相鸣，泉水激石，发出"泠泠"的响声，顿时让人心旷神怡，格外地舒适。

（全场鼓掌）

生4：那垂柳绿得让人发慌，仿佛有一股生命的劲。微风轻拂吹过柳条，那大片大片的绿，如断了线的风筝，越飞越高，毫无阻碍；柳条轻抚过我的脸，如母亲的双手，令人沉静，抚平我那颗躁动的心；柳条摇摆，如贝多芬的《命运交响曲》，时而低吟浅唱，时而铿锵有力。

（全场鼓掌）

生5：柳似清风，轻轻地拂上我的脸颊，有些痒痒的。带着一丝清香，淡淡的，独属春天的味道；又似一曲悠扬的乡村小调，让我回忆起阳光的温暖，那种难以言表的悠然自在；还似一杯让人回味的清茶，简单平凡的美，让我留恋，让我微笑。

（全场鼓掌）

生6：柳条下垂的时候，像正襟危坐的警察，气息厚重而绵长，给人沉重的气氛；柳条舞动时则像一位翩翩起舞的印度女郎，神秘而妖艳；那一片片飞舞的柳叶，像欢喜的鹿，轻盈而俊俏，又像一位垂垂老矣的老人，风轻云淡却不食烟火。

（全场鼓掌）

师：这个比喻句虽然都是来自视觉感受，但选择的喻体非常有意思。继续。

生7：低垂的柳枝像柳树姑娘的一串串泪珠，她将忧愁洒在了大地上，仿佛只要轻含一口划过柳枝的风，就会将她的忧愁灌入我的心房。我望着她，几乎也要流下感伤的泪。风吹着她，她把她那长发挽起，抹去泪，望向了远方。柳条安静地垂在那里，就像是做错事的孩子，耷拉着脑袋。空气中传来一阵属于柳条特有的香味，可在我闻来，却似乎是眼泪的味道；微风吹过，柳条擦出清脆的声音，可我却听着像哭泣的声音。

（全场鼓掌）

师：刚才这几位同学是写作天才，文采斐然。其实还有很多精彩的比喻句已经来不及在课堂上交流了，非常遗憾。同学们，我们一起来读读这句话：比喻是语言中的艺术，美妙的比喻简直像一朵朵色彩美丽的花，点缀着文学。（秦牧）比喻就是生活。请大家多写比喻，多用比喻。这节课上到这里，下课。

（全场鼓掌）

附板书：

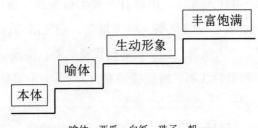

喻体：西瓜、白纸、珠子、帆……

二、点评：天才向浩①

点评人：蔡明（江苏省张家口市教研室）

我不会为别人唱高调、戴高帽，这是我听完向浩老师的一节关于比喻句写作指导课之后的条件反射之一。要怪就怪亚里士多德，他说："比喻是天才的标志。"

这堂课是他去"上有天堂，下有苏杭"之称的苏州给初一的孩子上的。这堂课给我的感受是向浩导游陪同一群"老人"在苏州园林里漫步。那么悠闲，那么惬意。既有相互间的自由聊天、谈天说地的满足，又有瞥见风景、指点江山时的激动，更有沿着小桥流水不经意间走向风景胜处的惊喜与智慧。

1. **教学目标的选择：小中见大**

听了很多作文课，我还是第一次听到把比喻句作为一堂写作课的目标去落实的。一般的作文课充其量就是句子写作。如果放在写作训练序列中来审视，也应该是小学中年级的写作目标。如果放在初中，多半也是放在语言知识点训练中进行，划归到句式训练，而不放在写作中进行。

向浩这种小题大做的结果是什么呢？撩拨了听课者的兴趣，引发了听课者的思考。通过他的课堂，让大家明白，比喻句不再是印象中的比喻句。比喻句的写作关乎表达是否形象生动，关乎写作中联想思维能否得到开发。关乎写作审美与感官调动的方方面面。这恰恰是学生写作中的至为重要的"据点"。点虽细小，作用颇大。

2. **教学流程的推进：渐入佳境**

准确说，导入虽有点小幽默，但毕竟还属于平常。无外于"套近乎""拉关系""煽点情"。接下来，把自己作模特推出来，的确是要有点勇气的。苏州的学生挺厉害的，马上抓住了向浩的"肚子、脖子和眼睛"。说真话，这三点比起向浩的口才与智慧，还真让人不敢恭维。然而，向浩就有英雄王成的胆识，为了"比喻"向"我"开炮。

"向老师的肚子就像一个圆圆的大西瓜。"

"向老师的脖子就像一张几经折叠的白纸。"

"向老师的眼睛像珠子一样黑亮。"

---

① 蔡明. 天才向浩［J］. 新作文（中学作文教学研究），2015（Z2）：51-52.

更有学生说：

"向老师的肚子像被风吹鼓的船上的帆，也像吃得很饱的熊肚子。"

虽然这些比喻真的不美，但向老师很满足。因为学生们被他调动起来了，在不断的笑场中学生们的思维被激活了。向老师知道，人只有在特别兴奋或者特别放松自由的状态下，才会爆发出创造的智慧。

向老师发现时机已经成熟，于是把"模特"的身份转让给了"柳枝"。课堂便渐次被推进到了喻体的陌生化（通常是通俗化），继而是描写的生动化和角度的感官化（把"通感"戏份做足），最后围绕本体的博喻化的写作展示达到了课堂的最高潮。而结尾处虽然略显匆忙，还是师生共读秦牧名句："比喻是语言中的艺术，美妙的比喻简直像一朵朵色彩美丽的花，点缀着文学。"画龙点睛，结束课堂。

3. 教学奖励的穿插：独到新颖

整堂课给学生的奖励并不少，但印象深刻的有两处：一处是给第一个发言的学生奖励钱锺书的《围城》，另一处就是给比喻句写得好的一位女同学奖励老师当场对该生的眼睛进行的比喻描写。奖励名著之法，很有匠心。《围城》不只是中学生必需阅读的经典，更是比喻写作的典范之作，甚至可以称得上比喻大全。在这样的课堂上奖励学生这样的名著，真是一石多鸟，意蕴无穷。而向老师对比喻写得好的一个女学生眼睛的现场比喻描写，不只是简单地写作示范，也不只是简单地课堂奖励，更是整个课堂关于写作比喻句的三个重要环节的不断推进与发展的重要线索与思维动力。其妙其巧之新颖，胜似哑巴遇娘，满心欢喜，却无法言表，只能手舞足蹈。

正如再好的比喻也难免跛脚样，天才向浩，也难免一失。即在生成与评价时也有力不从心之疲和有"熊肚子"同类之口误。为避嫌疑，文题似乎叫"走向天才的向浩"更好。

第二节　对话是精神的转向

班华认为师生间的关系是主体间性关系。檀传宝在论述教育主体认识上的"新保守主义"时同样肯定师生间的相互主体性，强调将学生的主体性发挥作为教师主体性发挥的核心或本质去看待。在语文教学中，尊重、落实师生双方的主体性，通过主体间对话，实现师生间的精神转向不再是在下的仰视或在后的跟随，而是"你和我"的面对面，是促进学生语文素养自增性发展的正确选择和有效途径（张楚廷，2006）。

一、案例："让画面活起来"教学设计（部分实录）

教学设计、执教者：汪科（深圳市龙华区鹭湖外国语小学）

指导者：路成书（深圳市龙华区教育科学研究院）

【教学目标】

1. 通过《父与子》的漫画赏析，初步了解动作描写的三种写作技巧；

2. 通过现场练笔及互评，进一步掌握看图写话的要点，学以致用。

【教学过程】

动作补白初导入

1. 图片导入：师出示一幅皮球图片，生用"我轻轻地把球一（　　）"加上动词，说话。

［实录］

师：请你加上一个动作，轻轻地把球——

生：我轻轻地把球一拍。

师：球弹了起来。

生：我轻轻地把球一踢。

师：球滚出老远去了。

生：我轻轻地把球一扔。

师：球划过一道弧线飞到了空中。

2. 师小结：你们的动作，让这幅画动起来、活起来了。

图文结合明方法

1. 方法一：动作晴雨表——突出心情

①师出示《父与子》插图《引人入胜的书》，生观察图片并思考，书，引人入胜吗？从图中哪些动作可以看出来？指名分享。

②顺势小结：准确的动作描写能突出人物的心情。

③师出示《父与子》插图，生根据画面中人物的心情，加上动作描写。

指名分享。

[实录]

生：父亲得意洋洋地举着豹子。

师：哎，是举着吗？看清楚哦。

生（群）：提、捉……

师：对，提，或者拎着。（看着刚说话的小男生）我喜欢你那个词：得意洋洋。（传来小声说话声）还有啊，（转向小声说话的地方）他还有很多动作能体现他得意洋洋的样子。你告诉我们。（弯腰把话筒递给一个女生）

生：父亲把头抬得高高的，眼睛闭着。

师：哦，头仰得高高的，神气十足。

④师出示句子，生根据不同心情，填入表示"看"的不同动词。

爸爸生气地（　　）着他。

马上要进球了，他紧张地（　　）着电视。

……

2. 方法二：动词连环扣——动作连贯

①师出示《父与子》漫画中的《差一点儿》，生用一个动词给每一幅图命名。

②师出示《差一点儿》的第三幅图，生运用连贯动词描述画面。

爸爸整个人（　　）在树上，双腿牢牢地（　　）着树干，他一手紧（　　）着树枝，另一只手慢慢向前（　　），他想用拐杖去（　　）那颗红苹果。

③指名回答，其他学生点评或替换动词。

[实录]

师：好，谁来？尝试用连贯动词完整地把这幅画写出来。请你来。

生：爸爸整个人爬在树上，双腿牢牢地夹着树干，他一手握着树枝，另一只手慢慢向前伸，他想用拐杖去勾那颗红苹果。

师：爬、夹、握、伸、勾，动作连贯，一气呵成。你想说什么？

生：我想换个词。

师：哪一个？

生：爬在树上，我想把它换成"挂"在树上。

206

师：为什么？

生：因为他整个人是悬空的嘛，整个人后仰着，像苹果一样挂在树上。

师（笑）：像猴子一样挂在树上，这个词换得妙。

④师小结：连贯的动作，让静止的画面变成动画，使画面更加灵动鲜活。

漫画《父与子》

［德］埃·奥·卜劳恩

（E. O. Plauen）

3. 方法三：动作加工坊——妙用修辞

单单运用准确、连贯的动词还不够，我们还可以给动作描写加上修辞。

①师出示《父与子》中父子赛跑图，生用比喻句形容一个人跑得快。

②师出示《父与子》插图，生根据画面进行想象，为动作加上修辞。

［实录］

生：父子俩在冰面上轻快地飞驰，仿佛是两只身体轻盈的小鸟。

师：通过你的比喻，我觉得他们的动作非常轻快轻盈。你来说一句。

生：父子俩在冰面上飞驰，仿佛是两股轻快的风。

漫画《父与子》

师：交缠在一起，翩翩起舞的模样。是吧，你来说。

生：父子俩在冰面上飞驰，仿佛是在湖面上跳舞的白天鹅。

③梳理小结，引导学生发散思维：除了刻画人物的动作，我们还可以关注哪些方面的内容？神态、语言、场景……

练笔互评乐实践

①师出示《打针》动图，生当堂练笔。

②师巡视，并相机指导。（10分钟）

③生小组交流、讨论，派代表进行分享，师生、生生互评。

［实录］

生：护士姐姐正在给孩子们打针。第一位孩子把眉头拧成一团，把嘴张得好大，仿佛能塞进一个鸡蛋，好像在说：好疼啊，你能不能轻点。听到第一个

《打针》太原杏花岭区　泥塑艺人　贾银永

孩子这么说，其他孩子的心里一定吓得鸡飞狗跳。"我不想打针。"第二个孩子的眼睛突了出来，好像要掉了下来，他一只手护着胳膊，不给护士留一丝缝隙，两只腿在瑟瑟发抖。

师：我很喜欢你这个词，用手怎么样？再说一遍。

生：用手护着胳膊。

师：保护的护，护着胳膊。哎呀！到我了，可紧张了，不给护士打针的机会。太棒了。

④小结。

老舍先生曾说："只有描写动作，人物才能站起来。"只有突出动态，画面才能活起来。

二、点评：对话是精神的转向，是自增性发展的路径选择

点评人：祝铨云（深圳市龙华区龙澜学校）

主体间性强调的是在教育教学过程中，师生均为主体，一个是教的主体，在教中发挥引领与指导的作用；一个是学的主体，在学中发挥自我增值的作用。自增性发展强调的是发展的自主性、内生性——任何有效发展的获得都基于主体的生命冲动和意志努力。任何教育与引领，只有为主体接受，化为主体的内生结构才能成为成长的力量。"教是为了不教"，怎样的"教"才能实现"不教"？怎样的主体间互动才能引发自增性发展？汪科老师的这节写作指导课做了很好的探索。

1. 极简式环节设计，为自增性发展腾出时空

习与性成。"不教"形成于知识向能力的转化、行为向习惯的积淀之中。已知已能而行之不已之谓习（朱熹）。行之不已是实现这一转化与积淀的必要条件，而要做到这一点，没有足够的时间与空间是不可想象的。在课堂教学中，许多教师常常设计过多过密的教学环节，以为不如此不足以体现设计的精巧性，教学的引领性。而实际上往往事与愿违，它使得整堂课始终处于"追赶"状态，很多知识的理解、方法的训练都只能浅尝辄止。相反，简约的环节设计，则使教与学都能做到从容淡定，给行之不已腾出足够的时空场域，实现知识的真理解，能力的真训练，从而推动由知到能的过渡，从教到不教的转变，从被动式灌输到自增性发展的跨越。

无疑，汪科选择了后者，整堂课由导入、指导、练笔三个环节组成。在指导中，以三个写法支架的学习为主线展开教学，引导学生逐步掌握把画面写活的写作技巧。

正因环节简约，所以每幅图和每个写法支架都能得到充分的训练——不是个别优生的独角戏，而是全体学生的大合唱。

在教学描写"爸爸爬树勾苹果"时，第一位学生已经说得相当不错了，但教师并不满足于此，而是通过"换词"引发更多学生参与其间，表达自己的想法。

生：爬在树上，我想把它换成"挂"在树上。

师：为什么？

生：因为他整个人是悬空的嘛，整个人后仰着，像苹果一样挂在树上。

师（笑）：像猴子一样挂在树上，这个词换得妙。

通过这一师生互动，同学们不仅知道了"爬"可以换成"挂"，还知道了这么换的理由。而教师一句"像猴子一样挂在树上"的妙喻，更是让这份体会铭刻于心——不必讲推敲，推敲自在其中；不必讲炼词，炼词自在其间。这一切是如何发生的呢？无他，简约的环节设计为师生的从容互动腾出了时空。

不仅这一环节，我们看到几乎所有的图，所有的语句都不止于一人一说，

而是引入更多的表达，更多的互动。同一环节中的"爬""夹""握"的辨析，图中的"小鸟""风""白天鹅"等多个比喻的依次呈现，无不如此。即使在展示环节，教师也不是表演性地请一位同学读读而已，而是请了三位同学就细节进行互动式点评。

我们常常抱怨学生缺乏语感，写不生动，却不反思自己是否给了学生时空去反复练习，反复体验。语感源于人的感官和心灵对语言的感受，并由这种感受不断积淀而成。心灵何时感受？在语言实践中感受。感受何以生成？在不断积淀中生成。若没有反复练习，这些都是镜花水月。

因此要想师生主体间互动得到落实，简约环节设计是必然之选。腾笼才能换鸟，腾出了时空，师生才能从容互动，从容实践，语感才得以从容生成。

2. 升华式互动点评，为自增性发展提供动力

引发—表达—点评，在师生互动中，教师的点评十分重要。一个好的点评，不仅包含"对与错"的事实判断，也应包含"好与坏"的价值判断，更应包含增值性引领，提点、丰富、升华学生的表达。事实判断让学生明白是非，价值判断让学生理解美丑。这类点评，在这堂指导课中俯首皆是。

生：他一只手护着胳膊，不给护士留一丝缝隙，两只腿在瑟瑟发抖。

师：我很喜欢你这个词，用手怎么样？再说一遍。

生：用手护着胳膊。

师：保护的护，护着胳膊。哎呀！到我了，可紧张了，不给护士打针的机会。太棒了。

喜欢，这一情绪性点评，既是事实判断——你是对的，也是价值判断——你说得很好。而"再说一遍"给学生再一次表现的机会，使成功感、满足感得到延长与充实。"保护的护"让更多学生记住了、理解了、掌握了这个用得妙的词。"哎呀！到我了，可紧张了，不给护士打针的机会。"这一延拓性点评，点出了词的情绪内涵，深化了学生的感受与体会，切切实实地丰富、提升了学生的语言感受力。

除了这些明白鲜活的点评，一些看似羚羊挂角、了无痕迹的点评，也同样

鼓舞着学生的信心，丰富着学生的语感。

> 生：我轻轻地把球一拍。
>
> 师：球弹了起来。
>
> 生：我轻轻地把球一踢。
>
> 师：球滚出老远去了。
>
> 生：我轻轻地把球一扔。
>
> 师：球划过一道弧线飞到了空中。

虽然没有直接点出对错好坏，但肯定自在其间，还丰富了学生的表达——轻轻地把球一踢，球滚出老远去了；轻轻地把球一扔，球划过一道弧线飞到了空中。更妙的是，这一接龙式点评，会让学生觉得这么美妙的话是他们自己生成的，他们得到的不仅仅是肯定后的鼓舞，更是自增性发展后的喜悦。

受"尊重学生感受与表达的独特性"说法的影响，有些教师在处理学生不足与错误时缩手缩脚，或听而不闻，模糊了事；或七曲八拐，强圆其说。而在这一点上，汪科的意识是清醒的，她知道尊重不是放纵，对于学生的不足之处，给予了清晰的纠正与指导。

> 生：父亲得意洋洋地举着豹子。
>
> 师：哎，是举着吗？看清楚哦。
>
> 生（群）：提、捉……
>
> 师：对，提，或者拎着。

举与提相差甚远，模糊不得。所以教师直接指出，并通过生生互动的方式帮他纠正过来。被人纠错是令人沮丧的，而教师在纠错后的肯定，如"我喜欢你那个词""得意洋洋"让学生转忧为喜，心悦诚服地接受教师的纠正与指导。这就是教学的艺术。增值不仅是好上加好，也是由负转正。而只有当学生心悦诚服地接受教师的批评时，才能从被动改错转化为自增性发展。而这也正是在强调学生主体性的同时，强调教师主体性的原因与意义，消解只讲学生主体性对教师的误导，使教师该教尽教。正如檀传宝指出的：一个诚实和负责的教师不能放弃自己作为学生价值成长的引导者的使命……保持绝对的价值中立不仅不可能，对学生的道德成长也是有害的。这里讨论的虽然是德育，但同样适合于学科教学。

3. 阶梯式支架引领，为自增性发展铺平道路

支架式教学策略建立在维果斯基的最近发展区理论基础之上，要求把复杂的学习任务加以分解，通过建立支架式概念框架使学生能自己沿着"支架"逐步攀升，从而完成复杂的学习任务。

在本课教学中，教师有着清晰的支架意识，采取了积极的支架策略，为学生完成"把画面写活"这一复杂的教学任务提供了行之有效的支架引领。

教师先后为学生提供了三个方法支架（法宝）。一是动作晴雨表，通过准确运用动词刻画出人物的心情。在这一过程中，不仅通过看图说话进行范例练习，还通过一组填词训练，巩固所学，使学生明白"动词也是有情绪的"，建立炼词意识。二是动词连环扣，着重练习连贯性动作描写。出示一组图后，教师由易到难，先引导学生用一个词描写一幅图，再聚焦其中一幅图，引导学生在细致观察的基础上，用一组连贯性动词描写人物动作。三是动词加工坊，引导学生运用恰当的修辞手法把画面写活。至此，学生终于走出最初的迷茫，掌握了把画面写活的技巧。

在整个教学过程中，教师用支架帮助学生化繁为简，完成学习任务。更难能可贵的是，自始至终我们没有看到教师刻意地牵引，强行地灌输，整个过程都建立在师生互动、生生互动之上。学生参与了所有支架的学习和所有画面的观察与描写。在教师的引领下学生实现了动词的选择从不那么准确到准确，动作的描写从不那么生动到生动的自增性提升。学生现场展示的作品告诉我们这一教学策略是成功的。学生们不仅做到了有话可说，还做到了把话说好，实现了预期目标——把画面写活。

这一支架的提供是阶梯式的，从易到难，从一个动词到一连串的动词，从专注炼词到使用修辞，从只关注动作描写到统筹兼顾，呈现出攀登性、成长性。

极简式环节设计、升华式互动点评、阶梯式支架引领，除此三者外，本堂课还体现出强烈的实践性。教师不仅以师生互动、生生互动组织了指导环节，还足足留出了 10 分钟的写作时间，5 分钟的展示时间，让学生充分写作，充

分表达。以上四者使师生双方的主体性都落到实处——教师通过设计、点评和提供支架，做实了教的主体性；学生通过主体性实践活动落实了学的主体性。而在这一过程中，教师始终做到以学生的主体性发挥作为自身主体性发挥的核心，以平等主体间的对话实现精神的转向，实现了学生语文素养的自增性发展。

第三节　实践是成长的津梁

语言建构与运用、思维发展与提升、审美鉴赏与创造、文化传承与理解，语文核心素养的提出，为语文教学设置了清晰的鹄的。正如靶子摆好后，如何弯弓射箭成为最重要的问题，语文教学也是如此。目标明确后，教什么——教语言、教思维、教审美、教文化确定后，怎么教，就成了最重要的问题。

一、案例：梦回吹角连营，煮酒阔论英雄

课题：《凉州词》

设计者：邓雅迪（深圳市龙华区外国语学校）

【教材分析】

新课标要求小学中年段（3~4年级）应当能"诵读优秀诗文，注意在诵读过程中体验情感，展开想象，领悟诗文大意"。《凉州词》这首边塞诗，笔触豪迈激越，色调明丽壮美，寥寥数语，将前线战士慷慨饮酒对歌，沙场奋勇杀敌，笑看生死功名的英勇豪迈，大气磅礴地勾勒了出来，读来使人酣畅淋漓，回味不绝。

【设计理念】

在诗歌教学中，"一读解千愁"，以读入情，辟文入境是理解古诗厚重文化内涵的不二法门，这节课将以朗读为主要方法，以意象为主要工具，带领学生解诗题，品诗意，明诗情，在琅琅读书声中走进作者构建的四幅壮美绚烂之景——欢歌美酒图、琵琶催战图、醉卧沙场图和一幅隐藏的壮烈慷慨之景——奋勇杀敌图，"声"临其境地感受作者的豪迈激越之情。

【教学目标】

（1）以读入境，体会具体意象背后的深厚文化内核，体会作者用词之洗练。（重点）

（2）以读入情，体会诗中描画的图景中蕴含的豪迈激越的爱国热情。（难点）

（3）以读入理，掌握抓住事物特征和人物特征的表达方式，体会借景抒情的写作方法。（重点）

【教学过程】

1. 挑灯看剑

活动一：出示两首同为战争题材的古诗选段，请生谈一谈读后感受。

片段一：可怜无定河边骨，犹是春闺梦里人。

片段二：国破山河在，城春草木深。感时花溅泪，恨别鸟惊心。

预设一：我感受到了战争的残酷，百姓被殃及，家庭被破坏，到处都是断壁残垣。

预设二：我感受到了生灵涂炭，民不聊生，战争给人们带来的只有哭泣和苦难。

活动二：出示岳飞的《满江红》与王翰的《凉州词》，请生读一读，谈一谈与之前的选段有何不同。

预设一：这两首词中并无前两个选段中那样的晦暗之景，反而让人眼前一亮。

预设二：同样写战争，这两首诗却一扫悲伤，读来令人振奋。

师：是啊，战争给人们带来了无尽的疾苦，但岳飞和王翰却不因此悲伤垂泪，为什么会这样？让我们一起走进王翰的《凉州词》，去一同观赏他眼中的战场生活吧。

【设计意图】同题材诗文对比，一明一暗，引发学生思考，初品诗歌情感。

2. 梦回连营

活动一：请生勾画出诗中出现的意象，四人一小组，交流在预习课文中了解到的这些意象背后的文化内涵。请生简要谈谈对这些意象的感受并用思维导图展示。

预设：

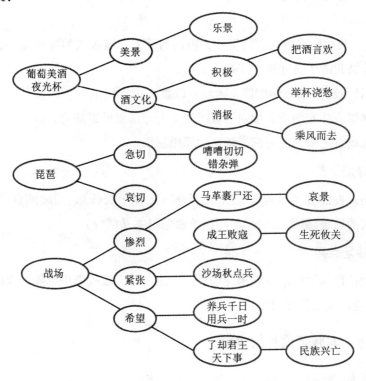

活动二：请生给诗中的场景各取一个名字，并思考这几个场景中蕴含的感情。

预设：欢歌美酒图（欢快、喜闹）；琵琶催战图（紧张、清醒）；奋勇杀敌图（残酷、血腥）；醉卧沙场图（慷慨、悲壮）。

活动三：配乐，请一生范读一个场景，另请一生点评该生是否读出了刚才总结出的感情。教师出示情景导语。

示例：在欢歌美酒图中，我看到了战士们把酒痛饮，我听到了战士们欢歌笑语，我感受到了战士们的欢腾与喜悦，因为可能他们刚刚打完了一场胜仗，需要开一场庆功会；可能他们想到了战胜了马上就可以回家，和妻儿团聚。目睹此情此景，诗人挥笔写下了"葡萄美酒夜光杯"。

活动四：请一生示范读一个场景图，点一生做记者，采访此生（作为诗人）为什么要这么写。

预设：

生1：请问王翰先生，你为什么要写"醉卧沙场君莫笑"？难道你就不怕死吗？

生2：我早已将生死置之度外，祖国的荣光，能被我的鲜血点燃；百姓的安宁，能被我的生命守护，我死不足惜。

【设计意图】引导学生辟文入境，以读入情，用画面感和多种感官引导学生展开联想，补充细节，加强语言感知能力与形象思维能力，以导读帮助学生更好融入场景之中，深刻感受诗文的思想感情。

3. 分麾下炙

活动：再读岳飞《满江红》、毛泽东《七律·长征》，用圈画意象的方法，感受诗文的思想感情。（激昂激烈，革命乐观主义精神）

4. 沙场点兵

活动：请同学们用意象构建场景的方法，写一幅战争中可能出现的图景。（结合单元习作要求）

二、点评：实践是成长的津梁

点评人：祝铨云（深圳市龙华区龙澜学校）

目标确定后，关于怎么教，新课标给了清晰了回答：语文是实践性很强的课程，应着重培养学生的语言实践能力，而培养这种能力的途径也应该是语文实践。世界在实践中抵达，语文教学同样如此。实践是成长的津梁，积极的言语实践活动是将语文核心素养落到实处的通衢大道。

邓雅迪的《凉州词》教学设计虽是"纸上谈兵"，却体现出了深刻的以实践提升素养的教学自觉——以系列化的学生主体性言语实践活动推动教学。具体而言，本课的实践性主要体现在以下四个方面。

1. 一读解千愁——抵达语言

以读入情，辟文入境。在设计理念中，教师就明确提出以朗读为主要教学方法。朗读不仅是悟情入境的不二法门，更是抵达语言、完成语言建构与运用的不二法门。

课堂伊始，教师就从读入手，通过同主题诗文的对比阅读激发学生的学习兴趣，建构与主题相契合的教学情境。这一过程看似侧重于以入境为理文、悟情、明理做好铺垫，实则也在潜移默化中丰富了学生的语言积累。更通过对比阅读，帮助学生认识到不同词语的组合、不同意象的组构会使诗文呈现出不同的风格，营造出不同的意境，表达出不同的情感。

读在本设计中是贯穿始终的。既有勾画意象中的静读，也有引发讨论时的范读，还有收束时的对比阅读。略显遗憾的是开声读以及最能体现诗歌特点的吟诵少了些。开声读在古文教学尤其是古诗教学中的意义是十分重要的——

"大抵学古文者必要放声疾读，又缓读，只久之自悟。若但能默看，即终身外行也。"读有读的道理，就是从字句中抓住声音节奏，从声音节奏中抓住作者的情趣、气势或神韵。①

沧浪推崇兴趣，阮亭标举神韵。情趣、气势、神韵是诗文最为要紧的东西，寄于语言之中，又在语言之外，是诗歌之核、之魂，是诗歌教学最应引领学生把握的。其中，最为要紧的方法就是开声读。对语文教学来讲，正是多层次、多方式、多文本的读，形成了课堂的节奏，推动了情感的流溢，也内化了语言的积累，是言语实践活动最重要的形式。一读解千愁，此言不虚。

2. 绘图中悟理——抵达思维

语言的背后是思维。在本设计的第二环节中，教师设计了勾画意象，体味内涵，画出思维导图的学习任务，引导学生紧扣"意象"，展开丰富的联想，形成由约到博的思维导图。这一设计通过动手操作实现了思维的显性化，为深化学生对诗文内涵的理解创设了思维场域。

意象是超越词语的存在，它不是单纯的表征事物的符号，而是贯注了情感与义理，积淀了历史与文化的语言现象。以一事之象，勾连出广阔的生活与历史背景。在设计中，教师敏锐地抓住了古诗的内核——意象，以此展开教学，既能深化学生对诗文的理解，也能提升学生的联想能力。

由美酒推衍开去，到酒文化，到积极的人生态度，到把酒言欢；由战场发散出去，联想到惨烈的战争场面、紧张的战斗过程以及战胜后班师回朝与家人团聚的希望。在这一多层次的推进、多维度的发散中形成了一张张弛有度、网罗万物的思维之网，构建了有利于抵达古诗情感与文化内涵的思维场域，在师

---

① 钱冠连. 美学语言学 [M]. 上海：华东师范大学出版社，2018：176.

生、生生间的深度互动中促进思维的发展。

除联想外，本设计中的思维形式还有：概括，第二环节活动二的为场景取名；推理，第二环节活动二的总结提炼；对比，第一、第三环节中的对比阅读。

语文因思维而深刻。将思维训练贯穿于语文教学之中，不仅不是对语文教学的语言属性的背离，恰恰相反，它实现了语言的本质——语言是存在的居所，人是思维的存在，语言的使用是衡量人类智能的标志，[①] 也深化了语文的功能，推动了学生核心素养的生成与发展。

3. 入境中体验——抵达审美

钱冠连在《美学语言学》一书中把语言美分为两个层次：第一层次指语言的形式美，第二层次指语言的意味美。后者指语言作为审美媒介，以提供的意象（或图式或形象）或以其他手段引起听话人的美感。虽然钱冠连主要论述的是日常语言，但这一划分也基本适用于一般文学作品。我们可以从语言的形式美和语言的意味美去完成对文学作品的审美。

本设计主要关注的是第二层次的语言的意味美——四幅画面中体现出的情绪起伏之美、情感深厚之美。

在本设计的第二环节活动二中，教师要求学生给诗中的场景各取一个名字，并思考这几个场景中蕴含的感情。在讨论环节，教师通过情境导语引导学生把自己的体会用完整的语言表达出来。

这既是一个辟文入境、缘境悟情的阅读过程，也是一个系列化的审美过程：首先是以短语概括文中之景，形成对画面的整体直观；接着是由景悟情，形成深刻的情感体验——或欢快，或紧张，或残酷，或悲壮；最后，以完整的语言表达，创造出属于自己的审美表达。

李泽厚在《美的历程》中指出，美是一种有意味的形式。在这一教学过程中，有形式：一连串的画面直观——欢歌美酒图、琵琶催战图、奋勇杀敌图、醉卧沙场图；有意味：一连串的情感体验——欢快、紧张、残酷、悲壮。行于其间的，正是与美相伴而行的想象。诗通过想象，形成画面；通过想象，形成共情，最终以完整的审美表达完成一次从欣赏到体验到创造的审美闭环。

---

① ［美］诺姆·乔姆斯基. 语言与心智［M］. 北京：中国人民大学出版社，2015：10.

略显不足的是，本设计少了一些对语言形式美的关注。就形式而言，语言之美主要体现在句式的整齐美、话语的节奏美、话语的音韵美（在诗中主要指平仄与押韵）。在近体诗中，这一切都得到了完美的体现。近体诗成为语言形式美的审美典范。在古诗教学中，关注语言形式美，既是审美的生成，也是语言的建构，理当成为一个重要的教学环节。

4. 思辨中前行——抵达文化

文化是民族的血脉，流淌千年，塑造着民族的文化心理、性格特征，规塑着生活其间的每一个个体的精神生命。语文是文化的重要组成部分。语文教学是传播文化的重要途径。在教学中，关注文化、传播文化、传承文化，是语文教学的内在使命。

在本设计的第二环节活动四中，教师以角色扮演的方式引导学生理解"醉卧沙场君莫笑，古来征战几人回"背后的精神内涵——"我早已将生死置之度外，祖国的荣光，能被我的鲜血点燃；百姓的安宁，能被我的生命守护，我死不足惜。"话不多，但这背后我们看到的是厚重如山的中华美德。这当中有"慷慨赴死，舍我其谁"的悲壮情怀，有"天下兴亡，匹夫有责"的担当意识，还有"精忠报国，佑我华夏"的爱国情怀。在第三环节，教师引领学生拓展阅读岳飞的《满江红》、毛泽东的《七律·长征》，进一步巩固学生的这一情感体验，将个体有限的生命与更为广阔的生命共同体——国家与民族紧密地联系在一起，在提升生命境界的同时，也实现了文化的代际传承。

当然，文化的熏染、传承是一个缓慢而持久的过程，不可能完成于一节课、一首诗当中。但正是一节课一节课对文化的关照，一首诗一首诗对文化的抵达，让这个过程缓慢却坚挺地执着前行，最后实现文化对生命的陶铸，使每个个体既成为属己的存在，又成为民族的基石，使民族生命世代传承，薪火永在。

在教学中传承文化，不仅需要自觉，更需要方法。思辨是好的方法之一。本设计在这一方法使用上若说不足的话，那就是思辨的力道略显单薄，而切入口又显大了些。在本诗中，"催"是一个很好的文化切入口，谁在催，怎么催，催什么，一连串的发问，思考，足以把学生带回现场，再现琵琶声切，再见血脉偾张。

世界因实践而敞开。积极的言语实践活动，激活了师生双方的主体积极性。教师积极地教，为学生架构合适的言语实践活动；学生积极地学，以言语实践活动让语言上手，让思维前行，让审美深化，让文化积淀，从而实现语文核心素养的提升和个体精神生命的生长。

结束语

课堂，是教育的第一现场。以怎样的方式进行教学所关系的不仅仅是学生能否掌握知识、巩固知识，也关系着学生精神生命的生长。威权的、独语式的课堂，所造成的不仅仅是学生学习兴趣的丧失，厌学情绪的增长，还有精神生命的枯萎。

所幸，龙华的课堂正悄然发生变化。

在向浩的课堂上，我们看到成就"天才向浩"的不是向浩自己，而是学生，是他们在课堂上的妙语如珠。而谁又能否定引发这些如珠妙语的正是看似"守弱"的向浩呢？

不仅向浩，年轻的老师们同样深明此理。汪科的支架供给，时时想着学生；邓雅迪的活动设计，处处以学生为主。而这样的场景，在龙华越来越多，已成为"不可遏制"的主流。

这样的龙华课堂，这样的教学现场，不正是最积极的积极教育吗？

第十章　此时无声胜有声

如果教育只是听讲，老师说一句，学生便能听进一句；如果学生只是个知识的容器，老师倒多少，他就能装多少。该有多好。如此，教育就不必那么劳心费神。

只是，现实恰恰相反，师与生的错焦、教与学的失调是常有的事。往往老师讲的是"A"，学生听的却是"B"；明明千叮咛万嘱咐，"武"字不要加撇，可就有熊孩子在错了三四次后，仍然加上一个撇。更别说那诸多的规矩，总有"坏家伙"有心无心地挑战一下。

为什么？无他，学生不是知识的容器，不是植入了程序的机器人，而是活生生的生命个体。他们有着自己的喜怒哀乐，有着自己的秘密花园。任何教育，任何知识，都必须经得他的同意才能进入他的世界，如此才能成为他生命的一部分。

所以，教育不是听讲，不是灌输，而是两个相互独立又互相依靠的生命个体间的对话与相遇，是生命路上的携手同行，是惺惺相惜时的化学反应。

在龙华，积极教育所倡导的从来不是"单边主义"。它反对教师的威权，也不盲目强调学生主体。它所主张的是一种"双边主义"，是师生"双主体"。它所重视的是两个平等主体间的对话，是这对话中有温度的情怀；是成长过程中的互相赏识，是这赏识中对生命的照亮。

教育不是嚷嚷。无声之处，常有生命在涌动，常有生命在拔节。

本章，我们选择了三篇教育案例，以此见证龙华教育人对什么是"真教育"的思考与追寻，见证积极教育给龙华带来的深刻变化。

第一节　看见，让教育拥有温度①

一、看见人还是地板？

某一天傍晚，我带着小孩在小区里溜达。好动是小孩的天性。他走路都总爱蹦蹦跳跳的，结果一不小心，在某单元的大堂里摔了个四脚朝天。我赶紧走近一看，原来是地板上洒了一些水。由于灯光不是特别亮，看不清楚。我立马把小孩扶起来坐到旁边的长凳子上休息，询问他哪里疼。还好，并没有什么大碍。出于安全的考虑，我马上拍了照片发给小区的物业管家，并告诉他，因为地板上一摊水导致小孩摔倒了。结果，管家给我的回馈是：立马安排清洁阿姨来把地板拖干净，发信息让大家在扔垃圾时注意不要把水洒到地板上。从头到尾，一句问候我小孩的意思都没有！我当时就生气了，物业后续怎么处理我不在乎，但只要有人摔倒，肯定是要先关注人怎样，而不是关注地板怎样！还好摔倒的是小孩，骨头软身子灵活，没啥事。假如摔倒的是老人家呢？后果将不堪设想！我们小区物业还自称是拥有温暖而恰到好处的服务的"26度"管家，但从这件小事来看，他们似乎并不真正理解他们的企业文化。把小区管理得规范、到位，那是本分，但应该处处能体现对人的重视与关怀，那才叫温暖。眼里是有人，还是有地板，这是他们应该思考的问题！

由此，我想到了我们的教育。很多时候，在面对学生的问题时，我们看到的是犯错误的学生，还是学生犯的错误。顺序不同，天壤之别。当学生不能按时交作业之时，老师会简单粗暴地说，让他放学留下来补做，完不成别回家，美其名曰"今日事今日毕"；当学生课堂上讲两句小话，老师会直接让他站到教室后面，或有甚者，让他到教室外罚站，美其名曰"不干扰正常的教学秩序"；当学生跟别人闹矛盾时，老师劈头盖脸地就是一番责备，美其名曰"自己的错误自己承担"……我们面对问题的时候，往往第一时间就是看到"学生犯的错误"，以为把错误揪出来，让学生"心服口服"，问题就解决了，孩

①　冼丽君.看见：教育的温度与情怀［Z］.龙华区教科研，2020（12）：58-60.作者系深圳市龙华区暨湖外国语小学教师。选用时题目有改动。

子下次就不会再犯了。可事实呢？学生依然会反复犯错。那是因为，我们没有把每次的犯错当作教育的契机，不能从问题中真正地、深入地了解学生，了解学生内心的想法。我们看到的只是冰山一角。只有了解学生犯错的动机和原因，看得到学生这个人的存在时，教育的力量才能开始产生。

二、看见人的情绪

还记得多年前的一个傍晚，当时我任教六年级。家长一个来电"冼老师，我儿子不见了！你赶紧来啊！"吓得我把饭碗直接丢了，匆匆赶去小迪家。小迪吧，虽说不是特别乖，但也不至于离家出走啊！带着一肚子的疑惑和紧张，我赶到了小迪的家。爸爸妈妈都惊慌失措，妈妈一个劲儿地哭，只有弟弟（俩人年龄相差了七八岁）在若无其事地玩他自己的玩具。"最近不知怎的，小迪总是跟我吵，总是跟弟弟打架。每次一批评他，他就把自己关房间里，我都要气死了。"妈妈向我抱怨。"走，咱们先到附近找找吧。先别说了。"正当我们打开门的时候，小迪回来了。从他红红的眼眶里看出，他哭过。我大概看出了一些端倪。正当妈妈想开口的时候，我示意她停止。我拉着小迪走到沙发旁，小声地说："能跟老师说说发生了什么事吗？"他沉默不语，低下了头。"我想，你现在的心情一定是很难过，对吧？"他点了点头，眼角的泪滴似乎要掉下来了。"我想，是因为和妈妈吵架了？和弟弟吵架了？你觉得妈妈的处理方式不太妥当，你觉得受委屈了？"小迪抽泣不止。一个 12 岁的大男孩，此刻在我面前，显得如此无力。"如果你还不想说，没关系，老师可以抱抱你吗？或者老师可以握握你的手吗？"小迪没有吭声，我紧紧地握住他的手。慢慢地，他的心情似乎平静下来了。从小迪进门的那一刻起，我自始至终没有批评他为什么要离家出走，而是关注到了他的情绪。无条件地接纳人的情绪，这才是有效处理问题的开始。

三、看见问题背后的原因

接着，我引导小迪说出这么做的原因。因为信任我，那天晚上，他说了好多。原来在他心目中，自从弟弟到来，他觉得妈妈处事不公平，什么事情都偏向弟弟。弟弟一哭，必然是小迪的错。妈妈不问青红皂白就是批评他，让他觉得自己在这个家没有存在感。妈妈在一旁听着，时而惊诧，时而难过。或许从妈妈的角度来看，她自己也未曾意识到自己的处事方式是有问题的。不过，在交谈中，我始终保持中立态度，对小迪说的带有情感偏向的话，一再跟他确认事实。比如，他说："弟弟的玩具坏了，妈妈就一定说是我弄坏的。"我这样跟他确认："弟弟的玩具坏了，弟弟很难过。妈妈想第一时间知道原因。妈妈认为的原因和你认为的实际情况不符合，对吧？"他点了点头。通过这样的"确认"，妈妈和小迪都在反思两人相处过程中，矛盾是怎样一步一步产生并加深的。我们在处理学生问题的时候，不能被学生、家长认为的"想当然"所左右，而要引导学生确认事实，帮助学生找出产生问题的根本原因。

四、看见"我"要怎么做

打铁需趁热，难得一家人坐在一起，我建议他们召开一个家庭会议，会议的主题是：一家人如何和睦相处。一旁的爸爸发话了，他说："只要妈妈少说两句，就和睦了。"妈妈正想反驳，我示意她停止。我说："家庭会议是需要一家人共同反思，头脑风暴。要具体地列出'我'如何做，而不是一味地要求'你'怎样做。"我让小迪拿出纸和笔，大家一起说，他来做记录。妈妈说："以后不管发生什么，我先控制自己的情绪，然后再了解事情。"小迪说："我会好好地跟弟弟玩，但是当他提出不合理要求时，我有权利提出来。"……我继续引导他们问题来了怎么办，三个原则：缓和情绪，接纳情绪；"我"怎么做，而不是"你"怎么做；常用"我"句式说话，能够避免很多不必要的矛盾。家庭会议大概开了40分钟。我让他们互相表达感谢，由最初的"敌对"，到"尴尬"，到最后能够由衷地感谢家庭中的每一员，我感到非常欣慰。最后，我鼓励小迪和妈妈互相抱一抱。肢体的互动是有能量的，它能够连接心与心。

至此之后，小迪妈妈再也没有因为类似的事情找过我了。很快，孩子也毕业了。一年后的某一天，我偶遇了小迪妈妈。她很自豪地跟我说："现在小迪在初中适应得很好，兄弟俩相处得很好。小迪也经常帮我做事情，很孝顺了。非常感谢您，要不是有您的帮助与指导……"听着听着，我想，这就是当老师最幸福的时刻了吧！

"人"字，一撇一捺，很简单，然而分量却很重很重！学校教育的目的从来都不是让孩子成为考试的机器。每一位孩子都是活生生的人，他们有内在情感，有独特思想。我想，只有做眼里有人的教育，才能真正做到以生为本，教育才会真正发挥作用。

当我们在备课时，不只备教材，更要备学情，因为学生才是课堂的主人，只有学生愿意、喜欢课堂，成绩才有可能提升，学生的学习幸福感才能获得。

当学生犯错误的时候，眼中要有人，才能处理好事。我们要看得见他的情绪、看得见他的原因，让他能学会自己想办法解决问题，才能真的让孩子"从错误中学习与成长"。

当有学生在的地方，我们应时刻关注学生做得好的一面，例如孩子主动弯腰捡起一张小纸屑，孩子课间主动整理图书角，等等。这些事很小很小，但对于教育而言，作用很大很大。学生良好品行的塑造就是在这点点滴滴的小事当中……

只有让学生感觉好的教育，才是好的教育。眼中有人，心中有爱，手中有法，才能让教育变得有力量、有温度！

第二节　期待，让成长获得照亮[①]

每一个孩子就如同一张有着淡淡底纹的信笺纸。成长的过程就是在这张信笺纸上写写画画的过程。而我手握笔，每一笔每一画都会留在这张不断成长的信笺纸上。孩子们有一双双清澈的眼睛，一张张稚嫩的脸庞。他们成长的过程有很多的艰难困苦。

我们期待成长，期待更好的遇见。

一、成长是一个不断犯错的过程

批改试卷的时候，我看到作文结尾处有这么一行字："老师，我后面检查了一下，发现跑题了。千山万水总是情，多给一分行不行？"

评讲作文的时候，我在班上展示了这张卷子，全班哄堂大笑。小蔡也笑了起来。我严肃地说："试卷不是你写段子的地方。你说多给一分行不行，那我

---

① 蚁曼灵. 染润生命，照亮成长［Z］. 龙华区教科研，2020（12）：61-63. 作者系龙华区教科院附属小学教师。选用时题目有改动。

就给你一分吧。"

就这样，30 分的作文，我只给了 1 分。小蔡的卷子上出现了鲜红的 59 分。我看到他脸色突然变了。

放学的时候，我让他留下。他已经开始哭了，整个脸涨红，一手不停地抹眼泪，一手拿着试卷。我一路带他回办公室。上楼梯时我走在前面，发现他没跟上。我回头一看，小蔡正在撕试卷，试卷大半张已经没了。我平静地看着他。他一口咬着卷子，一只手用力地撕扯着。这时的他不断地喘气，眼睛红肿。我很平静，笑着问："你这样把它放进嘴里，不脏吗？"他没有回答，继续撕。"你是专门撕给我看吗？"

到了办公室，我让他坐下。我缓缓地说："你知道吗？你送给我的风铃，我一直挂在房间里哦。"他还在抽泣。

"当时你妈妈说你在旅游路上专门为我挑了这个风铃，我挺开心的。我一直以为你很讨厌老师。"小蔡同学抬起头看着我。我问："你为什么要撕试卷呢？"

他很大声哭喊："你为什么要扣我 29 分？差 1 分，我就能及格。"

我看他情绪很激动，递给了他纸巾和水。等到他平静下来，我问他："撕试卷对吗？当着老师的面撕试卷？……"他沉默了。我缓缓地说，"我还一直惦记着你为老师做的，比如……"

他低头想了想，慢慢开口了。就这样，我和他聊了起来。后来他跟我道歉了，并且说要重新写一张试卷。而我笑着说："那你肯定这次考试是及格了。"

记得第一年他在课堂传纸条，当我让他交上纸条的时候，他当着我的面，在众目睽睽下撕纸条，那时我暴跳如雷。然而这回我很平静。

成长，就是一个不断犯错的过程。当我俯下身倾听时，仿佛听到他们要改错的承诺。他们在不断改错，慢慢成为你期待的模样。

二、成长是一个静待花开的过程

做事拖拉的小乐是一个写作业困难户。偶尔交上的作业也是如甲骨文般抽象，考验我对文字的辨别能力。他的作业问题惹怒了众人。这一天又拖了小组的后腿，组员很愤怒地来到我这抗议，一致要求换走他。我请来了小乐的爸爸。小乐爸爸摇着头叹气道："我一直有关注小乐的学习，每天都守着他做作业，但是他就是磨蹭不想写作业，筋疲力尽也没有改掉坏习惯。"

我一五一十地反映了他的种种"劣迹"，突然小乐爸爸情绪很激动地冲动小乐身边，挥手就是一巴掌。小乐号啕大哭，我急忙拉开了小乐，小乐爸爸继续大声地呵斥他。

我拉着小乐坐下，给他纸巾，让他喝口水。"今天这样，老师心里也难过。完成作业这么难吗？"小乐一边抽泣，一边告诉了我平时在家的情况。转学过来的他虽然很聪明，但是有很多不好的学习习惯。如果不下决心改正，只会越来越糟。我不断地鼓励并肯定他，也让他明白了父母工作的不易和对他的期望。他低着头似懂非懂。"请你抬起头，可以吗？"我看着他红肿的眼睛，"我可以完成作业。你能跟老师一起说这句话吗？"

"我可以完成作业！"我们说了一遍，"再来，可以吗？"

"我可以完成作业！"我们又说了一遍，"再来，可以吗？"

"我可以完成作业！"这一次，我没说，只有小乐在说。

"我相信你！"小乐用他那闪着泪光的双眼看了看我。我相信，这双眼睛一定会在日后闪光。

我拿出了一个文具盒，上面的那只咧嘴微笑的米奇很抢眼。我把它放在了小乐手里："这可是我们的约定。每次你打开它，你就要记得你今天说过的话。"

小乐摇了摇头："老师，不用。我会记得的。"他把文具盒推回我手上。

我指着文具盒说："这是提醒。你看到它就要记得你自己说过的话。"

隔天上课的时候，我发现他的桌上摆着那个米奇文具盒。我特意让他站起来回答问题。那天他的回答很精彩，赢得了掌声。我从他的眼里看到亮光，那是从未出现的自信。接下来的几天，他真的完成了作业。虽然字迹还是不敢恭维，但他进步了。后来，课堂上我会时不时走到他身边，看着课桌上的米奇文具盒，看着他埋头写字的样子，突然觉得一切都很美好。这时他突然抬起头，我俩相视一笑，那一刻就是闪光吧。

成长是一个静待花开的过程。当我伸出手约定时，我仿佛看到了花正在开的样子。尽管有些慢，但仍然值得期待。

三、成长是一个学会承担的过程

记得那一次教室地板上尽是纸屑，刚走进教室的我立即打断了正在齐声晨读的孩子们："哪位同学能给我解释一下这是怎么回事，谁的错?"我指着地板上的纸屑生气地说。许久，没人敢吭声。"看来，这班上只有一位班主任，没有其他人了。"我平静地说着，搬了张凳子坐下来，不再开口。时间走得异常慢，班上尽是沉默。"看来，这纸屑是班主任在办公室扔到班上的吧。"所有孩子都坐得端正，但没人敢开口。我很失望，原来我一直教导的勇于承担、集体意识、认错等都是白费的。我走到工具柜拿起了一把扫把，在全班的瞩目下，我开始清扫纸屑。他们瞪大了眼睛盯着手握扫把的我。

终于一位女生站起来，表情严肃地说："老师，我是四班的，我有责任。"紧接着，又有一个男生站起来，他还没说完又有好几个孩子站起来，突然全班都站起来："我是四班的，我有责任!"我放下了扫把："那我想听一下你们是怎么想。想说的就到讲台上说吧。"那一天，班上绝大部分孩子都走上讲台。他们有的为自己的沉默道歉，有的呼吁班级要"团结"，有的保证不再惹老师生气，甚至那些平时习惯沉默的孩子也在讲台上讲得声泪俱下……原来他们记得平日念叨的"承担""勇于认错"。

成长是一个学会承担的过程。当我站出来示范的时候，我已经感受到他们的改变和成长。他们都会记得，并且会给你带来惊喜和感动。

或许我们惊羡花朵的光鲜，赞美果实的香甜，但是还有人选择并执着叶子的事业，叶子它只是谦逊地垂着。我在努力用我的所学、我的行动和我的信念去为他们的成长绘上一抹绿色，让每一笔、每一画都在这纯洁的白纸上染润出生命的美好。而所有的精心准备、关心陪伴，尤其是教师满含爱的期待，都将幻化成一缕阳光照进孩子的心里。我坚信，孩子的心是透彻的，犹如一面镜子，会反射出当初你照进心里的光，反射出当初你付出的点滴，成长为你所希望的模样。

第三节　赏识，让一切皆有可能[①]

美国心理学家詹姆斯有句名言：人生最深刻的原则就是希望别人对自己加以赏识。学生有被赏识和被肯定的需要——这是我作为新班主任一个多学期以来最大的认知转变。我也在实践中深切地体会到"赏识"这种积极教育的力量。

一、菜鸟上路

作为一名刚毕业的大学生，一参加工作就要做班主任是我始料未及的。然而更令我惶恐的是，我要接手的班级竟然是前五年从未换过班主任的六二班。孩子们与原班主任蔡老师五年来深厚的感情可想而知，我突然出现并取代蔡老师的位置对很多孩子来说势必是难以接受的。所以在开学前的几个夜晚我几乎夜不能寐，忐忑自己这个菜鸟班主任到底该如何应对这个巨大的挑战。

二、紧箍咒

正当我一筹莫展之际，学校组织的培训给了我指引和帮助。先是黄校长在给我们新老师开会时讲道，如果你的学生做不到跟你平等尊重，那你就不要想着做他的哥哥姐姐，先要将老师的威严树立起来。我深以为然，决定在我接班之初就给班里的同学们都戴上"紧箍咒"，用制度把一个新换班主任的班级尽快推上正轨。于是我学习前辈的方法，制定班级公约、建立值日班长制度，记录班级日志，还使用 App 记录同学们每一天的加减分情况。这些制度获得了绝大部分同学的认可和拥护，对班级管理起到了一定的作用。但一段时间之后，问题也逐渐暴露出来。

三、黑名单

渐渐地，我发现，由于我们班的小同学在做值日班长时都极为认真负责，

① 王菊. 赏识，让一切皆有可能 [Z]. 龙华区教科研，2020（12）：64-66. 作者系龙华区潜龙学校教师。

班级的大事小情全都一一记录在案，比如谁没推椅子，谁地上有纸，谁上课接话，等等，导致班级日志上批评栏里的人越来越多，表扬栏里的人却越来越少。班级日志俨然成为一张"黑名单"。一位家长向我反映，他的孩子以前是一个老师批评一句都要脸红一天的人，却在连续几天被记入班级日志后对老师、家长的批评都熟视无睹了，仿佛他已经开始习惯自己成为批评栏里的常住人口。听到这里，我陷入了恐慌。都说"严师出高徒"，我严格要求孩子们哪些事情不能做，怎么适得其反呢？于是我开始反思，直到有一天我看到这句开头分享的名言：人生最深刻的原则就是希望别人对自己加以赏识。我意识到，我对孩子们的赏识太少了。开学以来，我太怕自己因为年轻、缺乏经验而镇不住学生，努力去扮演一个严苛的老师，每天像架着一台显微镜一样去找到甚至放大班级里的各种问题，却忘了给这些十岁出头的小朋友们多一些爱的表扬与鼓励。

四、缓冲区

班级不是车间，容纳的不是产品，而是活生生的生命个体。产品质量有具体的标准可循，而生命个体的成长是一个缓慢的过程，且彼此不完全同步，不能用简单的、一刀切的评价方式来管理。学生们需要的不是各种冰冷的限制，而是引导他们身心健康成长的各种教育。班级的管理应该是有温度的。教师与学生之间应该是有爱的。如果教师依仗着紧箍咒的存在频繁地对学生念经，让学生苦不堪言，那么学生们对学校和学习又有何兴趣而言呢？

于是，我首先改变自己，抓住一切机会去表扬尽可能多的同学。谁的课前准备好，谁上课笔记记得快，谁回答问题精彩，谁听课状态进步大，我都要及时表扬，并且提醒值日班长一定要给这位同学在表扬栏里记录。同时我还对班级日志进行了改进，除了提醒值日班长要实时记录老师的表扬，还引导他们观察班级中的好人好事，比如谁主动帮忙擦黑板、值日，谁借给同学文具等，而对于一些受到批评的同学，我会让值日班长先把他们记在背面（称之为缓冲区），每天要求被记在缓冲区的同学私下来找我解释，反思并做保证，不找我解释或连续多次被记的才会反馈到批评栏中。执行起来，我发现这样点对点的交流比简单粗暴地记名字然后反馈给家长效果要好得多，因为这样既起到了警示作用，又维护了同学的自尊。同时让他们在与老师交流的过程中认识自己的错误，家长在看班级日志的时候也不会再觉得自己的孩子"劣迹斑斑"，觉得整个班级气氛压抑，可谓一举多得。后来，我发现缓冲区里的人逐渐减少了，孩子们更加自觉了。

五、请你帮帮忙

后来，我发现仅仅进行口头上的赏识是远远不够的，更直接的赏识应该是为学生提供展示的舞台，让他们充分发挥特长。我们班有一位全校闻名的发明小天才。他在五年级时就发明过红领巾熨烫机、宠物自动喂食机等让我惊讶不已的小发明。不仅如此，他还精通各种电子产品的操作，如班里的电脑、投影、投屏等。这让我这个 95 后不禁深感自己已被 00 后无情地拍在沙滩上。我常常在班里跟他说："你可千万不要请假，离开你王老师就上不了课啦！"可他每每只是腼腆一笑，从不会跟老师有更多的互动。没错，小天才就是这样一个内向封闭的孩子，仿佛没有任何人可以走进他的内心。

有一天晚上，小天才的妈妈突然在微信上跟我说，孩子发现班里的电脑中了病毒，这几天每天回到家里都在准备修复电脑的材料，但就是不敢主动跟我说让他来修。多可爱的孩子啊！我了解这件事后，第二天一大早刚见他就装作不经意地说："我们班的电脑最近怎么感觉怪怪的呢？"这时，我看到小天才的眼里瞬间闪烁出一道光芒，激动得结结巴巴，马上接道："它……它中病毒啦！"我连忙说："哦？那你快来帮我们看一看！"只见小天才看似云淡风轻，实则飞快地掏出笔袋，接着又熟练地拿出优盘，气定神闲又掩不住骄傲地说了一句："幸亏我早有准备！"话音未落便不自觉地加快脚步，伏在讲台上修理了起来。原本我只是想给这孩子一个锻炼的机会，并不指望他真的能将电脑修好，可令我没想到的是，一个六年级的小朋友居然真的三下五除二就解决了电脑中病毒的问题，班里的电脑又能正常使用了！

看来，给孩子一份信任与机会，他真的会还你一个奇迹！我把他修电脑这一幕拍下来发到家长群里，不遗余力地表达对他的赞赏与感谢。接下来的一天，都见这位小天才精神抖擞，神采奕奕。后来的日子里，这位同学总是主动与我分享他关于电子产品的见闻，在期末时还询问我能否给班级电脑换一个自制的倒计时壁纸呢。内向的小天才能够这样勇敢、主动，这在以前是我根本不敢想象的，他的转变给我上了生动的一课。

六、在孩子的错误中找到闪光点

有一则教育小故事令我印象深刻。一百多年前的英国，有一位明叫约翰·詹姆斯·麦克劳德的小男孩。他因为好奇狗狗的内脏，偷偷杀死一只小狗，而这只狗偏偏是校长家的宠物。一开始校长非常恼火，可在了解原因后，这位高明的校长决定罚他画两张图：一幅是狗的血液循环图，一幅是狗的骨骼图。小男孩知道自己闯了大祸，带着"赎罪"心理分外认真地做起了这份特殊的作业。过程中他不得不翻阅参看不少生物解剖方面的书籍。就这样，他渐渐爱上了生物学，后来竟成为了著名的解剖学家，发现了胰岛素，荣获诺贝尔奖。

这则故事让我明白，教师不能只关注并为本身就有特长的学生提供发展平台。赏识的原则同样适用于那些犯错误的学生。我们不能在发现错误后就急着惩罚，而应该尽可能完整地了解事件的原委，在这个过程中很可能就会发现，在这个错误背后其实隐藏着这个孩子的闪光点。

我也有一次类似的经历。一次，一位同学上课不听讲，在书上小心翼翼却又专心致志地创作起涂鸦，被我当场抓住。课上，我只是先提醒他专注于课堂。课后，在交流中我发现这个孩子从小就热爱绘画，再一看语文书上的"大作"，画得还真不赖！于是我决定换一种惩罚方式，对他说："虽然今天你犯了错误，但老师发现你画得真的很漂亮，那么这次就罚你给王老师画一张画像吧，你可要认真完成哦！"低着头满面愁容的小同学一瞬间惊喜地抬起头，满口答应道："好的好的！老师我明天就给您！"第二天一早，我果然收到了这幅卡通画像，不禁再一次惊叹于这位小同学精湛的画技。我向他道了谢，郑重地将它贴在办公桌前，并嘱咐他如果在听课时能够像作画时一样认真，就一定会取得巨大的进步。小同学笃定地点了点头。从那以后，他成了我课堂上最喜欢举手发言的同学之一。

龙华区倡导积极教育理念。在我看来，积极教育就是要给予学生平等与尊重、理解与宽容、表扬与激励、机会与平台。而赏识就是积极教育的外在体现。苏霍姆林斯基曾说过："有时候，老师的一句冷酷无情的话，一个漠不关心的眼神，就足以断开一根纤细的生命之线。"那么，老师的一句鼓励的话语、一个赞许的眼神、一个亲切的手势，都会让孩子感到无限的温暖，给他们留下深刻的印象，甚至可能改变他的一生。所以我相信，赏识其实也是一种温柔的鞭策，赏识让一切皆有可能。

结束语

人是教育的目的。看见人，是教育的起码要求。积极教育之所以称之为积极教育，最关键的一点，就是它看见人，看见人的潜能，并想方设法把它们实现出来，成为现实的长处、优势，从而导向健康的、幸福的人生。

如何导向？此间的手段、方法、路径，则是造化万千的，需要老师根据学生的实际情况、现实的教育环境、现有的教育技术等做出恰当的选择、安排、操作。只要坚守以人为本，一切有为法都能催化应有的化学反应，纵于无声之处也能催生出有声有色、有滋有味的成长故事。

第十一章　扎牢幸福的纽带

家校共育是个老话题，却常说常新。

数字化即时沟通工具的普及，使家校之间的联系更为方便。但与此同时，家校间的共识却没有成比例地增加。相反，自媒体的"泛滥"使得家校间的"摩擦"似有增长之势。在这一新的技术背景、文化背景下，家校之间如何培育共识，推进共育，是一个考验家校双方智慧的难题。

在龙华，积极教育理念的普及、实践，为双方共识的培育、互信的重建、共育的推动提供了一个很好的前设性的理论指引。其中，青少年和儿童的幸福成长是双方共同认可的目标，发现、培育、发挥青少年和儿童的美德与性格优势是双方共同认可的路径选择。正是在这一大框架下，龙华的家校共育正悄然发生变化，互相理解多了，共同行动多了，孩子幸福成长的纽带变得更加牢固了。

本章选了三篇一线班主任的家校共育方面的文章，从不同侧面反映了在积极教育理念引领下的龙华在家校共育方面的探索与实践。

第一节　共筑幸福家园①

微风轻扬，书桌上的那几支芍药，晕开迷人的芳香，一条条浅黄的花蕊，抽成一枚枚奶白的瓣。我的家长会也如这芍药般，长开花形，慢慢抽蕊成瓣。

毕业至今，我一直担任班主任，每个学期，免不了有几场家长会。以往的我，家长会总是那一套，讲讲孩子的成绩，说说孩子的作业、表现，甚至为了

---

① 本文作者为龙华区大浪实验学校张莹萍，原题为《芍药初开，抽蕊成瓣》。

让每位家长听到自己孩子的名字，一项一项列单念。一次又一次，不仅家长不喜，我更是不耐。每次准备家长会，先把过往的拿出来，听听级长的总安排，调整调整就用上了。慢慢地，家长会只是一项任务，甚至多了些牢骚。

一、初识"幸福家"

2018 年我教初三。纷杂的中考工作让我备感疲惫。恰是时，一次名班主任工作室的申报机会出现了，我毫不犹豫地报了名，等待着通过。结果自是令人欣喜的，我似乎再次被点燃。暑假里，程老师推荐了一个心理课程学习班，我抱着试试的心态参加了面试，从此踏上了积极心理学的学习之路，第一次接触了"幸福家"积极教育理念。

幸福家的积极教育理念就像一束光，打在了我的身上。幸福家的四阶段学习，让我勇敢地去触摸自己，感受自己的身体，觉察自己的心灵。幸福家是我的一个幸福起点，那是一个充满能量的场域。在那里，我跟随导师唤醒生命、觉察生命、绽放生命。我看见自己，关照自己的外在与内在，知觉自己的美丽；我看见他人，允许、接纳、倾听、仁爱；我看见孩子，读懂孩子，有效沟通，提高情商，高效助力孩子的学习与成长。我掌握技巧，学习幸福家公益讲师授课六力模型的技术和工具，提升自我综合授课能力，掌握自我表达与呈现技巧，增强信心，提升工作效能。我联结幸福，通过亲密关系中的那个 TA，搭建桥梁、揭秘幸福之源、经营幸福之旅、巩固幸福之基、启航幸福之行，为自己而活，永葆自我，把自己的幸福寄托在自己身上，遇到灵魂深处的自己，纳悦自己。

在幸福家的学习经历，开启了我的积极教育之门。我越来越多地接触积极心理学的书籍、案例，听讲座，参加学习班，不断地丰盈自己。做好教育工作的同时，我更认识到：对于教育来说，更重要的是孩子要幸福，热爱生活，能为生活做出贡献，能活出独特的自我，能发挥出心里独特的优势。我对家长会的想法开始改变。

二、建构"幸福家"

2018 年 11 月的初一期中考试家长会，我开始尝试以"幸福家"积极教育理念为指导把家长会与家庭教育结合起来——"幸福家"班级家长课堂应运而生。"良好的家庭教育影响孩子的人生"是我第一次家长课堂的主题。首先我用简短的视频，介绍了家长们的焦虑，引起家长们的共鸣，激起家长们的学习欲望。看到家长们专注的状态，我引导两位家长体验家长与孩子站位，感受幸福家长的三个位置，让家长自己体验恰当站位的舒适感。往往我们说再多，不如真实体验一次。体验之后，请体验的家长诉说感悟，分享收获。初尝试后，跃跃欲试的家长多起来了。简述亲子关系原则后，更多的家长参与到体验活动中。模仿亲子对话，家长化身孩子亲自感受平时与孩子互动时的语言、语气、肢体动作，获得直接的体验经验。分享感受，提升情感认知；反思过去与孩子相处的方式与刚刚的体验经历，发掘新认识；强化理解亲子关系的四个原则——同理、尊重、希望、灵活。家长们切实明白，关系大于教育，好的关系成就好的教育，好的亲子关系远远胜过家庭教育方法的重要性。再通过一个小练习，即：用不超过 25 个字的关键词来描述自己未来的孩子。从这个练习中，我窥探到家庭目前的亲子关系，也明白家长们的期待与茫然。以视频补充，使家长间接体验获得做智慧父母的技巧。最后复盘。这一次的家长会，获得了很大的成功，也给我的班级家长课堂描摹了轮廓。大部分家长也关注起家庭教育了。

著名的教育学家陶行知说："生活即教育。"生活本身就是一个大课堂。体验生活，可以有所学，有所思，有所悟，有所获。体验是一种参与，是亲身经历，是不可传授的。体验式教育，体验在先，学习和教育置后。它让家长们在实际情境中体验、感悟，通过反思体验和体验内化形成个人收获，在反复的体验中积淀成自己的家庭教育理念。

"幸福家"的大框架搭建好，我开始往里面填充内容。借助一次次家长课堂的机会，我带着家长们学习了"如何与孩子有效沟通""如何启发孩子爱上学习""正视孩子的问题，培养良好习惯"等，将体验式家庭教育与学校贯彻的学生中华传统美德教育相连。用亲子的有效沟通铺垫传统美德"礼"与"孝"，以"礼"与"孝"的美德助推亲子沟通；指导家长启发孩子的学习力，培养良好习惯，滋养孩子好学善问、勤奋踏实、乐观开朗的品质，践行了"勤""乐"的传统美德。一个又一个小小的学习主题，铺开成一个个面，带动一个个家庭的教育方式变化。就如我喜爱的芍药，初开成形后，一条条细细花蕊，抽成一枚枚花瓣。

踏上积极教育之路的行程尚不远，从多次的实践中反思自我，我更需要努力提高自己的素养。首先，加强积极心理学理论学习，涉猎其他知识，灵活运用引领技能。只有具备扎实的理论基础，才能深入浅出地引导、解析。体验式家庭教育是相对开放活跃的，对导师的组织引领能力和敏锐觉察力提出了更高的要求。知识结构丰富，有利于更全面、客观地看待问题。其次，主动关注积极教育、体验式教育的研究实践动向。虽然它们在我国发展时间不长，但推行力度大，成果颇丰。因此，广泛整合资源，可以补充自己之不足。

我，一个曾迷茫的年轻班主任，在一次又一次组织"幸福家"班级家长课堂的过程中逐渐成长起来，养成了注重倾听家长声音的习惯。我在倾听中不断反思自己、调整自己，在积极探索与实践中不断前行，使"幸福家"这个家校双方共有的家园日臻完善，成为推动学生成长的最美家园。

第二节　共育积极品质①

积极心理学理论下的积极教育体现了以人为本的教育思想。积极教育从关注在教育过程中幼儿存在的问题转向关注幼儿的积极品质和积极体验的培养。在当今追求幸福的时代，积极教育越来越受到人们的重视。它的教育目的是让每个幼儿的潜能得以发挥并过着幸福的生活。幼儿教育工作者和家长们要携手唤醒儿童的内生力（内在的生命力），促进他们积极力量和品质的发展。

一、积极品质的内涵及其价值

1. 积极品质的内涵

积极品质是指人类固有的、潜在的、具有建设性的力量。积极品质是积极教育的一个核心概念。它主要包括爱心、乐观、勇气、热情、希望、好奇心、创造力、责任心、审美、坚持与自律等。每一个幼儿都具备积极品质的潜力，需要教师和家长们去发现、发掘，并通过实践将积极力量扩大，为幼儿的学习和幸福生活奠定良好的基础。

---

① 本文作者是龙华区第六幼儿园桂芝芝，原题为《家园合力共育积极品质》。

2. 积极品质的价值

如今人们物质生活越来越丰富，儿童心理问题反而较以前明显增多。社会环境及错误的教养方式增加了孩子在成长过程中的压力。这让我们开始反思我们的教育，教育的主要目的不仅是为未来生活做准备，更是让人获得幸福。

积极教育提倡的不是把培养优点作为克服缺点的工具，而是注重积极品质的培养。具备积极品质并不一定能将存在的消极品质消除，但它在一定程度上可以抑制它并能预防心理问题的产生。我们都知道要改掉一个坏习惯非常困难，最好的办法是用一个好习惯代替它，而好习惯培养的内驱力就是自律。因此，注重积极品质的培养，能促进儿童身心和谐发展。

二、如何培养幼儿积极品质

《3~6岁儿童学习与发展指南》中提出，重视幼儿的学习品质。幼儿在活动中表现出的积极态度和良好行为倾向是终身学习与发展所必需的宝贵品质。要充分尊重和保护幼儿的好奇心和学习兴趣，帮助幼儿逐步养成积极主动、认真专注、不怕困难、敢于探究和尝试、乐于想象和创造等良好的学习品质。除了培养良好的学习品质，还要注重其他积极品质的培养。

1. 教师方面

首先，要树立正确的教育观念。教师要关注儿童学习与发展的主体性、整体性和个体差异性。教师要从关注儿童知识技能的学习转变为关注儿童本身，注重学习过程中的体验与感知，满足幼儿发展的需求，注重积极心理品质的培养。

其次，要关注儿童的心理健康。儿童的健康不仅仅是身体方面的良好状态，它还包括了心理健康和社会适应方面的良好状态。家长和教育者往往只重视儿童的身体健康而忽视儿童的心理健康。在日常的工作中，教师要关注每个儿童的情绪体验，发现儿童不开心的时候，主动询问，帮助他们化解消极情绪，让儿童在轻松愉快的氛围中快乐成长。积极的情绪体验是促进儿童积极品质发展的有效途径，它包括感官愉悦和心理享受。感官愉悦是个体的身体直接体验获得满足。心理享受是个体超越自身时获得的成就感、信心。相对感官愉悦而言，心理享受持续的时间较长。教师可以结合两种体验渗透到幼儿园一日生活的各个活动中，让儿童获得积极的情绪体验，为积极品质的形成奠定良好的基础。

最后，要不断提高自身的专业素养。教师要与时俱进，不断学习新的专业知识，以适应孩子的成长需要，将有助于促进孩子积极品质发展的意识转化为教育行为。同时教师还需要提高自身的专业能力，努力提高自身的观察评估能力和实践反思能力。另外，要培养人格健全、心理健康的幼儿，教师自身需要具备健全的人格和健康的心理。教师要提高自身的心理素质，以积极的情绪和心态去面对工作和孩子。这样才能更有效地促进孩子身心健康和谐发展。

2. 家长方面

家庭是社会的细胞，是孩子启蒙的第一站。家长是孩子的第一位老师。家庭教育的方式和家长的一言一行对孩子的影响都至关重要。人们常说：孩子是家长的影子，家长是孩子的镜子。家能为孩子带来积极体验，家是绝大多数人快乐的主要源泉。家庭教育对孩子身心健康发展起到至关重要的作用。

首先，要营造轻松愉快的家庭氛围。轻松愉快的家庭氛围是儿童心理健康的必要条件。孩子在充满爱的环境中，充分感受到亲情和关爱，形成积极稳定的情绪情感。例如，突如其来的疫情使孩子们的假期延长。孩子们和爸爸妈妈一起进行居家防疫。我们能从一张张温馨的亲子互动照片和一段段视频中，如亲密的亲子阅读，甜蜜的亲子美食制作、创意手工制作，温馨的亲子游戏等，感受到孩子在家长陪伴下的幸福时光，感受到孩子们的成长。

其次，要具备积极教育的意识。家长需要有积极教育的意识。家长要以欣赏的态度、发展的眼光看待孩子，善于发现孩子的优点，接纳孩子的个体差异。当孩子做错事情的时候，家长需要冷静处理。生活中的一些小事也可以作为教育契机，如当看到小朋友对身边的事物感兴趣时，家长要提供相应的支持和引导，帮助孩子与社会、自然、自我建立连接。

例如：菲菲小朋友特别喜欢小动物。假期的时候，菲菲和妈妈在外婆家住。菲菲在池塘里发现了很多小蝌蚪，就把小蝌蚪带回家养。经过一个多月的悉心养护，小蝌蚪慢慢长大。菲菲每天都会观察蝌蚪的变化，也提出了很多问题：蝌蚪有没有鼻子？蝌蚪会不会吹泡泡？蝌蚪喝水吗？蝌蚪喜欢吃什么？蝌蚪有没有牙齿，长什么样子？蝌蚪会不会拉㞎㞎？……针对每个问题，菲菲妈妈都耐心地陪着菲菲通过观察、查找资料等方法一起寻找答案。菲菲妈妈说："菲菲对小动物多了解一点就多了一份同情心。"蝌蚪长出四条腿后，在盒子里不好养活了，死了两只，于是菲菲马上把所有蝌蚪放回了池塘。有时，看到喜欢的漂亮蝴蝶，菲菲也不会想把它带回家养了，因为怕蝴蝶受到伤害。

在养小动物的过程中，小朋友感受到了生命的存在，感受到了动物的生长变化，感受到自己的行为与动物的关系，从而真正认识生命、尊重生命、珍惜生命。作为老师，我们请菲菲和小朋友分享自己养蝌蚪的经验和感受，激发其他小朋友的兴趣，同时也提高菲菲的自信心。

3. 家园合作方面

首先，双方要达成教育共识。家园共育能更有效地促进孩子身心健康发展。教师和家长要在内心深处对家园共育的作用达成共识，对教育理念达成共识，并围绕共同的目标付诸行动。教师、家长构成学习共同体，幼儿园为教师们和家长们搭建学习的平台，请教育专家讲授先进的教育理念及育儿方法，也可以是经验丰富的教师和家长开展讲座分享自己的育儿经验。在学习中加深对彼此的了解，在交流中解决教育中的各种问题，在学习中对积极教育的理念达成共识。

其次，要积极构建沟通的桥梁。在日常生活中，教师会通过幼儿来园和离园的交谈、家园栏、电访、家访等多种形式与家长进行沟通。有效的家园共育是需要家长和老师共同努力不断积累、不断维护、不断完善的。教师要主动地和家长沟通，要以真诚的态度、平等的心态和家长交流孩子的情况。积极教育下的家园沟通，不只是充满希望的祝愿，也不是光说好话的自我欺骗，而是共同寻找孩子们身上存在的积极力量，并通过实践将这种力量扩大。

在一次戏剧小社团活动中，艺涵小朋友在故事表演中主动担任重要角色，并出色地完成表演。在离园的时候，我在艺涵妈妈面前表扬了她的勇敢表现。第二天来幼儿园的时候，艺涵比以往更加"黏"我了，总是会过来和我亲密接触。在她的眼神和动作里，我感受到了她的爱。从一件很小的事情中，教师发现了孩子身上的闪光点，并将它放大，照亮孩子的心田，孩子收获的是满满的成就感，教师也收获了暖暖的爱。

开展形式多样、内容丰富的活动，促进家园的沟通合作，如体验式家长会、家长开放日、各类亲子活动等等。幼儿园开展的各种活动，家长都能积极参与进来。每一次活动都是一次家园共育的机会。活动可以增进家长对幼儿园和教师的了解和信任，增进教师和家长之间的情感交流，同时也能促进幼儿积极品质的培养。

一年一度的亲子运动会，孩子们需要报名选择自己喜欢的体育项目参加比赛。在运动会前期，小朋友们都很认真地准备。在平时的练习中，我们发现在跳远项目上，宇桐小朋友跳得很远，其他小朋友们都向他投去羡慕的眼光，一个个都尝试去挑战他。虽然尝试了几轮，宇桐小朋友还是领先。其他小朋友们也没有灰心，宇桐也还是继续练习。他还时不时地问老师："现在谁跳得最远？"当听到还是自己时，他开心地笑了并继续练习。在运动会中，在全年级的跳远项目比赛中，宇桐获得了铜牌。在领奖牌的时候，他的脸上露出了满意的微笑。

另外，奕冉小朋友因为运动会那天生病了，没能参加运动会。在小朋友的新年愿望中，我发现奕冉画了一个运动会跑道，旁边还画了一个奖牌。原来她的新年愿望是希望能参加运动会，获得跑步比赛的奖牌。看到这里，我突然意识到我们有时忽略了孩子的感受，没有真正了解到缺席活动的遗憾在孩子心里的影响竟然这么大。于是，在一次晨谈活动中，我们给奕冉颁发了一块运动会的纪念奖牌，并鼓励小朋友们平时好好锻炼身体。

亲子运动会不仅促进了爸爸妈妈和幼儿的沟通交流，增进了亲子感情，激发了幼儿对体育的兴趣，也促进了小朋友身体的健康发展和与同伴的友好相处，还培养了小朋友积极进取、勇敢坚强的品质。教师要积极组织多种活动，通过家园共育促进幼儿健康幸福快乐成长。

幼儿教育是一份普通、平凡的工作。身为一名幼儿教师深切感受到其中的辛酸，同时也感受到了这份工作的"不平凡"——从孩子们身上收获幸福感、价值感。教师在重视自身的价值时，也要尊重家长和幼儿的价值，在与家长、幼儿的平等互动中给幼儿以智慧、情感的启迪，共同呵护孩子们健康快乐成长。

第三节　共托生命之舟①
——体验式家长读书会活动设计

一、活动前设

1. 指导思想

2015 年《教育部关于加强家庭教育工作的指导意见》中强调要充分发挥学校在家庭教育中的重要作用。学校要坚持立德树人的根本任务，将社会主义核心价值观融入家庭教育工作实践，将中华民族优秀传统家庭美德发扬光大。学校在家庭教育中要做好指导的工作，通过办好家长学校，设计具体的活动，达到"家校携手，共同育人"的目的。

2. 理论基础

后现代心理学叙事流派创始人麦克·怀特认为，人不等于问题。透过故事叙说，把问题外化，将问题和人分开。面对问题，每个人都是自己的问题的专家，都是生命的主人。通过亲子故事、家长成长经历的叙说，活动带领人通过问题外化、重组会员、say hello again 等访问技法，解构主流价值观下让人受困的故事，找到新的视角，寻找在地性声音，重建支线故事和偏好的自我认同，找回内心的力量。家校双方共同托起孩子的生命之舟。

3. 活动目的

通过在家长读书会系列活动中的慢读、亲写、讲故事等活动设计，家校双方在理念上达成共识，形成合力，促进孩子健康发展。家长纳悦自己，才能纳悦孩子。家长读书会更像一个成长团体。它不是以获取更多知识为目的，而是以书为媒材，在一系列仪式感的活动中，帮助人们把生命的重点拉回到自己身上。故事中，生命被陪伴、温暖、滋养。把自己活明白了，才有足够的力量撑大自己的内在空间，才能去承载孩子的所有，托起孩子成长中和你想象中的种种不同。

---

① 本文作者为龙华区第二实验学校李曼，原题为《贴近真实的自己，找回托起的力量》。

4. 活动时长

2 个小时。

5. 活动准备

做好鲜花、音箱、蜡烛、桌布等场地布置，准备签到表，公布共读书目，发布招募通知。

二、活动过程

1. 入场签到

通过画画、按手印、签名等各种方式，记录家长的来到。在满满的仪式感中，家长的出席被彼此看见、记录和见证。

2. 为己正名

用自己最喜欢的方式介绍自己。用一些媒材来述说，比如红花卡。家长们挑一张最贴近自己心情的图片来介绍自己，并说说挑这张的原因。说着说着，家长们在自我介绍的同时，慢慢地靠近自己的情绪，贴近真实的自己。当我们脱去社会中的各种角色，在某个场域安心地做自己时，本身就是一件难得的事。

3. 放松静心

通过静心音乐的播放和活动带领人的引导，家长们慢慢静下来，逐渐把意识关注到自己的呼吸，身体也放松下来。这个环节主要是让家长们和身体进行连接，回到身体的感受上来，最后达到静心的效果。

4. 自由书写

这是一个自我察觉、自我倾诉和自我整理的过程。我手写我心，给一两个祈使句，让家长们写出自己的心里话。比如"此刻我感觉……""其实我想说……"，把前面环节感觉到的情绪流畅地书写出来。有一句话叫作"说出来，才知道"，当书写出来后，被自己懂得了，被自己看见了。

5. 轮流朗读

把准备好的共读书目拿出来，带感情一字一句地读出声来，每个人读六七行文字。一个家长接一个家长轮流读，当一个人读的时候，其他人听着，一起用心去理解共读文本。我们共读的书目以家庭教育题材为主，比如：黄锦敦的《陪一颗心长大》、武志红的《家为何伤人》等。

6. 茶歇合影

这个环节主要是歇息片刻、合影留念。一期一会，也为以后留下可供查找的图片资料。

7. 故事深化

这个环节是整个活动的核心部分，主要是把书本上的内容和自己的生活经历联系起来，分享自己的故事。活动带领人通过这样的问句：请问刚才读的文字里，哪句话最触动到你呢？触动到你的是哪部分？背后有什么故事分享吗？由书中的字句引出你真实的成长故事、育儿故事。当然这个自我叙述的过程不会那么顺畅，有些家长会有顾虑，需要做一些关于安全感的铺垫。譬如，这里是一个开放、接纳的空间，每个生命都有不同的脉络，我们允许不同的存在。这里没有评判、没有建议，叙述者如其所是地讲故事就好。

8. 微小行动

今天读书会让你有什么新发现呢？有没有一些小决定产生呢？行动越具体越好。通过这样的提问和思考，引发家长们透过今天读书会滋长的力量去实践于生活。

9. 感恩小结

最后一个环节，是每位参与的家长通过感恩分享，给彼此一些肯定和力量。最后活动结束。

三、活动反思

1. 这样的体验式家长读书会活动，是一个长期的系列活动课

它更类似于一些心理成长性团体活动，需要一个安全、允许的氛围。这个过程中还有不少家长习惯性地给建议，我们要及时疏导，肯定其背后善意的同时，也分享每个人是自己生命的专家，他行动背后有他自己的脉络，什么是适合他自己的答案他自己才知道等观点。所以这个场域里不需要评判和建议，我们只需要一起见证就好。家长们透过每一次用心的书写、诉说、聆听、发问、

回应，彼此陪伴，彼此支持，共同唤醒我们心灵的智慧和力量，一起遇见美好的自己。

2. 通过经历了静心、慢读、亲写、说故事，自己最真实的部分流露出来，被稳稳地托住，被接纳和允许

少了主流价值观的评判和压制，这其实就是一个难得的体验。活动希望通过一系列流程，让参与的家长感受到被允许和接纳的力量，从而学习到如何对待孩子。所以贴近真实的自己，说心里的话，是有力量的。这些力量除了滋养自己，还足以托起孩子，最后达到家校共育的目的。

结束语

幸福需要呵护。

在龙华，这是家校双方的共识。而且，这份呵护不仅来自各自单方面的努力，也来自双方建立在共识、互信基础上的相向而行。

正是基于这一共识，在龙华，学生成长的学校场域、家庭场域正逐步互通、共融。一个专注于青少年、儿童健康成长的家校共同体正逐渐成形，成为青少年和儿童健康成长的最美家园。

附：

从成人、成才到成事①

各位高一的家长朋友们，大家好！

为进一步发挥家庭教育在青少年学生成长过程中的重要作用，明确家长在家庭教育中的主体责任，积极构建学校、家庭、社会"三位一体"综合育人格局，营造全社会协同育人氛围，切实提升家长的教育能力，促进家长自身素质的成长以及龙华区千万家庭文明、和谐地发展，龙华区教育局将开展家庭教育宣讲系列活动。

这次宣讲活动，我讲的主题是"从成人、成才到成事"，主要是从"成人""成才"和"成事"三个关键词来讲。

一、第一个关键词是"成人"

前几天，我听一位朋友说，一青年去年高考考 600 多分，被国内某著名电子科技大学的网络工程专业录取。一家人，包括亲戚朋友，都为此感到高兴、自豪。这位青年不仅勤奋学习，而且彬彬有礼，是真正的"别人家的孩子"。正当大家都认为这位青年前程似锦的时候，这位青年的期末考试成绩出来了，他竟然挂了一门专业课！这位青年的父母对此感到非常震惊，于是严厉地训斥了这位青年。不曾想，这位青年一仰脸，怼他父母说："我一室友还挂了五科呢，我不就挂一科嘛，有什么大不了的！"听朋友说，上述这名青年，在读高中期间，品学兼优，是老师心目中的好学生，是同学心目中的学霸，是家长心目中的好孩子。

都说教育是面向未来的事业。作为一名普通的家长，我们可能看不到二十年三十年以后的事情，但我们至少可以想象到三五年后的情形。大家的孩子今

---

① 本文是王玉玺同志在 2019 年秋季开学龙华区积极父母大讲堂上为高中家长做的主题讲座。

246

年人读高一，三年后就将升入大学，那么大家希望自己的孩子在大学有什么样的表现呢？为此，我们今天又能做些什么呢？大家当然不会希望孩子在大学沉迷于游戏，无底线地挂科，更不希望孩子在挂科后还振振有词。对此，大家还是要深入思考，曾经那么优秀的"别人家的孩子"，如今为何如此堕落呢？读了大学后，他为什么会有这么大的变化呢？

从成人的角度来说，这位青年明显缺少了"自主"的品质。大学的学习氛围与高中的相比，非常宽松自由，而在高中，家长和老师都在盯着。对于不自主的孩子来说，在家长和老师的"紧盯不放"下，他们可能也会努力学习，但这明显是被迫的。一旦进入无人盯防的状态，他们就会我行我素了。

自我管理的能力要从小培养。如果小学、初中没有做好，高中阶段那就是一个很好的时机，否则孩子上了大学、走上社会之后，就会遭受很多挫折。有一位心理学家说过一句话："所有的爱都是以聚合为目的，唯有父母的爱是以分离为目的的。"这句话提醒我们所有的家长，在培养孩子的过程中一定要培养孩子的自立精神、自我管理的能力和意识。这样孩子才能在大学毕业后自信地走向社会，才能在社会上立足。父母只能陪孩子18年，不可能陪孩子一辈子，所以培养孩子的自立、自信、自我管理的精神和能力十分重要。因为这是作为社会人最基本的一条，即成人的基础。

二、第二个关键词是"成才"

从成才的角度来看，这位青年明显缺少了"兴趣"。大家试想一下，喜欢游泳的孩子，能在游泳池泡半天都不嫌累；喜欢画画的孩子，你不让他画画，他都会和你急眼。前面所说的青年，为什么会挂科，而且挂的还是专业课，就是因为他对专业没有什么兴趣，不想学，也不愿意学。换言之，这位青年没有为大学的学习找到什么"意义"。高中学习可能还有考大学的意义，大学学习还有什么意义呢？没有意义的人生，当然是易于堕落的人生。

传统的教育，往往只强调成人、成才。其实，这是比较片面的。为什么这么说呢？大家想一想，在各行各业，都存在大量为人特别好、才能特别突出的人，但这些人往往并没有成就什么事业，而有些为人比较木讷、才能一般的人，却可以做成一番大事。在你们单位，是不是也存在这样的人？这是为什么呢？

举个例子，有人百米跑得特别快，比博尔特创造的 9 秒 58 的世界纪录还快，但他就是不去参加比赛，对挑战人类极限没有任何兴趣，对为国家争取荣誉也没有任何兴趣，对实现自身价值也没有任何兴趣。我把这样的人称之为"装在套子里的人"。他们本身有很多光有很多热，但在现实中没有发出任何一点光和热来，被一种自我设置的障碍包裹着。

说到这里，我们做家长的一定要有从现在开始培养孩子兴趣的意识，引导孩子从高一开始做好生涯规划。根据自己家孩子的兴趣、爱好、能力和特长，引导孩子开始思考自己将来想从事什么行业领域，做什么职业，由此倒推大学是要学什么专业，高考选考哪些科目。生涯规划不是一蹴而就的，需要一个比较长的过程。在这个过程中，家长要和孩子一起收集信息、讨论交流，有机会带孩子去参加不同职业的一些活动，引导孩子积极思考自己未来的职业生涯之路。

三、第三个关键词是"成事"

不管是家长，还是老师，不仅要让青少年学生成人、成才，还要让青少年学生成事；不仅要让青少年学生有光、有热，还要让青少年发光发热，引导他们成就一番事业，最大限度实现自我价值，创造更丰富多彩的生命旅程。那么，如何才能引导青少年学生成事呢？

1. 我们要大力培养有自主品质的孩子

《孔子家语·致思》有云："吾有三失，晚不自觉。"自觉有三层意思：一指自己感觉到，二指自己意识到，三指自己有所认识并有所觉悟。从哲学层面来讲，自觉即内在自我发现、外在创新的自我解放意识。而自主，是在自觉的基础上更进一步——有符合自觉观念和需求的具体行动，并能积极承担相应责任。简单来讲，自主就是遇事有主见、有行动，能对自己的行为负责。个体自立的一个重要表现是独立地生活，而要独立生活，就要做到自己的事情自己负责。自主不仅是一种权利，更是一种可贵的能力。在此，我们可以将自主的含义具体化，小到自主选衣、自主吃饭、自主锻炼，大到自主学习、自主规划、自主择偶等。这些都是自主的重要内容。很多父母的一大特征就是，将子女视为自己的一部分，为子女大包大揽，剥夺了子女许多形成自主品质的机会。事实上，从呱呱坠地那一刻起，子女就是一个独立的个体了。作为父母，我们一定要学着放手。比如，孩子写作业时，你还在看着吗？如果孩子读高一了，写作业时你还看着，那么你能看到什么时候呢？再比如，孩子如今都读高一了，你还在接送吗？如果没有什么极为特殊的情况，我们可以让孩子独立上下学了。

2. 我们要大力培养有志趣的孩子

根据马斯洛的需求层次理论，人们在满足基本需求后，最终都会追求"自我实现"。人们要想满足这种需求，就必须要完成一项与自己的志趣、能力、期望相称的工作，这样才能获得丰富、深刻且强烈的发展体验，才能感受到生命的幸福。由此可见，适宜的工作是人们完成自我实现的载体。只有工作适宜了，人们才能尽力尽心尽情地工作，才能充分发挥自己的潜在能力，才能竭尽所能，才能让自己成为所期望的人。那么，如何才能培养有志趣的孩子呢？

首先，要鼓励孩子们寻找自己的兴趣。现在许多高中学校都开设了艺术、科学、运动、模联、摄影、棋类、创客等学生可自主参与的社团及选修课程，这为学生发展兴趣提供了广阔平台。家长们可强烈建议孩子至少加入一个社团。如果学校目前还没有相应社团，可以鼓励孩子去申请成立新社团。

其次，鼓励孩子积极参加各种校内外的义工、慈善、交流与比赛活动，在各种社会活动和竞赛中锻炼成长，发掘兴趣。如果孩子找到了自己的兴趣，教育就成功了一半。因为兴趣是最好的老师。古今中外，绝大多数在所从事行业中取得骄人业绩者，都是因为对所从事行业拥有强烈浓厚的兴趣——做自己喜欢做的事情更能做出成绩。这样的实例举不胜举。兴趣，不仅让我们在工作时感到愉快，更能让我们全身心投入。因此，发掘、培养、保护孩子的兴趣，是我们帮助学生成才的第一步。为此，我强烈呼吁家长们要发掘、培养、保护孩子的兴趣。

其实，鼓励孩子们寻找自己的兴趣，也是十分现实的。请各位家长想象一下，三年后，孩子们参加完高考，就要填报志愿了。请问在座的各位，有几位能立刻明确说出来孩子可能会选报哪些专业？现在的高考，可以填报15个平行志愿，有些孩子在填报时，15所大学，选择了15个不同的第一专业。你看，这是不是很不成熟的专业填报？事实上，真正思考清楚的专业选报，应该是15所大学，都选择了相同或相似的专业——我们是用专业来选报大学，而不是根据大学来选报专业，因为我们将来是靠专业工作，而不是靠大学工作。

如何引导孩子寻找自己的兴趣呢？

第一，家长要引导孩子将自身兴趣与社会发展需要适度统一，变为志趣。如果人们的兴趣不能与社会发展需要结合起来，那么人们不仅不能通过兴趣养活自己，而且还不能获得持续、丰富、深刻的成就感，最终也谈不上个人的发展。基于此考虑，我希望学生能将自己的兴趣与社会发展需要结合起来，即个人兴趣与社会发展需要适度统一，此时学生的兴趣也就升华为志趣了。比如，我喜欢化学，那么可以将兴趣点扩展至环境保护、制药工程、食品检测等当今社会特别需求的化学领域。一旦个体的兴趣与社会发展需求适度统一，那么个体就走上一条光明的发展大道了。

第二，鼓励孩子要有一种持续投入、精益求精的匠人精神。当从事某项工作的时候，我们如果能跟它建立起一种难割难舍的情结，不要拒绝它，要把它看成是一个有生命、有灵气的生命体，要用心跟它进行交流，那么我们就进入最佳工作状态了。将工作当作生命体，这是对匠人精神的最好诠释。培养学生的匠人精神，除了可以采用历史和新闻上的典型事件进行教育外，最重要的是要从学生的学习和生活中发现，并给予适当鼓励和强化。比如，家长可以在朋友圈晒晒孩子的优秀作业等。

第三，要培养孩子积极挑战、超越自我的勇气与自信。在诺贝尔奖历史上，能两次获得诺贝尔奖的人虽然不能说绝无仅有，但也可谓真正意义上的凤毛麟角。迄今为止，一共有四位科学家享此殊荣，他们分别是波兰裔法国女物理学家居里夫人、美国物理学家约翰·巴丁、美国化学家莱纳斯·鲍林、英国生物化学家弗雷德·桑格尔。实际上，一个人一生能获一次诺贝尔奖就可谓功成名就，不虚度此生了。正因如此，若一个人能获得两次或更多次诺贝尔奖，那就能说明这个人完全没有被第一次的诺贝尔奖所阻碍，而在真正意义上做到了超越自我。绝大多数年富力强、颇具智慧的人不都在获得一项较大的荣誉后而在研究和创造方面停滞不前甚至是不断退化了吗？研究和创造不是体力活，而是智慧活动，不存在边界和极限。基于此考虑，我特别希望学生在学习及将来的工作中都能具有一种超越自我的精神品质，不要被所取得的成绩牵绊，而是在此基础上力争做出更多研究和创造，以让生命之花绽放得更加绚丽多彩。

那么，如何才能做到这点呢？我特别喜欢给学生分享一些让生命无限绽放的人物故事，比如上述四位科学家获得两次诺贝尔奖的故事，比如一些像朱之文等一样在最近几年崭露头角的农民艺术家，比如像周星驰等这些真正的巨星依然在一丝不苟地精雕细琢自己的作品。之所以给学生分享这些人物故事，就是不仅要让学生认识到生命体的奇妙及无限可能性，还要让他们真切看到这种生命的奇妙及无限可能性已经在我们身边变成诸多现实了。我建议家长们也这么做。

3. 我们要大力培养有担当的孩子

正如前面所说：很多德才兼备的人，并没有取得多少于己于人于家于国有价值的成就。这样的例子很多，在我们单位，是不是有很多人品好、有才能的同事，在工作上庸庸碌碌呢？也就是说，学生在"成人"和"成才"后，并不见得能"成事"——自我发展之事业、社会进步之事业、民族兴旺之事业、人类福祉之事业等。据我分析，在解决"成人"和"成才"问题后，能"成事"的人与不能"成事"的人的显著区别就在于有没有担当——在力争自我发展、社会进步、民族兴旺、人类福祉等方面那种"舍我其谁"的担当。其实，这也是对所从事事业的信仰，即认为所从事事业是有重要意义的。比如，晏阳初先生正是因为对可"造新民"与"救国强国"的平民教育运动具有崇高的信仰，所以才投身于艰苦而又意义非凡的平民教育运动中。显然，只有具备这种担当的人，才是中国的真脊梁。那么，如何才能更好地引导学生有担当呢？

第一点，引导孩子认识到"担当是最快的成长之路"的道理。一说到担当，很多人可能都误认为担当就是"忘我"地奉献。其实不然，担当的本质是自我：看重自我，我才能完成那种"天降大任"；成就自我，所有成绩最终都归于我自身；绽放自我，我要让宝贵的生命充满希望和奇迹。与此同时，我们也完成了本应承担的历史使命，让个人、家人、社会、民族和国家等均因为我们的担当而受益。

第二点，家长必须不折不扣地做有担当的榜样。俗语有云：身教重于言教。喊破嗓子，不如做出样子。家长每天和孩子生活在一起，你们的言行举止对孩子具有直接的示范和教育意义。因此，我们要在工作上力争做得更加出色，少一点世俗的名和利，多一点精神追求，给孩子做一个好榜样。孩子是父母的复印件，父母世俗，孩子怎么可能高贵？父母偷懒耍滑，孩子怎么可能舍我其谁？需要说明的是，"有担当"并不意味必须做轰轰烈烈的大事，平淡的生活和工作同样包含着担当，这是需要我们充分挖掘的。

第三点，多和孩子分享一些具有担当精神的人物故事。在历史发展的关键时刻，一些有担当的人物总会站出来。这些人物的事迹就是我们和孩子们分享的优秀素材。另外，当今社会，也出现了很多具有担当精神的人物，我们平时要注意收集这些素材。如果我们身边就有这些有担当精神的亲戚或朋友，我们可以将他们请到家里做做客，让孩子和他们多聊一聊，也是非常不错的选择。成人，成才，成事，为生涯教育提供了一个递进的阶梯。如今，大家的孩子刚刚入读高一，正是需要大力开展生涯教育的关键时刻。我希望全体家长能够重视起来，用良好的生涯教育引领孩子的生命成长，想得远一点，做得实一点。高中阶段，正是孩子通过专业而分流的关键阶段。我们希望孩子不仅能成人、成才，还能成事，这是非常高的期待。家长们要首先理解成人、成才、成事的具体内涵，并外化为可供学习的行动，然后用思想和榜样引导孩子们成人、成才、成事。

今天，我的宣讲是以站在三五年后回头看今天的方式展开的。我希望家长们也能采用这种方式，站在数年后来看待自己今天对孩子的教育，这样能让我们的教育更加科学，同时让家庭教育更有前瞻性。

龙华区着力开展积极父母大讲堂活动，希望全体家长积极参与系列活动，学有所获，学有所用，做一位积极的家长，把家庭教育的主体责任切实承担起来。

后 记

"积极教育丛书"是深圳市龙华区教育科学"十三五"规划攻关课题"积极教育理论引领区域教育内涵发展实践研究"（课题批准号 LHGGZZ18001）的研究成果。本课题的主持人是王玉玺，副组长是段先清、张学斌、袁再旺，核心成员是朱美健、刘洪翔、刘芳、段新焕、刘丽芳、张文华。2020 年，祝铨云加入该课题组。

"积极教育丛书"主编是王玉玺，副主编是谌叶春、段先清、张学斌、袁再旺，编委是胡学安、朱美健、黄仕则、席春玲、刘洪翔、林日福、刘丽芳、祝铨云。本书由王玉玺、袁再旺、朱美健、刘洪翔、祝铨云编著，由祝铨云负责统稿。

本书在编写过程中，得到了龙华区教育局各部门、龙华区教育科学研究院各部门、龙华区各级各类学校及广大教师的大力支持。所有材料使用均得到相关部门、个人的授权。在此一并表示感谢。

积极教育丛书编委会

2021 年 2 月